STEPHAN MEURISCH

# ICH GEH DANN MAL NACH TIBET

STEPHAN MEURISCH

# ICH GEH DANN MAL NACH TIBET

13.000 Kilometer, 13 Länder, 0 Budget

ODER WARUM TIBET AM ENDE GAR NICHT MEHR DAS DING WAR

**KNESEBECK** *Stories*

# INHALT

**PROLOG 7**

Im Café . . . . . . . . . . . . . . . . . . . . . . . . . . . . . . . . . . . . . . 7

**AUF DEM JAKOBSWEG 12**

Entscheidende Begegnung . . . . . . . . . . . . . . . . . . . . . . 13

Kapstadt und andere Ziele . . . . . . . . . . . . . . . . . . . . . 17

Schwerer Abschied . . . . . . . . . . . . . . . . . . . . . . . . . . . 21

**VOM ISARTOR NACH TRANSSILVANIEN 30**

Raus aus München, aber zu Fuß . . . . . . . . . . . . . . . . . 31

An der Salzach entlang zum Wien-Marathon . . . . . . . . 46

Das unbekannte Land . . . . . . . . . . . . . . . . . . . . . . . . . 55

**RUMÄNIEN UND BULGARIEN 66**

Das Durchtrennen der Nabelschnur . . . . . . . . . . . . . . 67

Keine Vampire . . . . . . . . . . . . . . . . . . . . . . . . . . . . . . 80

Ins Gefängnis . . . . . . . . . . . . . . . . . . . . . . . . . . . . . . . 85

Rumänien: Eine Liebesgeschichte . . . . . . . . . . . . . . . . 94

Bulgarien oder die Angst vor Istanbul . . . . . . . . . . . . . 97

**ÜBER DEN BOSPORUS 114**

Für Fußgänger verboten . . . . . . . . . . . . . . . . . . . . . . . 115

Ganz unten . . . . . . . . . . . . . . . . . . . . . . . . . . . . . . . . . 122

## DURCH DIE TÜRKEI 130

Ich werde endgültig Lehrer .......................... 131

Die Waschung meiner Füße .......................... 135

Zahl aus Steinen. ................................. 143

Eine neue Liebe .................................. 145

## DER KLEINE KAUKASUS 152

Deutsche Weggefährten ............................ 153

Gebirgiger, schwarzer Garten: Bergkarabach. ......... 158

## 90 TAGE IRAN 169

Schneller Reisen. ................................. 170

Verbotene Liebe. .................................. 178

Die Wüstendörfer. ................................ 184

Zu viel riskiert ................................... 190

Über die Türkei nach Indien. ....................... 195

## AUF ZUM HIMALAYA 198

Indische Impressionen .............................. 199

Kathmandu und fast am Ziel ........................ 214

Mein zweiter Geburtstag ........................... 222

## 7 TAGE TIBET 228

## DAS NEUE ZIEL 238

Driving Home For Christmas ........................ 239

Wiedersehen ..................................... 246

## EPILOG 254

Zurück im Café. .................................. 254

# PROLOG

## Im Café

Mittwoch, 7. März 2012.
Das Starbucks am Max-Joseph-Platz.
Mein Lieblingscafé in München.
Ich habe einen guten Platz an einem der großen Fenster mit Blick
auf die Bayerische Staatsoper. Auf der Fensterbank kann ich es mir
so richtig bequem machen, mich ausstrecken und wohlfühlen. Das
liebe ich einfach. Dieses Café ist eine Art zweites Wohnzimmer,
ein Ausweichzuhause. Unzählige Stunden habe ich hier schon verbracht, habe Kaffee getrunken, die Menschen drinnen und draußen
beobachtet und, wenn auch oft nur für wenige Sekunden, ihr Leben
verfolgt, bin meinen Gedanken nachgegangen, habe versucht, ihre
zu erraten. Was man eben so macht in einem Café.
Auf dieses liebgewonnene Alltagsvergnügen werde ich für zwei
Jahre verzichten müssen. Wenn meine Reise so verläuft, wie ich sie
mir vorstelle. Zwei Jahre habe ich eingeplant. Zwei Jahre, um zu
Fuß von München nach Tibet zu wandern. 13.000 Kilometer durch
13 mir unbekannte Länder. Mit einem großen Rucksack, mit einem
Zelt, mit viel Neugier, mit einer guten Vorbereitung, mit einem Rie-
senelan. Aber ohne Geld. Das ist der Plan. Dass es kein vernünfti-
ger ist, weiß ich natürlich. Im Gegenteil. Es ist ein verrückter Plan.
Hier in München zu bleiben, wäre eigentlich der bessere Plan gewesen. Ich hatte einen tollen Job, eine schöne Wohnung im Grünen,
habe meine wunderbare Freundin, meine Freunde, meine Familie.
Unzufrieden oder unglücklich war ich nicht. Mein bisheriges Leben
war in Ordnung, es hätte einfach so weitergehen können. In ge-
regelten Bahnen, wie man so schön sagt. Ich laufe vor nichts weg
und es gibt auch keine Krise. Meine Münchner Welt gefällt mir sehr

7

# PROLOG

gut. Ich würde sogar sagen, sie ist perfekt. Und dennoch quält mich seit einiger Zeit dieser Traum. Der Traum und damit verbunden zwei Fragen: Einerseits die Frage, was auf mich zukommt, wenn ich diesen Traum verwirkliche. Andererseits die Frage, was passiert, wenn ich ihm nicht nachgehe. Wenn ich der Angst in mir nachgebe und die Reise nicht antrete. Wenn ich mich nicht aufgemacht hätte, diesen Traum zu realisieren, wäre er zu einem ewigen Fluch für mich geworden. Mich würde ewig die Frage quälen, was gewesen wäre, wenn – und ich hätte darauf nie eine Antwort gefunden. Ich muss es wagen, ich muss es riskieren. Es gibt keine andere Möglichkeit. Jedenfalls nicht für mich. Natürlich kann ich scheitern. Klar. Aber dann habe ich es wenigstens versucht. Dann weiß ich, dass es doch nur ein Traum gewesen ist. Aber es gar nicht erst zu versuchen, das geht nicht, das würde ich mir nie verzeihen. Ich würde hier nicht mehr glücklich sein.

Noch vier Tage bis zum Aufbruch, der auch ein Abbruch ist. Denn um die Reise überhaupt antreten zu können – wobei in meinem Fall das Treten tatsächlich wörtlich passt –, musste ich mein bisheriges Leben weitgehend beenden. Die Kündigung von Job und Wohnung waren da nicht einmal die größten Schritte. Dass ich diese »Sicherheiten« zurücklassen muss, um nach Tibet zu gelangen, ist zwar schmerzhaft, aber selbstverständlich. Doch ich muss auch Menschen zurücklassen, meine Freundin, meine Mutter, Freunde und Kollegen. Mit meiner Freundin habe ich immerhin regelmäßige Treffen vereinbart. Mit meiner Mutter ist das nicht möglich, da sie große Angst vorm Fliegen hat. Sie werde ich zwei Jahre lang nicht sehen. Nur sie wird mich sehen können. Auf Facebook.
Meine Arme tun weh, ich kann sie kaum heben. Wochenlang haben mich Tropenmediziner gegen alles Erdenkliche geimpft: Hepatitis, Tetanus, Gelbfieber und was weiß ich noch alles. Der Schmerz hat

## PROLOG

mich auch auf meinem letzten Rundgang heute durch München begleitet. Ein Rundgang in dem ständigen Bewusstsein, die Stadt zwei Jahre nicht mehr zu sehen. Die Menschen hier sind gestresst, rennen mit gesenkten Köpfen durch die Straßen, werden eher getrieben, als sich treiben zu lassen. Ich kann sie nicht greifen. Die Position des Beobachters gibt es für mich nur im Café. Es ist wie eine Insel. Hier ist nichts zu spüren von der urbanen Ruhelosigkeit da draußen. Am liebsten würde ich das Café einpacken und mitnehmen. Als ich den Blick vom Fenster und von den Menschen abwende, keimt Angst in mir auf. Nicht zum ersten Mal. Die Angst vor dem Unbekannten plagt mich, seit ich meinen Entschluss bekannt gegeben habe. Sie ist zu einem ständigen Begleiter geworden, der sich in regelmäßigen Abständen meldet. Lange hatte ich mich davor gedrückt, einen konkreten Starttermin zu nennen, hatte nur immer erzählt, diese Reise unternehmen zu wollen. Okay, ich hatte hier und da gesagt, »irgendwann 2012«, aber das war ja nicht verbindlich, nur eine vage Absichtserklärung. Meine Freunde hatten dementsprechend auch nur ungläubig mit dem Kopf geschüttelt. »Irgendwann 2012? Was soll das denn heißen? Das machst du doch eh nicht.«

Sie hatten recht. Ich musste einen Termin nennen, um mir und ihnen gegenüber glaubwürdig zu bleiben. Aber ich fürchtete mich davor, mich festzulegen, und zögerte die Entscheidung so lange wie möglich hinaus. Doch eines Tages, am 3. November 2011, wurde dieser Schwebezustand unerträglich. Und ich verkündete meiner kleinen Öffentlichkeit, meinen Freunden, meiner Familie, einen Starttermin: »Am 11. März 2012 gehe ich los. Einen Tag nach meinem 31. Geburtstag.«

Endlich war es ausgesprochen. Jetzt gab es kein Zurück mehr, keine Ausreden, keine Entschuldigungen. Die Reise hatte nun endlich etwas Reales, war nicht mehr länger fiktiv, war kein Wunsch mehr.

# PROLOG

Erleichtert und zugleich voller Angst wurde mir klar:»Ich werde aufbrechen. Ich werde gehen!«Bislang war die Metapher»innere Zerrissenheit«nur eine Phrase für mich gewesen. Doch jetzt glaubte ich, genau diese Zerrissenheit spüren zu können. Die Begeisterung einerseits, die Furcht vor dem Unbekannten andererseits. Daran hat sich bis heute nichts geändert. Ich freue mich auf das Neue, auf das Fremde und fürchte es zugleich. Waren meine Vorbereitungen ausreichend? Wird die Idee, ganz ohne Geld zu reisen, tatsächlich funktionieren? Werden mich wildfremde Menschen aufnehmen, bei sich übernachten lassen, mich mit Essen und Trinken versorgen? Oder muss ich jede Nacht bei Wind und Wetter und mit knurrendem Magen im Zelt verbringen? Ich weiß es nicht. Ich weiß nur, trotz aller Behaglichkeit in meinem Lieblingscafé, dass ich in vier Tagen aufbrechen werde.

Drei Jahre lang habe ich mir den Kopf zerbrochen, ob ich es tatsächlich wagen soll. Drei Jahre lang habe ich mir vorgestellt, wie es sein wird, zu Fuß durch die Türkei, durch den Iran oder durch Indien zu laufen. Drei Jahre lang habe ich mich vorbereitet. Nur zu gern würde ich in eine Kristallkugel schauen, um zu sehen, was mich auf dem Weg erwartet. Und auch wieder nicht. Ich will es ja erleben. Noch vier Tage, dann werde ich die ersten Antworten auf meine Fragen erhalten. Die ersten Tage sind komplett durchgeplant. Da kann nichts passieren. Sogar den Bürgermeister einer Gemeinde in Oberbayern habe ich angeschrieben und ihm davon berichtet, dass ich nach Tibet wandern will und eine Unterkunft benötige. Ich brauche Sicherheit. So viel wie möglich. Zumindest für den Anfang. Vorher muss ich noch den Rucksack packen. Eigentlich komisch. Ich hatte drei Jahre Zeit, ihn zu packen, aber jetzt liegen alle Sachen immer noch auf dem Boden. Was hält mich ab? Zweifel? Angst? Ein Zurück gibt es jetzt nicht mehr, der Stein ist längst zu groß, und er ist losgetreten. Er rollt bereits, ist nicht mehr aufzuhalten. Ich habe Journalisten Interviews gegeben, meine Freunde haben

## PROLOG

einen Blog für mich eingerichtet. Das hatte ich nie vor, ich wollte die Reise für mich machen, nicht für irgendeine Öffentlichkeit. Und ich wollte alle Verpflichtungen hinter mir lassen. Aber sie haben mich überredet. Okay, besonders für meine Mutter wird es natürlich schön sein, mein Fortkommen verfolgen zu können. Aber dieser Blog macht meine Reise zu einem großen Ding, was mir nicht gefällt. Ich will nur unterwegs sein. Aber schon jetzt bin ich eine öffentliche Person. Ich sitze noch hier im Café, bin aber quasi schon unterwegs. Ein Schwebezustand.

Angefangen hatte alles mit dem Jakobsweg. 2008 ist ein Freund von mir diesen Weg gegangen. Ich erinnere mich noch genau, wie begeistert er mir seine vielen Fotos gezeigt und von seinen spannenden Erfahrungen erzählt hat. Seine Augen sagten ganz klar: Das war ein tolles Erlebnis. Ungläubig und noch nicht überzeugt, stellte ich mir jedoch weiterhin die simple Frage: Was kann bitte schön so spannend daran sein, 800 Kilometer durch Spanien zu latschen – mit einem schweren Rucksack hinten drauf? Warum macht man das? Warum tun Menschen sich das an? Das wollte ich dann doch herausfinden. Meine Neugier war zum ersten Mal entfacht. Skeptisch beschloss ich also, gemeinsam mit meiner Freundin, den Jakobsweg zu gehen.

Der Kaffee ist gut. Draußen hasten die Menschen vorbei. Ihnen, den Menschen, will ich vertrauen, will mich in ihre Hände begeben. Ich stelle die Tasse zur Seite und verlasse die geliebte Fensterbank in der Hoffnung, in zwei Jahren wieder hier zu sitzen. Zwei Jahre, mehr nicht. Eine Auszeit, um der Routine und der Perfektion des Alltags zu entfliehen. Das schaffe ich.

# AUF DEM JAKOBSWEG

Ein 67-Jähriger läuft in mein Leben, während ich mein Abenteuer suche und es in Kapstadt zu finden hoffe.

# AUF DEM JAKOBSWEG

# 1
## Entscheidende Begegnung

Alle reden vom Jakobsweg. Er ist Thema in jeder Zeitung, in jeder Buchhandlung, im Fernsehen, im Internet. Ihn zu wandern, sei das Größte und Schönste, ein einmaliges Erlebnis, bei dem jeder zu sich selbst findet. Hape Kerkeling hat es vorgemacht. Wochenlang habe ich den Jakobsweg im Kopf, bis ich eine Entscheidung treffe: Ich will wissen, ob das alles stimmt. Meine Freundin will das auch. Wir wollen mitreden, wenn es um den Jakobsweg geht. Wir wollen ihn auch gegangen sein. Aber wenn wir ehrlich sind: Letztendlich geht es uns darum, den Hype zu widerlegen. Wir wollen sagen können: Der Jakobsweg? Das ist der größte Quatsch. Woher wir das wissen? Wir sind ihn gegangen!

Wie bereitet man sich vor? Indem man auf Ebay den günstigsten Rucksack ersteigert! Für 15 Euro. Für den Jakobsweg muss das reichen. Dafür kaufen wir doch keine teure Ausrüstung. Wahrscheinlich werden wir das sowieso nie wieder machen. Fit muss man natürlich sein, denn 800 Kilometer sind 800 Kilometer. Also wird trainiert, und zwar im Ampertal. Kann ja nicht so viel anders sein als der Jakobsweg. Zwanzig Kilometer mit vollgepackten Rucksäcken. Für zwei Sportler ist das keine große Herausforderung. Für einen erfahrenen Marathonläufer wie mich fast ein Spaziergang. Meine Freundin ist ebenso fit. Schon nach den ersten Trainingswanderungen sind wir uns sicher, dem Jakobsweg gewachsen zu sein. Wir können die Flüge buchen, von München nach Bilbao, von dort aus weiter mit dem Zug.

In St. Pied de Port geht es los. Besser gesagt fällt für uns in dem kleinen französischen Dorf am Fuße der Pyrenäen der Startschuss.

## AUF DEM JAKOBSWEG

Denn wir betrachten den Camino Francés, wie der Jakobsweg hier heißt, als rein sportliche Angelegenheit. Während die anderen Pilger schleichen, rennen wir. In den ersten Tagen schaffen wir 30 oder sogar 40 Kilometer. Mühelos. An allen vorbei, schneller und weiter als alle anderen. Wem wir da etwas beweisen wollen, weiß ich nicht, den anderen oder uns. Auf jeden Fall wollen wir die 800 Kilometer möglichst rasch hinter uns bringen. Wir wollen Strecke machen, uns nirgends lange aufhalten. Kein Blick nach links, kein Blick nach rechts. Wir haben nur das Ziel im Auge, nicht den Weg. Niemand hat eine Chance gegen uns. Schon gar nicht in den Pyrenäen. Selbst beim Aufstieg rennen wir an allen vorbei und schütteln die Köpfe über die Langsamen, die wiederum die Köpfe über uns schütteln.

Hape Kerkeling berichtet in seinem Buch, dass jeder Tag auf dem Jakobsweg eine Erkenntnis bereithält. So schnell wir sind, so schnell merken wir, dass sich eine solche Erkenntnis bei uns nicht einstellt. Wir haken nur Kilometer ab. In den ersten zwei Wochen schaffen wir auf diese Weise 380 Kilometer. In Burgos wird uns bewusst, dass wir die eingeplanten sieben Wochen bei dem aktuellen Tempo gar nicht benötigen werden. Vier Wochen reichen uns. Aber auch hier, nach der Hälfte der Strecke, stellt sich keine Erkenntnis, stellt sich kein Erlebnis ein, das uns aufzeigt, was das Besondere daran ist, den Jakobsweg zu gehen. Die wenigen Menschen, mit denen wir sprechen, sehen im Jakobsweg eine Art Medizin gegen die Leiden der Wohlstands- und Wettbewerbsgesellschaft. Die Medizin ist also direkt vor uns, aber wir wollen sie nicht sehen, und auch nicht schlucken. Hier in Burgos merken wir, dass wir zwar unentwegt laufen, aber bei uns etwas falsch läuft.

Dabei gab es den Wink mit dem Zaunpfahl schon am ersten Tag. Ein Mann kommt uns in den Sinn, dem wir kurz nach dem Start begegnet sind. Kaum zehn Minuten unterwegs, überholt uns mit leichtem Schritt ein 67-jähriger Wanderer mit einer österreichi-

## AUF DEM JAKOBSWEG

schen Flagge hinten an seinem Rucksack. Wir sind neugierig und fragen ihn:»Woher kommst du?« Er antwortet lachend:»Heute meint ihr, oder allgemein?« Ich denke bei mir: Was für eine blöde Frage? Der ist doch gerade erst aufgebrochen, vor zehn Minuten, genau wie wir. Dann fährt er fort:»Ich bin in Linz losgelaufen.« Wir sehen ihn skeptisch an.»Haha, du willst uns verarschen. Niemand läuft zu Hause los, um den Jakobsweg zu wandern.« Er aber kontert gelassen:»Doch, ich bin tatsächlich zu Hause losgelaufen, in Linz.«

Wir glauben ihm schließlich und sind geschockt. Dass die Leute, die den Jakobsweg gehen, irgendetwas am Kopf haben, war mir schon lange klar. Aber dieser Österreicher hat da noch eins draufgesetzt. Wie bescheuert muss man sein, erst einmal 3000 Kilometer zu laufen, um St. Pied de Port zu erreichen, nur um anschließend den Jakobsweg zu gehen? Die Frage quält uns so sehr, dass wir mehr erfahren wollen. Also gehen wir ein Stück zusammen. Schon nach wenigen Metern sind wir schwer beeindruckt. Der mehr als rüstige Österreicher erzählt uns, dass er auf dem Weg nie krank war, er keinerlei Medikamente nimmt und jeden Abend ein Glas Wein trinkt. Er tanzt leichtfüßig voran. Nicht einmal Muskelkater plagt ihn. Das Wandern ist für ihn purer Lebensgenuss. Grund genug, den Jakobsweg gleich vor der eigenen Haustür zu beginnen. Wir spüren seine Begeisterung, seine Agilität und Vitalität. Immer wieder rufen wir uns in Erinnerung, dass dieser Mann 67 Jahre alt ist.

Aber weiter passiert nichts mit uns. Ich bewundere den Mann, verstehe ihn aber nicht. Kurz kommt es mir vor, als wäre ich gegen eine Wand gelaufen – so anders lebt er. Alles, was er uns erzählt, ist ein Gegenentwurf zu meinem Leben und stellt unser Weltbild gehörig auf den Kopf. Vor mir steht ein Mann, der alles andere als ein Supermann ist, kein muskulöser, nur ein schlanker, wenn auch drahtiger Typ. Ein Durchschnittsmensch, der mein Nachbar sein könnte und dem man diese Leistung nicht im Geringsten zutraut.

## AUF DEM JAKOBSWEG

Ein bescheidener Mensch, der sich nicht in den Vordergrund drängt. Ein Mann, der mit sich und seinem Leben zufrieden ist. Der Mann nistet sich in mein Denken ein. Später fallen mir noch tausend Fragen ein, die ich ihm gern gestellt hätte. Während unseres rekordverdächtigen Marsches geht er mir nicht aus dem Kopf. Und dann kommen Burgos und unsere Zweifel. Sportlich sind wir fantastisch, aber dazu brauchen wir den Jakobsweg nicht. Die Zweifel werden schließlich so groß, dass wir beschließen, unser Tempo zu verringern. Das Ergebnis ist verblüffend. Links und rechts taucht plötzlich eine Welt auf, die bislang nicht existierte, jedenfalls nicht für uns. Mit einem Mal werden auch die anderen Wanderer sichtbar, sind nicht mehr nur Statisten. Viele von ihnen legen pro Tag fünfzehn oder sogar nur zehn Kilometer zurück. Hält man sich an diese Tagesrouten, trifft man dieselben Menschen immer wieder. Erst jetzt merken wir, wie allein und einsam wir in den ersten 14 Tagen waren, denn jetzt sind wir es nicht mehr. Wir waren nicht Teil des Spiels, sondern spielten für uns nach eigenen Regeln. Nach den Regeln, die wir aus München, aus unserem Alltag mitgebracht hatten: schneller, höher, weiter, besser. Die anderen Wanderer, die nicht fortwährend Leistung bringen und Sieger sein wollen, sehen viel zufriedener aus. Uns hingegen hat der Wettbewerb nichts gebracht. Außer Einsamkeit. Dass wir die Schnellsten sind, war ja schon nach ein paar Tagen klar. Das brauchen wir nach 14 Tagen nicht mehr zu beweisen. Wir werden nach unseren Erlebnissen gefragt, haben aber kaum etwas zu berichten. Wir sind ja nur gelaufen, haben auf die Uhr gesehen und Kilometer gezählt. Doch die Langsamen – in unserem Wettlauf die Verlierer – haben viel zu erzählen. Sie haben viele Menschen getroffen und Erfahrungen gesammelt. Burgos ist der Wendepunkt. Wir schlafen länger, frühstücken in Ruhe und wandern, statt zu rennen. Unser neues Konzept geht tatsächlich auf. Plötzlich kommen

wir den anderen Wanderern näher, denen wir nun nicht mehr davon-
laufen. Mit einem Pärchen verbringen wir einen tollen Abend, lassen
uns Zeit für ein gutes Essen und viel Wein. Wir verstehen uns prächtig und der Wunsch keimt auf, mit den beiden noch mehr Zeit zu verbringen. Und genau das ist jetzt möglich, da wir im Fluss der anderen
Wanderer mitschwimmen. Natürlich hat beim Laufen jeder sein eigenes Tempo, aber am Abend treffen wir das Pärchen tatsächlich im
nächsten Dorf wieder. Von da an sehen wir die beiden regelmäßig.
Und nicht nur sie. Wie aus einem Nebel tauchen bislang unsichtbare
Weggefährten auf und sprechen mit uns. Beziehungen bauen sich
auf. Jeden Tag treffen wir bekannte Gesichter, fragen nach dem Befinden, nach den Erlebnissen. Endlich haben wir das gefunden, was
wir in den ersten zwei Wochen nicht gesucht haben: Begegnungen.
Der Jakobsweg verliert nun seine geografischen Eigenschaften. Er
ist nicht mehr länger der Weg unter unseren Füßen, er besteht jetzt
aus den Menschen, die ebenfalls diesen Weg gehen. Die Begegnung
mit ihnen wird zu unserem Motiv zu laufen. Uns wird bewusst, dass
wir wegen der Menschen hier sind. Wir wollen Menschen treffen
und sie nach ihren Beweggründen fragen, warum sie den Jakobsweg gehen. Und je mehr wir von diesen sehr unterschiedlichen
Menschen erfahren, umso mehr reflektieren wir uns selbst. Hatten
wir uns am Anfang kaum mit uns und unseren Gedanken befasst,
weil wir nur die Strecke im Kopf hatten, so wird unser Gehen allmählich zum Gedankengang. Uns fallen jetzt auch einige wenige
Wanderer auf der Überholspur auf, jener Spur, für die wir uns zunächst ja auch entschieden hatten. Wir müssen sogar schmunzeln.
Höher, schneller, weiter? Das ist nicht mehr unser Weg!
Regelmäßig legen wir Pausen ein, genießen die Landschaft und
schauen nicht mehr auf die Uhr. Bei diesem Tempo schaffen wir
nicht mehr als zwanzig Kilometer am Tag, und wollen es auch gar
nicht. Hatten wir in 14 Tagen die Hälfte des Jakobswegs absolviert,
so brauchen wir für die zweite Hälfte vier Wochen. Schon allein das

## AUF DEM JAKOBSWEG

zeigt, wie sehr sich unsere Einstellung geändert hat. Für die letzten Etappen lassen wir uns noch mehr Zeit, zögern die Ankunft immer mehr hinaus, und das nicht nur, weil der Flug ja fest gebucht ist. Wir wollen auf keinen Fall in Santiago de Compostela herumsitzen. Angekommen sind wir nämlich längst, denn das Wandern ist nun unser Ziel, unser Alltag. Ein schöner, ein unbeschwerter Alltag, in dem wir uns um nichts kümmern müssen. Ohne jede Art von Druck gehen wir einfach den gelben Symbolen hinterher, die den Weg markieren.

Schließlich kommt der Tag, an dem wir gemeinsam in Santiago de Compostela einziehen. Es ist sehr bewegend, gerade die letzten Meter durch die Stadt. So nah am Ziel. Und dann der Moment, kurz bevor wir auf dem großen Platz ankommen. Die Dudelsackspieler tragen viel zum passenden Ambiente bei. Ich bin sehr emotional. Nicht deshalb, weil ich 800 Kilometer zu Fuß gewandert bin, vielmehr wegen der Veränderung, die auf dieser Strecke in mir stattgefunden hat. Ich habe Höhen und Tiefen durchlaufen, Lektionen gelernt, hatte Erkenntnisse, viele Begegnungen mit Menschen – und insbesondere mit mir selbst. Was für ein tolles Gefühl, auf dem großen Platz zu stehen und auf die Kathedrale zu blicken. Dankbarkeit überkommt mich. Unendliche Dankbarkeit für die sieben Wochen dieser schönen Reise. Und für all die netten Menschen, denen wir auf diesem Weg begegnet sind.

Wir gehen ins Pilgerbüro, um unsere Urkunden abzuholen. Das ist dann allerdings weniger emotional. Steht auf diesem Papier doch lediglich, dass wir die Strecke zu Fuß zurückgelegt haben. Stempel drauf. Doch für mich sagt diese Urkunde mehr aus. Für mich zeugt die Pilgerwanderung nach Santiago von Willenskraft, Ausdauer, Zielstrebigkeit. Sie war eine großartige Gelegenheit, um mich persönlich weiterzuentwickeln, mich in der englischen Sprache zu verbessern und um den Umgang mit Menschen aller kulturellen Hintergründe zu trainieren. Auf dieser Reise musste ich flexibel sein und mich ständig meiner Umgebung anpassen. Ich hatte Zeit zum Nachdenken und Gelegenheit, mir meiner Stärken, Talente und Fähigkeiten bewusst zu werden. Ich gehe nun, im wahrsten Sinne des Wortes, selbstbewusster durchs Leben. Ich würde sogar sagen, dass ich nach dem Erlebten als demütigerer und besserer Mensch von der Reise wiederkehre und von nun an noch mehr bestrebt bin, das Gute, was mir widerfahren ist, weiterzugeben. Es war eine sehr bewegende Reise – auf allen Ebenen.

In der Wartehalle des Flughafens wissen wir, dass unser eigentliches Vorhaben – den Hype um den Jakobsweg zu widerlegen – gescheitert ist. Weil das nicht wir wären. Wer weiß, was passiert wäre, wenn wir den 67-jährigen Österreicher nicht getroffen hätten, der kein Flugzeug benötigt hat. Er gab den entscheidenden Anstoß, den Jakobsweg nicht als Strecke zu sehen, die innerhalb kürzester Zeit zu bewältigen ist, sondern als 800 Kilometer langen Ort der Begegnung mit Menschen. Sie haben wir letztendlich gefunden. Der Spott über den Hype, der den ersten – ironischerweise notwendigen – Anstoß zu der Reise gegeben hat, ist verschwunden. In gewisser Weise sind wir geheilt.

# 1
## Kapstadt und andere Ziele

Ich bin geheilt und gleichzeitig infiziert. Vom Virus des Gehens, des Unterwegsseins. Kaum bin ich wieder zurück in München, tauchen die Menschen, die wir getroffen haben, wieder in meinem Kopf auf. Am liebsten würde ich sofort wieder aufbrechen. Aber der Jakobsweg ist gegangen und nicht mehr attraktiv. Ganz zaghaft keimt der Wunsch auf, eine längere Reise zu unternehmen. Länger als der Jakobsweg. Nicht mehrere Wochen, sondern drei Monate. Ja, das ist doch eine passable Zeit für so ein Vorhaben. Drei Monate. Auch

## AUF DEM JAKOBSWEG

wenn mich der Job und der Alltag in München schnell wieder einfangen, bleibt der Wunsch bestehen. Er beißt sich derart fest, dass ich anfange, im Internet nach Langzeitreisen zu suchen. Schnell werde ich fündig, denn ich stoße auf Ewan McGregor und Charley Boorman und ihre Reise, den »Long Way Down«. Auf zwei Motorrädern sind sie 2004 von John O'Groats an der Nordostspitze Schottlands bis zum Kap Agulhas, dem südlichsten Punkt Afrikas gefahren. Nicht allein, denn die beiden haben sich von einem Kamerateam begleiten lassen. Versorgungsfahrzeuge waren auch dabei, der Trip war natürlich rundum bestens vorbereitet. Ich bin sofort fasziniert und sehe mir den Dokumentarfilm an. Die Reise ist unglaublich gut gefilmt, sodass man sehr schnell das Gefühl hat, live dabei zu sein. Meine Schläfen pochen. Das ist es! Bis auf ein kleines, unbedeutendes Manko: Ich kann kein Motorrad fahren. Doch das muss ich ja gar nicht. Wozu bin ich ein gut trainierter Fußgänger? Der Plan reift: durch Spanien, das ich vom Jakobsweg her gut kenne, bis nach Gibraltar. Von dort nach Marokko und durch die Sahara nach Zentralafrika. Und von dort nach Südafrika. Warum nicht? Das kann doch nicht so schwer sein! Die sind gefahren, ich laufe nach Kapstadt. Ich surfe weiter im Internet und stoße auf einen anderen Langzeitreisenden, der von Deutschland aus mit dem Fahrrad nach Kapstadt gefahren ist. Eine tolle Tour. Aber ich misstraue dem Fahrrad und weiß um meine mangelnden technischen Fähigkeiten. Und sollte die Wegstrecke schlecht sein, muss man schieben. Beim Fahrradfahren kommt hinzu, dass man den Blick immer nach unten auf die Fahrbahn richten muss, um nicht zu stürzen. Eine Fahrradtour kommt also auch nicht infrage. Es bleibt beim Gehen. Zu Fuß fühle ich mich sicher, kann mir die Landschaft ansehen und Menschen begegnen. Wie auf dem Jakobsweg.

In meinem Lieblingscafé treffe ich Alea, eine Freundin, die als Coach arbeitet. Eigentlich wollen wir uns über die letzten Seminare austauschen, die wir besucht haben. Ganz nebenbei, eher am Rande, erzähle ich ihr von meiner Idee. Umgehend trifft mich ein irritierter Blick. »Warum nach Kapstadt?«, fragt sie verwundert. Ich will antworten, doch es fällt mir kein überzeugender Grund ein. »Warum Kapstadt?«, wiederholt sie. Ich weiß es nicht. In diesem Augenblick kommen mir Berge und Schnee in den Sinn. Diese Bilder sind plötzlich in meinem Kopf und irritieren mich selbst, was ich ihr gegenüber auch eingestehe. Alea bricht unvermittelt in Gelächter aus. »Stephan, wenn ich so an Afrika denke, dann fallen mir weder Berge noch Schnee ein.« Natürlich hat sie Recht. Berge und Schnee – wo gibt es das in Afrika? Allenfalls am Kilimandscharo. Schnell wechsle ich den Kontinent und lande im Himalaya. Da gibt es jede Menge Berge und Schnee. Im Laufe des Gesprächs und ohne meine Absicht fällt meine Wahl für ein mögliches Ziel auf Tibet. Es ist ja auch noch kein Plan, eher eine wackelige Idee, mehr nicht. Okay, denke ich, dann gehe ich eben zu Fuß nach Tibet.

Später sehe ich mir die Weltkarte an und folge einfach meinem Gefühl. Afrika ist Afrika, ein großer, heißer Kontinent. Und den Südwesten Europas kenne ich schon. Ganz anders sieht es mit Tibet aus. Osteuropa, Asien, Türkei, Iran, Indien, Nepal und schließlich Tibet. Diese Route, die ich ebenso schnell wie vage konzipiere, scheint mir viel abwechslungsreicher zu sein. Aus dem spontan verkündeten neuen Ziel wird ein tatsächliches Ziel. Wenn ich gehe, dann gehe ich nach Tibet. Durch viele Länder, die ich noch nie bereist habe.

Ja, Alea hat mich mit ihrer Frage in Verlegenheit gebracht und mich dazu bewogen, mein Ziel zu ändern. Dass mir dabei ganz spontan Tibet in den Sinn gekommen ist, liegt nicht an der politischen Situation. Vielmehr ist Tibet ein mystischer Ort, über den ich kaum etwas weiß. Mehr kann ich dazu im Moment gar nicht sagen. Vielleicht sind es der Buddhismus und der Lamaismus, die zur Faszination beitragen? Vielleicht ist es auch die Entfernung, die ich ja nicht

## AUF DEM JAKOBSWEG

in Flugstunden messe, sondern in Tagesetappen. Und da ist Tibet natürlich ein Land »far, far away«. Gleichzeitig verleiht es der ganzen Idee den Charme des Unmöglichen. Tibet ist – zu Fuß – so unglaublich weit weg, dass ich diese Reise wahrscheinlich nie antreten werde. Wer ist schon so verrückt, zu Fuß nach Tibet zu wandern?! Es wird wohl ein Traum bleiben. Ich habe etwas gefunden, wovon ich ein Leben lang träumen kann. Das ist beruhigend, obwohl ich mich im Grunde nach genau so einem Trip sehne.

Und deshalb lässt mich die Idee auch nicht mehr los. Anstatt nur zu träumen, mache ich weiter, recherchiere im Netz und spiele mit möglichen Routen. Ich lese Reiseberichte von Radfahrern, die ähnliche Routen gefahren sind, und komme zu dem Schluss: Wenn man von Deutschland nach Indien mit dem Rad fahren kann, dann ist diese Reise zu Fuß auch möglich. Noch dazu sind die Reiseberichte und Filme überwiegend positiv. Es waren schöne Reisen mit vielen tollen Begegnungen. Aber noch bin ich auf keinen Fußgänger gestoßen. Bis der Kanadier Jean Béliveau durch die Medien rauscht. 2011 kehrt er nach Montreal zurück. Elf Jahre und zwei Monate war er unterwegs. Dabei hat er die Erde einmal zu Fuß umrundet, insgesamt 75.500 Kilometer hinter sich gelassen und sechs Kontinente durchquert. Die Ozeane hat er natürlich per Flugzeug und Schiff überwunden. Im Schnitt ist er 18,5 Kilometer am Tag gelaufen. Dagegen wirkt mein Weg von München nach Tibet eher wie ein längerer Spaziergang.

Je mehr ich mich mit meiner Idee befasse, umso mehr schwindet der ursprüngliche »Charme des Unmöglichen«. Ich bin nicht mehr auf der sicheren Seite, das Ganze als permanenten Traum behandeln zu können. Die Belege für die Realisierbarkeit sind einfach zu erdrückend. Lediglich ein fundamentales Gegenargument bleibt: das Geld. Denn Geld habe ich nicht. Selbst wenn ich meine Mutter und Kolleginnen und Kollegen anpumpe, wäre es mir unmöglich, eine derartige Reise zu finanzieren. Also: Aus der Traum! Oder auch nicht. Denn plötzlich halte ich das Buch »Ohne Geld bis ans Ende der Welt« von Michael Wigge in Händen. Der deutsche Journalist reiste 2010 von Berlin über Antwerpen, Montreal, USA, Costa Rica, Panama, Kolumbien, Peru, Bolivien, Chile und Argentinien bis in die Antarktis. 35.000 Kilometer in 150 Tagen. Und das ohne einen Cent in der Tasche. Selbst im Flugzeug oder Schiff ist er umsonst gereist, und das nicht als blinder Passagier. Immer traf er nette und freigiebige Menschen. Auch Übernachtungen und Mahlzeiten wurden ihm spendiert.

Jean Béliveau und Michael Wigge lassen bald keine Ausreden mehr zu. Es ist eben doch möglich. Zu Fuß und ohne Geld. Ich brauche nur die Methoden dieser beiden Menschen zu kombinieren. Tibet kommt immer näher, es ist kein unerreichbar ferner Sehnsuchtsort und kein wackeliger Traum mehr, sondern wird langsam, aber sicher zu einem realistischen Ziel.

Der dritte Mann, der mich inspiriert, ist der amerikanische Motivationstrainer Dale Carnegie (1888–1955). Als Ende 2009 in München ein zehnwöchiger Kurs zu seinen Methoden angeboten wird, bin ich dabei. Man lernt in dem Kurs, sich zu präsentieren und vor einer großen Gruppe zu sprechen. Am letzten Abend des Seminars soll jeder Teilnehmer seine Vision präsentieren. Verbunden mit der Frage: Wo sehe ich mich in zwei Jahren? Okay, warum nicht. Ich habe ja eine Vision. Ich trete also vor die Gruppe und stelle meine Idee vor: zu Fuß von München nach Tibet, rund 13.000 Kilometer, ohne Geld, 2012 werde ich losgehen. Meine Verlautbarung dauert zehn Minuten. Meine Beine zittern, Schweiß klebt in meinem Gesicht. Ich habe Zweifel, ob ich das gerade wirklich gesagt habe. Es ist ein Unterschied, ob man heimlich für sich einen Traum hegt oder ob man ein konkretes Vorhaben in der Öffentlichkeit ankündigt. Schlagartig fühle ich mich verletzlich, angreifbar. Womöglich halten mich die anderen für verrückt. Still sitzen sie auf ihren

## AUF DEM JAKOBSWEG

Plätzen. Keiner sagt ein Wort, niemand applaudiert. Alle blicken mich nur irritiert an. Eine Katastrophe.

Die Stille dauert eine Ewigkeit. Gefühlt jedenfalls. Beendet wird sie von einem satten Applaus. Statt einen Spinner in mir zu sehen, bewundern die anderen Teilnehmer meine Vision, die sich allein von der Dimension her von allen anderen vorgetragenen Visionen unterscheidet. Von allen Seiten kommt Zuspruch. Durch diesen Schritt an die Öffentlichkeit verfestigt sich der Traum zum konkreten Plan. Auch wenn mich noch viel Zeit vom Aufbruch trennt, weiß ich jetzt, dass ich irgendwann 2012 losgehen werde.

Also muss ich trainieren, mich vorbereiten. Da ich den Jakobsweg dafür nicht wiederholen will, wandere ich im Frühjahr 2010 drei Wochen lang in Kanada durch die Rocky Mountains. Vom ersten Tag an fühle ich mich gut. Ganz anders als an den ersten Tagen auf dem Jakobsweg. Ich weiß ja jetzt, wie ich gehen muss. Ich weiß jetzt, wie man Menschen trifft und mit ihnen schöne Stunden verbringt. Die Zeit des Rennens, des Wettbewerbs ist vorbei. Dafür kann ich jetzt auch die Ruhe und die Einsamkeit genießen, kann auch mal mit mir allein sein und mich meinen Gedanken hingeben. Nach meiner Rückkehr nehme ich an Marathonläufen teil. Für 13.000 Kilometer muss ich schließlich fit sein, die gehen sich nicht von allein.

Im Oktober 2010 passiert dann etwas, womit ich nicht gerechnet habe und auch nicht rechnen konnte: eine neue Liebe. Mich erwischt es so richtig, und ich bin von Anfang an so verliebt, dass ich Angst habe, meine neue Freundin gleich wieder zu verlieren. Aus dem Grund verschweige ich ihr zunächst meinen verrückten Plan. Zum einen fürchte ich, dass SIE mich für völlig durchgeknallt hält, zum anderen – und das ist die größere Sorge –, dass sie sich sofort von mir trennt. Immerhin werde ich zwei Jahre unterwegs sein.

## AUF DEM JAKOBSWEG

Innerhalb kürzester Zeit wird meine neue Freundin zu einem sehr wichtigen Menschen für mich – dem ich nichts verheimlichen will. Nach drei Monaten wird der Druck unerträglich groß und am Silvestertag 2010 erzähle ich ihr zum ersten Mal von meinem Plan. Sie ist zunächst völlig sprachlos. Ich stelle mir vor, dass es ihr den Boden unter den Füßen wegreißt, dass sie sofort aufsteht und geht. Doch sie bleibt und lässt sich tatsächlich auf meine Idee ein. Von dem Moment an nehme ich jede noch verbleibende Minute mit ihr sehr bewusst wahr.

Eine weitere Begegnung gibt mir Kraft: Als Max Semsch, der 2008 von München mit dem Fahrrad nach Singapur gefahren ist, Ende 2011 einen Vortrag hält, spreche ich ihn an. Wir verabreden uns, und zwei Wochen später sitzen wir zusammen. Voller Bewunderung sehe ich ihn an, sehe zu ihm auf. Ganz klar, dieser Mann ist ein Idol für mich. 13.500 Kilometer ist er mit dem Rad gefahren. Und ungefähr genau so viele Fragen habe ich an ihn: »Wie um alles in der Welt hast du das geschafft? Wie hast du deine Reise vorbereitet? Wie viel Geld stand dir zur Verfügung? Wie ... wie .... wie ...?« Geduldig erträgt Max mein Bombardement, drei oder vier Stunden lang. Immer wieder versichert er mir: »Das ist alles kein Hexenwerk. Die vielen Probleme, die du siehst, sind alle lösbar. Die Menschen, auf die Menschen kommt es an. Wenn du richtig auf sie zugehst, helfen sie dir weiter. Ganz egal, in welchem Land du auch bist. Alles, was du brauchst, ergibt sich schon auf deinem Weg.« Von Anstrengung kein Wort. Von täglichen Kämpfen um einen Zeltplatz kein Wort. Doch das genau interessiert mich. Etwa die Selbstversorgung unterwegs oder die tägliche Planung der Route. Aber Max lacht nur: »Nee, nee, du musst einfach nur auf die Menschen zugehen. Die fragst du nach dem Weg. Die fragst du, wo du schlafen kannst und ob es etwas zu essen gibt. Mach dir keine Sorgen.«

»Keine Sorgen machen? Bitte, wie?«, entgegne ich erstaunt, ohne ihm tatsächlich zuzuhören. Doch das wird mir erst viel später bewusst. Für einen Moment falle ich zurück auf das Level der ersten Tage auf dem Jakobsweg. Ich will Infos von ihm. Kurze, knackige Infos zur Krisenbewältigung. Wie löse ich dieses Problem? Wie löse ich jenes Problem? »Das brauchst du nicht zu lösen«, ist seine Antwort. »Lass dich einfach auf die Reise ein.« Aber das will ich nicht hören, ich will klare Ansagen, Fakten und konkrete Tipps. Verlässliches. Max lächelt und wiederholt: »Lass dich auf die Reise ein. Die Reise nimmt dich mit. Geh los und auf die Menschen zu.« Ich hatte etwas anderes von meinem Idol erwartet. Handfeste Ratschläge zum Mitschreiben, die sich auf einen gigantischen Erfahrungsschatz stützen. Und was kommt stattdessen? »Lass die Reise geschehen!« Na toll!

Am Ende hat er dann doch noch einen ganz konkreten Tipp, der sich für mich als fundamental erweist: »Stephan, setz dir einen fixen Starttermin, wenn du diese Reise tatsächlich unternehmen möchtest!« Max Semsch weiß, wovon er spricht. Auch er hatte seinen Starttermin lange genug hinausgezögert. »Du findest immer einen Grund dafür«, erklärt er mir. »Die Wohnung ist noch nicht komplett aufgelöst, die Katzen müssen noch versorgt werden, die Ausrüstung ist noch nicht perfekt.« Erst als er einen offiziellen Zeitpunkt für seinen Aufbruch verkündet hatte, verloren diese Gründe für ihn an Kraft, und er ist pünktlich losgefahren.

Dieser Punkt überzeugt mich derart, dass ich sofort mein Handy aus der Tasche ziehe und in den Kalender schaue. 2012, was wäre da ein guter Termin? Am 10. März ist mein Geburtstag. Wie wäre es also mit dem 11. März? Das ist ein Sonntag – und ab sofort mein Starttermin! Am Sonntag, dem 11. März 2012, gehe ich los! Der Rat von Max Semsch erweist sich als der beste Rat, den ich bekommen konnte. Ich habe mich entschieden und spüre unmittelbar die Kraft dieser Entscheidung. Ein unglaublich gutes Gefühl. Aber zugleich spüre ich den Druck, dass ich bis dahin noch viel erledigen muss. Ich muss drei Monate vorher meinen Job kündigen, ich muss drei

Monate vorher meine Wohnung kündigen. Die Ausrüstung muss komplett sein. Alles muss bis zu meinem Geburtstag stehen, damit ich am 11. März 2012 starten kann.

Beflügelt verlasse ich das Café. Der Traum ist jetzt definitiv keiner mehr. Es ist jetzt ein konkreter Plan mit einem konkreten Ziel. Dank der Festlegung auf ein Datum. Das ist eine Art Fixpunkt, den ich nicht mehr ohne Weiteres verschieben kann. Schluss mit der ewigen Träumerei.

# 3

## Schwerer Abschied

Der Starttermin ändert alles und bestimmt von jetzt an mein Leben. Eigentlich bin ich schon unterwegs. Fast emotionslos hake ich nach und nach alle Punkte auf meiner To-do-Liste ab. Das sind jetzt alles bloß noch Formalitäten. Ich kündige meinen Job, ich kündige meine Wohnung, ich kündige den Rundfunkbeitrag, den Telefonanschluss, Versicherungen. Immerhin werde ich zwei Jahre nicht in Deutschland sein. Von nun an vergeht die Zeit wie im Flug. In knapp 100 Tagen werde ich aufbrechen, und es gibt noch unglaublich viel zu tun. Ich fange an, meine Wohnung aufzulösen, Impfungen müssen erledigt werden, sogar an einem Orientierungskurs nehme ich teil. Ich lerne, mich nur mit Karte und Kompass in einer unbekannten Umgebung zu orientieren, und wie ich eine einfache Schutzhütte im Wald errichten kann. Dass ich diese Fähigkeiten nicht ein einziges Mal auf meiner Reise brauchen werde, kann ich ja nicht ahnen.

Besonders schwierig ist es, in der Personalabteilung von Globetrotter vorzusprechen, um meine geplante Reise bekannt zu geben, denn dort hatte ich diese bislang mit keinem Wort erwähnt. Meine Familie und viele Freunde wussten längst Bescheid, nicht aber mein

## AUF DEM JAKOBSWEG

Arbeitgeber und Kolleginnen und Kollegen. Aus Angst vor ihrer Reaktion habe ich meine Pläne bis jetzt verschwiegen. Ich bin extrem aufgeregt und habe Schweiß auf der Stirn, als der Termin ansteht. Ich rechne mit harschen Reaktionen und befürchte, als Spinner angesehen zu werden. Aber das Gegenteil ist der Fall. Statt mich zu belächeln, bestärkt mich Globetrotter bei meinem Vorhaben. Meine Ängste waren unbegründet. Mein Arbeitgeber entpuppt sich sogar als Sponsor und stellt mir Ausrüstung aller Art zur Verfügung.

Ein anderer Gang führt mich zum Einwohnermeldeamt. Ab dem 11. März 2012 bin ich in Deutschland nicht mehr existent. Keine Rentenversicherung mehr, keine Krankenversicherung. An ihrer Stelle schließe ich eine Auslandskrankenversicherung ab. Für ein Jahr und viel Geld. Nur den Pass behalte ich und die deutsche Staatsbürgerschaft. Apropos Geld, mein Konto ist auch leer. Aber das bin ich gewohnt, denn mein Gehalt hat auch bislang immer nur bis zum Monatsende gereicht. Der allerletzte Rest ist für die Geburtstags- und Abschiedsfeier am 10. März 2012 in einem Restaurant am Isartor gedacht.

Diese Geburtstagsparty, die gleichzeitig meine Abschiedsfeier ist, ist gigantisch und sehr emotional. 110 meiner engsten Freunde und Kolleginnen sind gekommen. Und natürlich meine Mutter, meine Schwester und meine Freundin. Auch Tommy, mein wahrhaft bester Freund, ist da. Viele Tränen fließen an diesem Abend. Es wären noch mehr geflossen, hätte ich gewusst, dass ich Tommy dort zum letzten Mal sehe. Er wird während meiner Reise erschossen. Die Polizei geht von Selbstmord aus, doch seine Freunde und ich glauben das bis heute nicht. Aber davon ahne ich nichts. Bewusst ist mir natürlich, dass letztendlich offen ist, ob ich meine Familie und meine Freunde wiedersehen werde. Dieser Gedanke ist während der ganzen Party gegenwärtig. Weder ich noch meine Gäste hegen da irgendwelche Illusionen. Wer sich auf eine derartige Reise begibt, kann auf dieser auch sein Leben verlieren, aus welchen Gründen auch immer. Andererseits muss man nicht reisen, um einem Unfall oder einer Krankheit zum Opfer zu fallen. Ob ich also zurückkommen und – wenn ja – wen ich von den Anwesenden in zwei Jahren wiedersehen werde, steht in den Sternen.

Dieser Gedanke quält nicht zuletzt auch meine Freundin. Ihrem Gesicht sehe ich an, wie furchtbar es für sie ist. Fast wie auf einer Beerdigung. Ich kann nur ahnen, wie schlecht es ihr in diesen Stunden geht. Sie macht gute Miene zum bösen Spiel, setzt ein fröhliches Gesicht auf, um mir die Party nicht zu verderben. Ich stelle mir jedoch vor, dass sie es innerlich kaum ertragen kann, meine Verabschiedung zu feiern. Zwei Jahre sind eine sehr lange Zeit. Auch mir fällt der Abend schwer, doch ich habe ein Ziel vor Augen. Meine Gedanken kreisen um das, was vor mir liegt. Während ich aufbreche, bleiben die Menschen hier im Restaurant zurück. Sie sind passiv, ich bin aktiv. Das ist an diesem Abend ein riesengroßer Unterschied.

Es ist ein rauschendes Fest. Der DJ sorgt für eine volle Tanzfläche, während ich versuche, mit jedem meiner Gäste zu sprechen. Das Restaurant serviert Gerichte aus allen Ländern, die ich bereisen werde. Vorspeise aus Deutschland, Hauptgericht aus der Türkei, Nachspeise aus Indien – ein echtes Festmahl. Bei allem Abschiedsschmerz ist die Stimmung ausgelassen. Bis um vier Uhr am nächsten Morgen wird gefeiert, dann gehe ich nach Hause und schlafe noch zwei Stunden. Das muss reichen. Natürlich schlafe ich schlecht und wälze mich vor Aufregung im Bett herum. Schließlich packe ich, müde und aufgeregt zugleich, die letzten Dinge in den Rucksack. Mehr ist nicht zu tun, ein Zurück gibt es nicht. Meine Freundin fährt mich zum Isartor, dem Startplatz. Ich steige aus dem Auto, hole den Rucksack aus dem Kofferraum und nehme sie ein letztes Mal in den Arm. Sie will nicht warten, will nicht sehen, wie ich aufbreche. Ein schneller Abschied, und schon sitzt sie wieder im Wagen und fährt los. Ich bin mir sicher, dass sie weint.

# VOM ISARTOR NACH TRANSSILVANIEN

*Die ersten Kilometer, die ersten Begegnungen, der erste Marathon, das erste wirklich fremde Land und wie ich Gold mit einem Schwamm aufsauge.*

# 4
## Raus aus München, aber zu Fuß

11. März 2012.

8 Uhr.

Nieselregen. Ein paar Grad über null.

Vor dem Isartor warten etwa 25 Menschen auf mich, um mich zu verabschieden oder die ersten Meter mitzugehen. Die meisten waren auf der Party und haben auch nicht mehr geschlafen als ich. Ich bin froh, dass sie da sind. Allein wäre der Aufbruch schwer geworden, denn meine Unsicherheit kommt schlagartig zurück, und ich frage mich, ob ich wirklich so mutig bin, wie ich hier gerade tue. Doch meine Freunde bestärken mich in meinem Vorhaben und glauben an mich und an das Projekt. Sie taten es schon lange, bevor ich es selbst getan habe. Diesen Zuspruch zu spüren, fühlt sich gut an und gibt mir Kraft.

Ich schüttle Hände, umarme Menschen, kämpfe gegen die Tränen. Weinen will ich auf keinen Fall. Es soll ja ein Aufbruch sein, ein positiver Abschied gewissermaßen. Die Szene hat etwas Surreales, und ist so real. Ein paar Meter weiter steht meine Mutter, die so lange nicht geglaubt hat, dass ich tatsächlich nach Tibet gehen werde. Lange hat sie nichts von meinen Plänen hören wollen. Von ihr fällt mir der Abschied ebenso schwer wie von meiner Freundin. Meine Schwester steht daneben. Auch sie nehme ich in den Arm. Hinter mir bricht meine Mutter in Tränen aus.

Als ich alle durch habe, ist es so weit. Nur mit Mühe kann ich den Rucksack schultern, so schwer ist er. 30 Kilo. Schon nach wenigen Metern steht er wieder auf dem Pflaster. Erst beim zweiten Versuch sitzt er richtig.

Plötzlich sind die Zweifel wieder da.

## VOM ISARTOR NACH TRANSSILVANIEN

Was mache ich hier eigentlich?

Als ich losgehe, mag es für viele so aussehen, als wüsste ich genau, was ich tue.

Lasst es mich so sagen: Nein! Ich habe keinen blassen Schimmer! Jedenfalls nicht in diesem Moment. So leicht mir die letzten Monate gefallen sind, die Kündigungen, die Behördengänge und so weiter, so schwer sind jetzt die ersten Schritte. Als es nun darum geht, aufzubrechen, wird mir schlagartig bewusst, dass das Planen und Vorbereiten dieser langen Reise und das vom Tisch Aufstehen und nun auch wirklich Losgehen zwei ganz verschiedene Sachen sind.

Begleitet werde ich auf den ersten 20 Kilometern noch von drei sehr guten und fitten Freunden. Scheinbar schwerelos laufen sie neben mir her. Es sieht nicht danach aus, als würden sie ihre kleinen Tagesrucksäcke irgendwie spüren. Ihr Rücken tut bestimmt nicht weh. Meiner schon. Und mein 30-Kilo-Rucksack will scheinbar auch wieder zurück nach Hause und zieht kräftig in die entgegengesetzte Richtung. Doch wie blöd sähe das aus, wenn ich nach nicht einmal der Hälfte der gelaufenen Tagesstrecke anfangen würde, wegen der Schmerzen in den Schultern und den Knien zu jammern? Von meinen Füßen gar nicht zu sprechen. Nichts da. Schon gar nicht vor meinen Freunden. Kopf hoch, Stärke zeigen.

Zu allem Überfluss begleitet mich auch noch ein Kamerateam, um meinen Start zu dokumentieren. Und das bei echtem Sauwetter! Eigentlich hatte ich vor, langsam zu starten, um mich an das Gehen mit dem schweren Rucksack gewöhnen zu können. Aber Scheißdreck. Bei dem Mistwetter will ich nicht langsam laufen, sondern nur schnellstmöglich irgendwo im Trockenen ankommen. Lange beiße ich vor meinen Freunden die Zähne zusammen und kann die starke Fassade aufrechterhalten.

Doch irgendwann verabschiedet sich auch der letzte meiner Wegbegleiter, und nun darf ich heulen, schreien, zweifeln und mir lauthals Sorgen machen. Auf einer einsamen Landstraße kann ich meine Tränen nicht mehr zurückhalten und lasse alles raus. Hier draußen, zwischen den Dörfern, hört schließlich niemand mein Gejammer. Ängste überkommen mich wieder, und mir wird mit einem Mal bewusst, wie groß die Gefahr des Scheiterns ist. Worauf habe ich mich da bitte schön eingelassen? Und vor allem: Wofür? Stolz? Ehrgeiz? Ich weiß es nicht. Doch nun habe ich den ersten Schritt getan und will nicht mehr zurück. Allein schon, weil ich mir den Spott derer ersparen will, die nie geglaubt haben, dass ich es zu Fuß und ohne Geld bis nach Tibet schaffen könnte. Der Satz »Was für eine bescheuerte Idee!« dröhnt in meinen Ohren, verbunden mit der Prognose: »Nach spätestens zwei Wochen bist du wieder zu Hause!« Nein, denke ich, ich werde durchhalten! Dies wird meine Reise – und sie wird ganz sicher mehr als zwei Wochen dauern.

Es regnet und ist kalt. Die Temperatur liegt bei knapp über null. Und das ist gefühlt genau der Punkt, an dem ich gerade stehe. 31 Jahre lang habe ich mir ein Leben aufgebaut. Auf einmal stehe ich wieder bei null. Kein Geld, kein Job, keine Wohnung. Alles, was ich nun noch habe, sind mein Rucksack und die Sachen, die ich am Körper trage. Vom Wetter und von meiner Kondition her ist es eigentlich der denkbar ungünstigste Tag, um aufzubrechen. Hinzu kommt, dass mein Rucksack nicht richtig sitzt, mal in die eine, mal in die andere Richtung rutscht. Wahrscheinlich habe ich ihn am Morgen in der Hektik nicht gut genug gepackt.

So werden meine ersten 30 Kilometer zur Qual.

Aber ich halte durch. Denn ich habe noch etwas dabei: Vertrauen. Vertrauen in die Reise und in die Menschen, in deren Hände ich mich nun begebe. Beim Gehen breite ich meine Arme weit aus, als wollte ich damit zeigen, dass ich mich der Reise und allem, was von jetzt an auf mich zukommen mag, hingebe.

Am späten Nachmittag erreiche ich Anzing, die letzte Gemeinde vor Forstinning, meinem Tagesziel. Nach dem Gewaltmarsch bin

## VOM ISARTOR NACH TRANSSILVANIEN

ich am Ende meiner Kräfte. Ich bin übermüdet, voller Selbstzweifel, nass und kalt und denke: Wenn ich nun noch im Regen im Zelt schlafen muss, packe ich meine Sachen sofort wieder ein und fahre zurück nach München. Natürlich hatte ich mir den Start schöner vorgestellt – aber was habe ich denn erwartet? Zwei Jahre lang Sonnenschein bis Tibet?! Also schleppe ich mich kraftlos weiter durch den kleinen Ort. Wandern will ich das nicht mehr nennen, was ich hier mache.

Ich treffe zwei nette Damen, die mit ihrem Hund unterwegs sind. Sie haben am Vortag den Bericht über mich in der Zeitung gelesen und sprechen mich an, ob ich vielleicht der »13.000-Kilometer-Mann« sei. Angesichts meiner derzeitigen Verfassung komme ich mir ziemlich dämlich vor und würde am liebsten »Nein« sagen. Doch ich nicke zögerlich, und es kommt zu einer kurzen und dennoch sehr amüsanten Unterhaltung. Zur Verabschiedung machen wir noch schnell ein Foto, und ich bekomme einen Tipp für eine Übernachtung in Forstinning: das Gasthaus »Zum Vaas«. Der Tipp kommt genau zum richtigen Zeitpunkt und gibt mir die nötige Energie für die letzten Kilometer.

In Fortsinning krieche ich völlig erschöpft die letzten Meter zum besagten Gasthaus. Dort frage ich den Wirt nach einer Übernachtungsmöglichkeit, und es geschieht das Unglaubliche: Zu meiner Überraschung hat dort bereits jemand angerufen und mich angekündigt. Das müssen die beiden netten Frauen gewesen sein, die ich gerade in Anzing getroffen habe, denke ich. Umgehend und ohne zu zögern, lädt der Wirt mich ein, kostenfrei bei ihm zu übernachten. Er gibt mir die Schlüssel, und ich bekomme ein sehr schönes Einzelzimmer. Völlig k.o. nehme ich den Rucksack von meinen Schultern. Ich kann kaum noch laufen. Nach einer fantastischen Dusche geht es mir etwas besser, und ich begebe mich nach unten, wo eine warme Abendmahlzeit mit den Angestellten auf mich wartet.

## VOM ISARTOR NACH TRANSSILVANIEN

Beim Essen erzählt der Wirt mir freimütig, dass er in seinem Leben auch sehr gern viel gereist wäre. Leider starb sein Vater im Alter von 49 Jahren, da war er selbst gerade erst 21, und ihm blieb keine Wahl – er musste die Verantwortung für den Gasthof übernehmen und diesen von nun an weiterführen. Als ich ihn nach dem Grund frage, warum er mich ohne Geld aufgenommen hat, antwortet er: »Ich konnte in meinem Leben leider nicht viel reisen. Darum bewundere ich solche Menschen wie Sie, Herr Meurisch. Ich möchte einfach nur ein guter Wirt sein. Und ich möchte, dass Sie für mich reisen.« Unglaubliche Dankbarkeit und ein großes Glücksgefühl überkommen mich in diesem Moment.

Nach dem Essen falle ich wie tot in mein warmes Bett. Mir wird klar, dass der Wirt mein ganzes Vorhaben gerettet hat – denn im Zelt hätte ich diese Nacht auf keinen Fall verbracht. Der erste Tag meiner Reise ohne Geld nach Tibet ist also vorbei. Er war schwer, doch nun bin ich auf dem Weg, und mein Abenteuer hat begonnen. Bevor meine Augen zufallen, denke ich kurz daran, dass es morgen in das 31 Kilometer entfernte Gars am Inn gehen soll. Bei dem Gedanken tun meine Füße schon wieder weh.

Am nächsten Morgen, nach einer guten Nacht und einem noch besseren Frühstück, sieht die Welt schon wieder anders aus. Ich spüre zwar jeden einzelnen meiner Knochen, bin aber voller Optimismus. Als Überraschung hat mir die Dame des Hauses noch ein Verpflegungspaket für unterwegs zusammengestellt. Ich traue meinen Augen nicht: drei lecker belegte Semmeln, zwei Joghurts, ein Apfel und eine Orange. Sie macht noch ein Foto, wie ich in voller Montur vor dem Gasthof stehe, und bevor ich weiterziehe, wünscht sie mir für meine weitere Reise alles Gute. Ich danke der ganzen Wirtsfamilie und mache mich auf den Weg nach Gars am Inn.

Als ich zwischendurch Facebook checke, habe ich bereits über 200 Fans. Wenig später kommt eine Interview-Anfrage von der

Süddeutschen Zeitung. Das gibt mir zusätzliche Kraft für die nächsten Kilometer. Dann hört es sogar auf zu regnen, die Sonne kommt heraus, und ich denke: Besser kann's gar nicht mehr werden. Aber es kann! Mein Handy klingelt, und ein Freund lädt mich nach Mühldorf ein. Das liegt genau auf meiner Strecke, und wenn ich heute in Gars ankomme, wären das für morgen »nur« 25 Kilometer. Ohne lange zu überlegen, sage ich zu. Er hat für mich ein Zimmer in einem Hotel reserviert, und ich freue mich riesig, ihn morgen zu treffen.

Ich komme gut voran, obwohl meine Beine höllisch wehtun. Trotz des Trainings sind die vielen Kilometer und die 30 Kilo auf dem Rücken eine Herausforderung. Als ich eine Bushaltestelle entdecke, in der ein herrlich einladender Polstersessel steht, mache ich eine Pause. Ich lege die Beine hoch, und oh Wunder – ich schlafe sofort ein. Nach über einer Stunde wache ich total perplex auf und bedaure die verlorene Zeit. Als ich aufstehen will, wehren sich meine Beine mit heftigen Schmerzen vehement dagegen. Ich laufe trotzdem los und erhöhe das Tempo, um Zeit aufzuholen. Zwei Fehler, denn meine Beine schmerzen immer schlimmer, und von den Schultern spüre ich nicht mehr viel außer einem einzigen Muskelkater.

Es ist nichts zu machen – ich muss eine weitere Pause einlegen und danach das Tempo drosseln, da mir inzwischen alles wehtut. Ich schalte meinen iPod ein, um mich von der Musik tragen zu lassen. Im nächsten Ort klingle ich im erstbesten Haus und frage die Dame, die mir die Tür öffnet, ob sie meine leere Flasche mit Leitungswasser füllen kann. Mit einem Lächeln sagt sie: »Kein Problem«. Als ich ihr erzähle, dass ich gerade auf dem Weg zu Fuß nach Gars am Inn bin, schüttelt sie ungläubig den Kopf. Ich kann mir das Grinsen nicht verkneifen und stelle mir vor, wie sie wohl reagiert hätte, wenn ich ihr gesagt hätte, dass ich nach Tibet will. Dabei glaube ich im Moment selbst nicht sehr viel fester daran, dass ich mein Ziel je erreichen werde. Trotz frischem Wasser bleiben mir die Schmerzen natürlich erhalten. Wenig später verlässt mich auch noch mein Akku, und es muss ohne Musik weitergehen. So ziehen sich die letzten Kilometer gewaltig. Mit letzter Kraft erreiche ich gegen viertel vor sieben Gars am Inn, einen bekannten Wallfahrtsort, wie ich später erfahre.

Meine Unterkunft habe ich hier schon sicher, da ich im Vorfeld meiner Reise den Bürgermeister kontaktiert habe, die Gemeinde Gars mich daraufhin eingeladen hat und die Kosten für das Zimmer übernimmt. Eine Sorge weniger. Ich beziehe ein schickes, kleines Zimmer in einer Wallfahrerherberge. Kein Luxus, aber den brauche ich auch nicht. Alles, was ich brauche, ist vorhanden: ein gemütliches Bett und eine Dusche. Ich bin nach diesem anstrengenden Tag sowieso dankbar für alles und so kaputt, dass ich ohne Probleme überall einschlafen würde.

Frau Ebener, die Herbergsmutter, empfängt mich herzlich. Mit langsamen Bewegungen setze ich meinen Rucksack ab und ziehe die Schuhe aus. Ich bin völlig am Ende und wäre am liebsten sofort ins Bett gefallen. Jeder Schritt schmerzt und ich will keinen Meter mehr gehen. Aber der Hunger treibt mich raus, und ich bin dankbar, dass mich die Gemeinde zum Abendessen in einem Gasthaus eingeladen hat. Am nächsten Morgen hole ich nach, was für den Abend geplant gewesen war. Ich gehe ins Rathaus und bedanke mich persönlich beim Bürgermeister für die tolle Gastfreundschaft. Er freut sich sehr über meinen Besuch, war ihm doch nicht bewusst, dass sein schöner Ort direkt auf dem Weg München-Tibet liegt.

Dann geht es weiter nach Mühldorf, nur 25 Kilometer. Doch tut mir weiterhin alles weh, mein Körper hat sich einfach noch nicht auf die Reise eingestellt, und somit erweist sich auch der dritte Tag als außerordentlich hart. Das Wetter ist immer noch mies, der Rucksack ist nicht leichter geworden, und ein Kilometer ist immer noch ein Kilometer. Bald wird jeder Schritt wieder zur altbekannten Qual.

## VOM ISARTOR NACH TRANSSILVANIEN

Ein idealer Angriffspunkt für die bekannten Ängste und Zweifel. Wie lange werde ich das noch durchhalten? Ich spüre, dass meine Kräfte immer weiter nachlassen, und sobald ich die ersten drei Tage in Relation zur gesamten Reise setze – 86 Kilometer gegenüber 13.000 – beginnen meine Gedanken um die Möglichkeiten zu kreisen, wie ich am besten aufgeben kann. Ich fühle mich furchtbar schwach, und nach der Hälfte meiner heutigen 25-Kilometer-Etappe bin ich kurz davor, abzubrechen.

Da setzt mein Ehrgeiz ein.

Nein, das darf nicht sein! Ich zwinge mich, an das Hotelzimmer zu denken, das mich heute erwartet. Davon gezogen, läuft die zweite Hälfte dann besser.

Ich gehe am Inn entlang, als ein Ehepaar auf mich zukommt. Petra und Christoph.

Mit meinem riesigen Rucksack falle ich natürlich auf. Petra meint, der sähe aus wie ein großes Schneckenhaus, und ich hoffe einfach, dass dies keine Anspielung auf meine Geschwindigkeit ist. Sie fragt mich, ob sie mich eventuell in der Zeitung gesehen haben könnte. »Möglich«, antworte ich schüchtern. Spontan schließen sich die beiden mir an, und zu dritt laufen wir die letzten zehn Kilometer bis nach Mühldorf. Wir verlieren uns in Gesprächen, plötzlich spüre ich meinen Rucksack und meine Schmerzen viel weniger, und die Zeit vergeht wie im Flug. Nach einem Foto steigen die zwei auf einem Parkplatz in ihr Auto. Wahrscheinlich werde ich sie nie wiedersehen. Dennoch werde ich diese Begegnung nicht vergessen. Die beiden werden zu den tollen Menschen zählen, die meine Reise bereichern.

Jetzt ist es nur noch ein letzter Kilometer bis zu meinem Ziel. Vorbei an ein paar Ruinen, die mich an eine kleine Geisterstadt erinnern, gehe ich durch eine Unterführung der B12 und erreiche Mühldorf. Am Ortseingang werde ich schon von meinem Freund Roland erwartet. Er begleitet mich bis zu dem Hotel, in dem er das Zimmer für mich gebucht hat, und gibt mir auf dem Weg dorthin

## VOM ISARTOR NACH TRANSSILVANIEN

eine kostenlose Stadtführung. Ich muss jedoch zugeben, dass ich für Sightseeing einfach keine Energie mehr übrig habe, und frage gefühlt alle fünf Sekunden: »Ist es noch weit? Wann sind wir da?« Ich will endlich den Rucksack von meinem Rücken runter haben! Als Überraschung hat Roland jedoch noch ein kurzes Interview mit dem Mühldorfer Anzeiger organisiert. Mir friert kurz das Gesicht ein. Oh nein, denke ich, jetzt? In meinem Zustand, mit meinen Schmerzen?! Ich habe überhaupt keine Lust, bin völlig ausgepowert und stelle mir vor, dass ich jetzt sicher wenig überzeugend wirke, wenn ich sage, dass ich zu Fuß bis nach Tibet gehen werde. Angst überkommt mich, dass ich meine Maske der Stärke während eines Interviews nicht, oder nur sehr schwer aufrechterhalten kann. Aber es hilft nichts. Der Termin ist fest ausgemacht, und kneifen will ich auch nicht. Ich mobilisiere also all meine Reserven, und wir machen uns gemeinsam auf den Weg zu einer Wirtschaft, wo das Gespräch stattfinden soll. Als wir das Gasthaus betreten, ist die Reporterin bereits da und schaut mich mit großen Augen an. Kaum habe ich mich gesetzt, legt sie los, und sie macht ihre Arbeit mit so großer Leidenschaft und stellt so begeistert ihre Fragen, dass ich gar nicht anders kann, als mich von ihrer Energie anstecken zu lassen. Auch der Wirt setzt sich hinzu und steigt interessiert in die Befragung ein. Was ich zunächst nicht geglaubt habe: Das Interview gibt mir Kraft. Es dauert lange und geht ins Abendessen über. Bei dem Gespräch wird mir bewusst: Ich bin jetzt schon drei Tage unterwegs, habe fast hundert Kilometer hinter mir, und das ohne Geld. Es läuft doch super! Ich habe bereits viele freundliche Menschen getroffen und schöne Erfahrungen gemacht – das ist doch genau das, was ich auf dieser Reise wollte. Lediglich die körperlichen Schmerzen machen mir zu schaffen. Und mein Gepäck. Und damit meine ich nicht den Rucksack und sein Gewicht von 30 Kilo. Ich spreche von einem zusätzlichen, unsichtbaren Gewicht, welches ich mit mir rumschleppe: All meine Ängste, Sorgen und Zweifel sind es, die so

## VOM ISARTOR NACH TRANSSILVANIEN

schwer sind und mich am leichten, befreiten Vorankommen hindern. Wenn ich diese nur ablegen könnte ... Mit diesen Gedanken lasse ich mich erschöpft, aber glücklich ins Bett fallen.

Mein Ziel am vierten Tag ist Marktl am Inn. Als ich nach dem Frühstück aufbrechen will, ruft mich der Wirt, dass da ein Anruf für mich wäre. Merkwürdig, denn eigentlich weiß niemand, in welchem Hotel ich übernachtet habe. Am Telefon ist Petra. Als ich sie und Christoph am Vortag getroffen habe, hatte ich von einem Hotelzimmer gesprochen. Sie möchte mich zum Frühstück einladen und hat bestimmt einige Hotels der Stadt abtelefoniert, um mich zu finden. Da ich bereits gegessen habe, schlage ich vor, dass wir uns später an der Innbrücke in Mühldorf treffen und wieder ein Stück gemeinsam gehen. Begeistert sagt sie zu, und wenig später sind wir auch schon unterwegs.

Heute ist es endlich Frühling, das Thermometer klettert auf 15 Grad. Wir folgen bei blauem Himmel und strahlender Sonne dem Inn in Richtung Marktl. Der Weg führt uns durch Wälder, hier und da zeigt sich ein Reh. In Gespräche vertieft, verlaufen wir uns, finden jedoch schnell wieder die richtige Route. Irgendwie ist heute alles sehr entspannt. Am Waldrand treffen wir auf eine Familie, die die Frühlingssonne genießt. Wir setzen uns dazu und unterhalten uns lange. Die Geräusche des Waldes untermalen das Gespräch. Was für ein Gegensatz zum ersten Tag! Die Zweifel sind verflogen, die Schmerzen haben nachgelassen, die Lust am Reisen stellt sich wieder ein.
Wir müssen aufbrechen, denn vor mir liegen heute noch über zwanzig Kilometer, und ich weiß, dass mich mit fortgeschrittenem Tag nach und nach die Kraft verlässt und ich gegen Abend immer langsamer werde. Zum Abschied bekomme ich noch eine Tüte Gummibären. Die kann ich ja immer gebrauchen. Wenig später holt uns

## VOM ISARTOR NACH TRANSSILVANIEN

die Familie noch einmal mit dem Auto ein, hält neben uns und überreicht mir eine äußerst großzügige Spende. Ich bin sprachlos, nun aber nicht mehr ganz mittellos. Es fällt mir schwer, die Summe anzunehmen. Aber dann kommt mir ein Zitat aus meinem Lieblingsbuch »Der Alchimist« von Paulo Coelho in den Sinn:
*»Ich erhalte einen Lohn weit über meine Verdienste«, bemerkte der Mönch.*
*»Sag so etwas nicht noch einmal. Sonst kann es das Leben hören und dir das nächste Mal weniger zugestehen.«*

Und so nehme ich die Spende demütig an, so schwer es mir auch fällt.
Nach ein paar weiteren Kilometern erreichen wir Neuötting, und es ist höchste Zeit für eine längere Pause. Wir finden ein gemütliches Gasthaus, und Petra lädt mich zu einem Schweinsbraten ein. Das ist mir unangenehm, denn nach der Spende, die ich gerade erhalten habe, hätte ich das Essen sehr gut selbst bezahlen können. Aber das lässt Petra nicht zu, und ich sehe, welche Freude es ihr macht, mich einzuladen. Nach dem Essen steigt sie in den Bus zurück nach Mühldorf. Es war gestern, nach den zehn Kilometern, die wir gemeinsam gegangen sind, schon nicht einfach, mich von ihr und Christoph zu verabschieden. Nachdem wir nun noch einmal einen halben Tag miteinander verbracht und wieder sehr schöne Gespräche geführt haben, fällt es mir noch schwerer. Sie kehrt in ihr Leben zurück, und für mich geht es – etwas wehmütig, eine neue Freundin zurückzulassen, – bei strahlend blauen Himmel und Sonnenschein weiter Richtung Tibet.

Bei einem kurzen Blick auf die Karte merke ich, dass ich gerade die Marke überschritten habe und nun insgesamt schon über hundert Kilometer gelaufen bin.
Ich habe ein breites Grinsen im Gesicht und reiße vor Freude die Arme in die Luft! Hundert Kilometer! Unglaublich! Jetzt liegen

## VOM ISARTOR NACH TRANSSILVANIEN

nur noch 12.900 Kilometer vor mir. Ich beschließe spontan, dieses Etappenziel zu feiern, und errichte mitten auf dem Weg ein kleines Denkmal, zusammengesetzt aus vielen Steinen: *100 km*. Das muss ich nach einem Foto natürlich wieder abtragen. Die Aktion ist zwar mühsam und kostet Zeit, das ist es mir aber wert. Denn ich feiere damit auch, dass ich schon so weit gekommen bin und den Zweifeln nicht nachgegeben habe.

Nun aber wieder los, der Tag neigt sich dem Ende zu. Die Sonne befindet sich schon längst hinter meinem Rücken, bildet einen langen Schatten vor mir und taucht die Landschaft in einen grandiosen Farbton. Gleich wird sie untergehen. Ich habe bis nach Marktl noch etwa eine Stunde zu gehen, und will nicht im Dunkeln ankommen.

Am Ortseingang finde ich eine Tafel mit Pensionen und Gasthäusern inklusive deren Rufnummern. Sofort fange ich an, die Liste abzutelefonieren. Niemand hat ein Zimmer frei. Alle Unterkünfte haben entweder noch saisonbedingt geschlossen oder sind ausgebucht. Es ist der Moment, vor dem ich mich ein wenig gefürchtet habe, obwohl ich darauf vorbereitet bin. Ich bin angespannt. Es gibt zwar einen Campingplatz, aber dieser liegt etwa zwei Kilometer außerhalb des Ortes. Ich möchte nur ungern im Dunkeln auf die Straße zurück. Mit flauem Magen wähle ich die letzte Nummer auf der Liste. Und tatsächlich ist in der Pension ein Zimmer frei. Kurz schnaufe ich durch und erkläre am Telefon meine Geschichte. Dann frage ich die freundliche Frau, ob sie bereit wäre, mir das Zimmer für eine Nacht kostenfrei zu überlassen. Falsche Frage. Sie lehnt ab und erklärt im Gegenzug, dass es ihr im Moment wirtschaftlich nicht gut geht und sie sich so etwas leider nicht leisten kann.

Ich überlege kurz. Schließlich habe ich heute eine passable Spende erhalten, die für das Zimmer reichen würde. Da es inzwischen

## VOM ISARTOR NACH TRANSSILVANIEN

komplett dunkel ist, willige ich ein und mache mich auf den Weg. Um zur Pension zu gelangen, muss ich noch den ganzen Ort durchqueren. Auf halber Strecke klingelt plötzlich mein Handy. Es ist ein Fan, der meine Reise auf meinem Blog verfolgt, mit einer guten Nachricht: Er hat noch eine andere Pension im Ort gefunden und ist sogar bereit, die Kosten dafür zu übernehmen. Mit einem Lächeln im Gesicht mache ich auf dem Absatz kehrt und begebe mich zu dieser Unterkunft. Was mich hier erwartet, übertrifft alles. Da sämtliche Einzelzimmer belegt sind, bekomme ich ein Doppelzimmer für mich allein. Und das Konto des Spenders wird nicht einmal übermäßig belastet, denn die Pension hat sehr moderate Preise. Euphorisch rufe ich sofort meine Freundin in München an und erzähle ihr voller Freude von dem Glück mit dem Doppelzimmer. Sie steigt daraufhin ohne zu zögern ins Auto und macht sich auf den Weg zu mir. Ich zähle in der Zwischenzeit grinsend und aufgeregt zugleich die Minuten bis zu ihrer Ankunft. Als sie dann endlich eintrifft, ist es ein wundervolles Gefühl, sie im Arm zu haben, den Abend mit ihr zu verbringen und die Zeit mit ihr zu genießen. Was für ein schönes Wiedersehen!

Auch am nächsten Morgen neben meiner Freundin aufzuwachen, ist herrlich, und ich merke, wie sehr ich sie schon nach vier Tagen vermisst habe. In ihre leuchtenden Augen zu sehen und nicht nur ihre Stimme am Telefon zu hören, ist an diesem Morgen das Größte für mich. Ich strahle übers ganze Gesicht, als sie dann noch sagt, dass sie heute frei hat. Es steht eine kurze Etappe von rund zwölf Kilometern nach Burghausen an, und meine Freundin läuft mit. Das Wetter ist weiterhin frühlingshaft. Hand in Hand gehen wir entspannt durch wunderschöne Dörfer, Wälder und Felder. Es ist so unbeschreiblich schön, sie mit dabei zu haben. Auf dem Weg merke ich, wie hier die Zeit stillzustehen scheint. Hasen hoppeln vorbei, ein Pferd frisst gemächlich sein Heu, und der Bauer, den wir

## VOM ISARTOR NACH TRANSSILVANIEN

unterwegs treffen, fragt: »Nach Tibet willst? Wo bittschön geht's denn hier auf Tibet?«

Die Stadt Burghausen liegt direkt an der Grenze zu Österreich und ist bekannt für die längste Burganlage Europas. Die Altstadt begeistert mich wegen der schönen, alten und gut erhaltenen Häuser. Beides muss ich mir anschauen. Als wir unser Ziel erreichen, ist es etwa vier Uhr. Meine Freundin muss sich nun leider wieder auf den Heimweg machen. Der Abschied fällt mir schwer, denn wir wissen nicht, wann und wo wir uns wiedersehen werden. Diese Ungewissheit bedrückt mich, und diesmal bin ich es, der zurück bleibt, während sie geht.

Traurig fange ich an, Passanten nach einer kostenlosen Übernachtung zu fragen. Aber nicht allein, denn der Kameramann Norbert ist zu mir gestoßen. Er hat vor, meine Unterkunftssuche mit der Kamera zu dokumentieren. Noch ist genügend Zeit. Sollte mich heute keiner bei sich aufnehmen, so kann ich immer noch mein Zelt aufschlagen. Doch während Norbert dabei ist, seine Kamera aufzubauen, kommt eine Frau mit ihrem Hund auf uns zu, bleibt stehen und beobachtet uns interessiert. Da sie einen sehr freundlichen Eindruck auf mich macht und ich die Gelegenheit nicht verstreichen lassen will, bis Norbert mit der Kamera so weit ist, gehe ich auf sie zu und frage, ob sie jemanden kennt, bei dem ich kostenfrei übernachten kann. Kurz erkläre ich ihr, dass ich ohne Geld unterwegs bin. Nach Tibet. Aber das schüchtert sie nicht ein. Stattdessen zückt sie ihr Handy und ruft ihren Mann an, um sich mit ihm abzustimmen. Der gibt schnell sein Okay, und meine Unterkunft für diese Nacht ist gesichert. Ich werde heute im Haus von Gitti und Albert schlafen.

Als Norbert endlich seine Kamera aufgebaut hat, ist meine Suche also schon beendet, und es bleibt uns nichts anderes übrig, als die Szene noch einmal nachzustellen. Da weder Gitti noch ich Erfahrung vor der Kamera haben, wirkt die Szene alles andere als authentisch und eher unnatürlich und sehr gestellt. Nachdem sie im Kasten ist, folgen wir Gitti zu ihrem Haus. Auf dem Weg meint sie, die Unterkunft sei nichts Besonderes. Ich erwidere, dies auch gar nicht zu erwarten, ein einfaches Bett reiche mir vollkommen aus. Dann aber bleiben wir vor der Haustür eines etwa 500 Jahre alten, denkmalgeschützten Hauses stehen. Von wegen nichts Besonderes: Als sie uns durch die zwei Wohnetagen führt, fehlen Norbert und mir die Worte. Dieses Haus ist mit so viel Liebe und so vielen kleinen Details eingerichtet, dass wir uns sofort wohlfühlen. Mit jedem Raum, mit jedem Winkel, den wir entdecken, werden unsere Augen größer. Es ist einfach traumhaft. Hinzu kommt ein unvergesslicher, wohliger Duft von Räucherstäbchen.

Gitti bietet uns etwas zu trinken an und macht Feuer im Kamin. Es ist so unbeschreiblich gemütlich in diesem Haus. Da es noch ein wenig hell ist, wollen Norbert und ich uns gern die Stadt anschauen. Zu meiner Überraschung überreicht Gitti mir sogar den Haustürschlüssel – ein riesengroßer Vertrauensbeweis, jedenfalls in meinen Augen. Und als ob das noch nicht genug wäre, werden wir später von Gitti und Albert sogar zum Essen in ein Restaurant eingeladen. Ist das nicht irre? Fremde Menschen lassen uns in ihrem Haus schlafen und nehmen uns so warm und herzlich auf. Und das alles nur, weil ich gefragt habe. Vielleicht ist es eine Art Belohnung für den Mut dazu.

Nach dem Essen spazieren wir alle zusammen durch die Altstadt. Wir besuchen sehr schöne Lokale, die Norbert und ich allein vielleicht nie gefunden hätten, und führen tolle Gespräche. Das heißt, Norbert führt die Gespräche, da ich zu fortgeschrittener Stunde sehr müde bin. Aber mir ist natürlich bewusst, dass derartige Begegnungen mit Einheimischen nicht stattfinden, wenn man in Hotels oder Pensionen übernachtet. Wieder zu Hause angekommen, sitzen wir noch sehr lange vor dem Kamin und lassen den Tag ausklingen.

## 5
## An der Salzach entlang zum Wien-Marathon

Nach einer guten Nacht und einem gemeinsamen Frühstück mit
Gitti, Albert und Norbert kreisen meine Gedanken um das nächste Ziel. Aber das Packen meines Rucksacks dauert heute Morgen
ungewöhnlich lang. Es fällt mir schwer, hier wieder aufzubrechen
und somit auch loszulassen. Unter anderen Umständen wäre ich
wahrscheinlich noch ein paar Tage geblieben, so hilfsbereit und
freundlich sind diese Menschen. Zuerst verabschiede ich mich von
Albert, da er zur Arbeit muss. Gitti hat sich entschlossen, ein kleines Stück mit mir zu gehen. Als sie umkehren muss, gibt sie mir
noch einen Tipp: Unweit von meiner heutigen Route existiert ein
Heiliger Brunnen, dessen Wasser heilende Kräfte haben soll. Den
werde ich mir natürlich anschauen. Zum Abschied umarmen wir
uns wehmütig. Dann geht jeder seinen Weg. Nach wenigen Schritten drehen wir uns beide noch einmal um und winken uns ein letztes Mal zu. Auch wenn ich Gitti und Albert nur kurz kennengelernt
habe, weiß ich, dass es Menschen sind, die man nicht so schnell an
jeder Straßenecke findet. Der letzte Abend in Deutschland wird mir
noch sehr lang in Erinnerung bleiben.

Ein paar Schritte nur, und schon bin ich in einem anderen Land.
Gewöhnlich nimmt man in Europa das Überqueren einer Grenze
kaum noch war. Wenn man sie jedoch zu Fuß passiert, dann wird
sie wieder sichtbar. Die alten Grenzstationen, die kleinen Details
wie andere Schilder oder Autokennzeichen. Obwohl es nur ein paar
Schritte sind, habe ich das Gefühl, dass die Distanz zwischen mir,
meiner Familie, meinen Freunden und meiner Freundin schlagartig
größer geworden ist. Das liegt vor allem am Telefon. In Grenznähe

kann ich noch auf das deutsche Handynetz zurückgreifen, was ich schnell dazu nutze, um noch einmal mit meiner Freundin zu telefonieren. Ich vermisse sie sehr. Aber die Verbindung ist schlecht. Es ist nur eine Frage der Zeit, bis ich keinen Empfang mehr habe und auf das österreichische Netz umschalten muss. Dies bedeutet sehr hohe Roamingkosten, die ich mir nicht leisten kann.

Das ist auch der Grund, weshalb ich zunächst nach Salzburg gehe. Die Stadt und der Weg dorthin liegen dicht an der Grenze, und ich habe das deutsche Netz zur Verfügung. So sehr ich das Abenteuer suche, so schwer fällt es mir, Deutschland nun wirklich hinter mir zu lassen und in die Welt hinauszuziehen. Und ich habe auf meinem Handy von nun an auch keinen Internetzugriff mehr. Wenn ich eine Information aus dem Netz benötige, muss ich dafür Menschen ansprechen und um Hilfe bitten. Mein Handy kann ich von nun an eigentlich fast nur noch nutzen, um Fotos zu machen und Notizen festzuhalten.

Wieder gebe ich ein Stück Sicherheit her. Ich würde gern an allem festhalten, aber dann ist Abenteuer nicht möglich. Um etwas Neues zu entdecken, muss man das Alte hinter sich lassen. Aber ich fürchte mich vor dem Unbekannten. Andererseits spüre ich meinen Stimmungswandel. Der Rücken fühlt sich gut an, und dank der Kontakte von Gitti und Albert sind die nächsten Übernachtungen gesichert. Meine große Sorge, häufig im Zelt schlafen zu müssen, ist zwar noch da, beherrscht mich aber nicht mehr. Langsam wächst mein Vertrauen in die Menschen.

Und langsam verabschiede ich mich von Deutschland, indem ich an der Salzach entlanggehe. Das tut gut. Plötzlich reißen mich zwei Frauen, die mit dem Rad unterwegs sind, aus meinen Gedanken. Sie halten an, und wir kommen ins Gespräch. Ihre Einsichten überraschen mich. So meint die eine: »Das machen Sie richtig. Wir haben das ganze Leben gearbeitet. Und wofür? All das Gelump zu Hause brauchen wir gar nicht.« Die Zweite wiederum weiß: »Ja,

## VOM ISARTOR NACH TRANSSILVANIEN

da denkt man gar nicht dran, wenn man so jung ist, dass das halbe Leben eigentlich schon fast vorbei ist.«

Auch in Österreich sind die Menschen freundlich und hilfsbereit. Nicht nur, was Schlafplätze, sondern auch was das Essen angeht. Sehr gute Erfahrungen mache ich mit Pizzabäckereien, in denen es immer ein paar Pizzastücke umsonst für mich gibt. Aber auch in Cafés und sogar Restaurants werde ich kostenfrei versorgt. Besonders überrascht mich der Donauradweg, dem ich von Linz bis nach Wien folge. Der Weg ist touristisch gut erschlossen, es gibt viele Unterkünfte speziell für Radfahrer. Und selbst dort höre ich mehrmals die Antwort auf meine Frage: »Ja, das geht schon für eine Nacht. Auch kostenfrei.« Und zwischendurch viele kurze Gespräche im Vorbeigehen über den Zaun. Da heißt es plötzlich: »Magst du einen Kaffee? Magst du kurz reinkommen?« Ein tolles Angebot, dass ich nicht ablehne. Manchmal wird es spät, und wenn ich dann aufbrechen will, kommt der Vorschlag: »Wir haben ein Gästezimmer. Wenn du willst, kannst du bis morgen bleiben.«

Alles ergibt sich, fliegt mir fast zu. Mein Zelt brauche ich in Österreich nicht ein Mal. Die Menschen sind offen, interessiert an meiner Reise und helfen, wo sie nur können. Obwohl ich mich langsam daran gewöhne, bin ich doch jeden Tag von Neuem überrascht. Wildfremde Leute, denen ich begegne, laden mich ein oder drücken mir zehn oder sogar zwanzig Euro in die Hand, ohne dass ich darum gebeten habe. Nur weil ich erzähle, was ich mache und auf welcher verrückten Reise ich mich gerade befinde. Es gibt immer wieder Zuspruch. »Nach Tibet? Zu Fuß? Unglaublich! Aber super! Du schaffst das!«

Am 26. Tag meiner Reise stehe ich vor den Toren von Wien. 542 Kilometer habe ich jetzt schon geschafft! Kaum denke ich

## VOM ISARTOR NACH TRANSSILVANIEN

über eine Unterkunft nach, klingelt das Telefon. Es ist Astrid, die meine Reise auf Facebook verfolgt hat. Sie will am 12. März, also in sieben Tagen, mit dem Fahrrad eine große Tour Richtung Osten starten. Ein konkretes Ziel hat sie nicht. Ein Zeitlimit hat sie sich ebenfalls nicht gesetzt. Einfach treiben lassen. Losfahren und schauen, was passiert. Sie will auch über Istanbul durch die Türkei, dann weiter durch Armenien, Aserbaidschan, Georgien, Kasachstan nach China. Ich bin schwer beeindruckt. Astrid wohnt in Wien und bietet mir an, bei ihr zu übernachten. Wieder einmal muss ich gar nichts tun, um einen Schlafplatz zu bekommen. Sie kommt mir sogar entgegen, und wir laufen die letzten vier Kilometer gemeinsam.

Unser Gesprächsthema steht natürlich fest: unsere Reisen. Ihre Augen leuchten, während sie von ihrer Tour spricht. Ich kann sie nur zu gut verstehen. Sie erinnert mich an meine Situation vor knapp vier Wochen – kurz bevor es bei mir losging. Die gleichen Sorgen und Bedenken. Hab ich an alles gedacht? Was fehlt noch? Was brauche ich nicht? Ich gebe ihr den Tipp, nicht in Perfektionismus zu verfallen und nicht zu versuchen, alle nur möglichen und denkbaren Eventualitäten vorhersehen zu wollen. Es kommt sowieso anders, als man es sich vorstellt. »Irgendwann«, erkläre ich ihr, »kommt einfach der Zeitpunkt, an dem du alle Taschen verschließt und du weißt: Nun ist es Zeit aufzubrechen. Der Rest ergibt sich von selbst, wenn du erst einmal unterwegs bist. Nur Mut! Und Vertrauen. Es werden dir immer nur die Dinge aufgetragen, die du auch bewältigen kannst.« Ich muss selbst über mich lachen und nicke verwundert. Genau dasselbe hat mir Max Semsch ja vor meiner Reise gesagt.

Astrids Mutter erweist sich als exzellente Köchin. Zu fünft sitzen wir am Esstisch in der Küche, Astrid, ihr Bruder mit seiner Freundin, ihre Mutter und ich. Ich fühle mich so herzlich aufgenommen, und ohne mein Zutun bin ich plötzlich Teil dieser Familie. Wieder ein unglaubliches Erlebnis, das ich sehr genieße. Nach dem Essen ziehen wir noch einmal los. Nicht weit entfernt von der Wohnung steht der Donau-Turm, von dem aus man einen fantastischen Überblick über Wien hat. Aus über 200 Metern Höhe ist nichts von dem regen Treiben dort unten zu spüren. Wie beim Berliner Fernsehturm gibt es ganz oben ein Café, das sich dreht. Es ist herrlich, den einmaligen Blick bei einer Tasse heißer Schokolade zu genießen.

Astrids Familie hat mir angeboten, zwei Tage zu bleiben, also lege ich in Wien eine Pause ein. Ich leihe mir das Fahrrad von Astrids Mutter und sattle für einen Tag um. So kann ich Wien ganz entspannt erkunden. Das geht richtig flott, und es macht Spaß, durch den Stau der Innenstadt zu fahren. Mein erster Weg führt mich direkt ins Zentrum. Das Mistwetter kommt mir zugute, denn es ist nicht allzu viel los. Ich stehe vor dem Stephansdom und schaue nach oben. Mein Blick wandert den Turm hinauf. In dem Moment wird mir bewusst: Ich bin in Wien! Nicht zum ersten Mal in meinem Leben, aber zum ersten Mal bin ich von München aus zu Fuß hierher gereist. Für einen Moment bin ich der König der Welt. Ein riesiges Glücksgefühl überkommt mich. Unglaublich!, denke ich. 542 Kilometer. Ich bin ohne Geld in der Tasche gestartet. Jetzt bin ich schon in Wien. Von München aus bin ich zu Fuß hierher gelaufen. Ganz ehrlich: Ich habe selbst nicht daran geglaubt, dass ich es so weit schaffen werde. Und ich habe noch nicht ein einziges Mal im Zelt geschlafen und so viele nette Menschen kennengelernt.

Dieses Gefühl will ich noch mehr auskosten und mit anderen teilen. Also setze ich mich ins Starbucks am Stephansdom, bestelle Chai Latte und nutze das WLAN, um meine Mails zu checken und Facebook aufzurufen. So mache ich das überall, wo es kostenlosen Internetzugang gibt. Manchmal frage ich auch in Hotels, ob ich das WLAN nutzen kann. Gleich die erste Nachricht ist der Hammer.

## VOM ISARTOR NACH TRANSSILVANIEN

Ein Marathonläufer bietet mir an, seine Startnummer zu übernehmen und den Wien-Marathon am 15. April mitzulaufen. Er hat
ein kaputtes Knie und kann nicht starten. Ich sage spontan zu und
kann mir ein lautes Lachen einfach nicht verkneifen. Ich denke: Es
sind ja bloß 42 Kilometer, die kann ich schon mal zwischendurch
einschieben. Schließlich bin ich ein erfahrener Marathonläufer und
will in Wien auch nicht einrosten. Wie verrückt ist das bitte – ich
werde in neun Tagen einen Marathon laufen …
Die Menschen um mich herum müssen mich für völlig bekloppt
halten, als ich nach einer Stunde das Grinsen noch immer nicht aus
meinem Gesicht bekomme.
Zunächst aber muss ich umziehen. Diesmal geht es zu Malte, den
ich noch nicht persönlich kenne. Auch er hat mich über Facebook
eingeladen, bei ihm zu wohnen. Ohne Fahrrad, aber mit dem Rucksack, erkunde ich Wien nun mit der U-Bahn. Als ich am Ticketauto-
maten stehe, sehe ich, dass ich für nur 14 € nach Bratislava fahren
kann. Das würde mir rund 65 Kilometer Fußmarsch ersparen. Ich
muss lachen und ziehe das kurz in Erwägung, verwerfe diesen Gedanken jedoch schnell wieder.
In der Bahn lerne ich Susann kennen. Wie viele Menschen spricht sie
mich aufgrund meines großen Rucksacks an. Wieder einmal falle ich
aus allen Wolken: In den wenigen Minuten, die wir gemeinsam fahren, erzählt sie mir, dass sie ebenfalls ihr ganzes Leben lang zu Fuß
unterwegs war. Und nun kommt's: Wenn sie in zwei Jahren in Pension geht, wird sie nach Jerusalem laufen. Ebenfalls jeden einzelnen
Meter zu Fuß. Dann kommt ihre Station. Ich sage, dass ich noch eine
ganze Weile in Wien sein werde, und frage, ob wir uns nicht noch
einmal auf einen Kaffee treffen wollen. In letzter Minute tauschen
wir unsere Telefonnummern aus. Es ist wirklich unglaublich, welche
interessanten Menschen man kennenlernt, weil man einen großen
Rucksack mit sich herumträgt. Mein 75-Liter-Rucksack wirkt wie ein
Menschenmagnet. Ich glaube, wenn ich irgendwann einmal richtig

## VOM ISARTOR NACH TRANSSILVANIEN

alt bin und keine Lust mehr aufs Wandern habe, stopfe ich meinen Rucksack randvoll mit leichtem Verpackungsmaterial und laufe damit in der Gegend rum. Einfach nur so, um Leute kennenzulernen.

Von der U-Bahn-Station ist es nicht mehr weit zu Malte. Beim An- blick mehrerer Pizza- und Kebab-Stuben meldet sich ein Hunger- gefühl, und mir fällt mir ein, dass ich lange nichts gegessen habe. Also betrete ich die Pizzeria »Da Capo« und erzähle meine Ge- schichte. Mein schwerer Rucksack dient mir gewissermaßen als Ausweis. Khaled, der Pizzabäcker, spendiert mir tatsächlich eine richtig gute Salami-Pizza. Während er sie zubereitet, kommen wir ins Gespräch. Khaled kommt aus Ägypten. Sofort fällt mir wie- der »Der Alchimist« von Paulo Coelho ein. Ich frage Khaled, ob er gläubiger Muslim ist und ob er die fünfte Säule des Islam be- herzigen wird, den Haddsch, die Pilgerreise nach Mekka, die jeder Moslem mindestens einmal im Leben unternehmen soll. Khaled macht eine kleine Denkpause. »Das ist nicht ganz billig«, gibt er zu bedenken. Aber natürlich hat er vor, irgendwann nach Mekka zu pilgern. Vielleicht bestärkt die Begegnung mit mir seinen Wunsch ja. Immerhin zeige ich ihm, dass reisen nicht unbedingt ein Ver- mögen kosten muss.

Bei Malte, der in einer WG wohnt, werde ich freundlich aufgenom- men. Leider ist das Wetter weniger freundlich und ändert sich auch in den nächsten Tagen nicht. Viele Stunden verbringen wir faul in der Wohnung. Wir kochen und essen, surfen im Internet, quatschen miteinander und schauen DVDs. Da ich bei Malte das WLAN nut- zen kann, skype ich zum ersten Mal mit meiner Freundin. Was für ein toller Moment! Wir reizen das neue Medium voll aus und lachen uns kaputt, während jeder versucht, lustigere Grimassen zu schnei- den als der andere. Draußen regnet es, aber hier drinnen scheint die Sonne, und wir sind vergnügt. Ich hoffe sehr, dass wir uns bald wiedersehen.

## VOM ISARTOR NACH TRANSSILVANIEN

Ebenso hoffe ich, dass sich das Wetter bessert, denn ein Marathon im Regen ist alles andere als ein Vergnügen. Aber ich habe Glück, am Sonntag, meinem 36. Reisetag und meinem 10. Tag in Wien, ist der Himmel blau. Und noch mehr Glück: Auch Malte und ein paar seiner Freunde laufen mit. Bevor es losgeht, muss ich mir noch die Startnummer von Niki abholen, dem Mann, der mich mit dem verletzten Knie auf Facebook angeschrieben und mir seine Startnummer überlassen hat. Dann geht es an den Start. Der Wien-Marathon 2012 wird für mich schnell zum witzigsten und schönsten Marathon, den ich jemals gelaufen bin. Vor der Kulisse all der berühmten Sehenswürdigkeiten feuern wir die Leute am Straßenrand an, damit sie uns anfeuern, erzählen uns Witze und lachen über alles und jeden, der uns begegnet – Zuschauer, Polizisten, andere Läufer. Leider ist irgendwann Schluss mit lustig. Die zweite Hälfte wird so richtig zäh. Für Malte ist es der erste Marathon, was man ihm nach zwanzig Kilometern auch anmerkt. Doch die Zeit ist uns egal. Unser Ziel ist einfach nur, die Strecke zu schaffen. Und tatsächlich, Malte hält durch. Völlig erschöpft fallen wir uns nach fünfeinhalb Stunden in die Arme. Die Sieger sind längst verschwunden, während wir mit der letzten Gruppe das Ziel erreichen, am Heldenplatz auf dem Roten Teppich. Es ist so schön, dass wir uns dennoch als Gewinner fühlen. Wir spüren jeden einzelnen Muskel. Aber der Schmerz wird schnell weg sein, während der Stolz bleibt.

Mehr noch als über meinen »Sieg« freue ich mich auf meine Freundin, die mich heute besuchen kommt. Ich hole sie vom Bahnhof ab, und wir halten uns lange im Arm. Es ist so schön, sie wieder bei mir zu haben – wenn auch nur für eine kurze Zeit. Zwei Tage kann sie in Wien bleiben. Zwei Tage, in denen wir uns die Stadt ansehen und versuchen, die Zeit zu nutzen, ohne uns zu viel vorzunehmen. Das übliche Dilemma also. Zwei Tage, die wir intensiv genießen, die aber ebenso schnell vorbei sind. Ich verabschiede sie auf dem Westbahn-

## VOM ISARTOR NACH TRANSSILVANIEN

hof mit dem Wunsch, dass wir uns so bald wie möglich wiedersehen. Vielleicht in Budapest? Geplant ist nichts. Schon fährt ihr Zug ab. Sie ist wieder weg – und hinterlässt eine Leere in meinem Herzen. Ich stehe noch eine Weile auf dem Bahnsteig und schaue dem Zug hinterher. Anschließend gehe ich ziellos umher und weiß nichts mit mir anzufangen. Das unangenehme Gefühl, nicht zu wissen, wann und wo ich sie wiedersehen werde, macht sich in mir breit. Aus meinem ursprünglichen Plan, Wien heute noch zu verlassen, wird nichts mehr. Es ist schon später Nachmittag, und wenn ich mich jetzt auf den Weg mache, schaffe ich es maximal bis zum Stadtrand.

Nach 13 Tagen in Wien breche ich früh morgens auf. Das Packen des Rucksacks ist zur Routine geworden. Die Wäsche ist frisch gewaschen, alles hat seinen Platz. Der Abschied von dieser Stadt fällt mir besonders schwer. Wien war wahnsinnig schön. Ich habe viele neue Freunde gewonnen, die ich garantiert sehr vermissen werde. Zum Glück begleiten mich zwei von ihnen, Stefan und Andreas. Abwechselnd tragen sie sogar meinen Rucksack, denn nach der langen Pause muss ich mich an das Gehen erst wieder gewöhnen. Außerdem steckt mir der Marathon noch etwas in den Knochen. Dafür passt das Wetter. Die Sonne lacht vom Himmel, während wir durch die wunderschönen Wälder des Donau-Auen-Nationalparks wandern. Besser hätten wir uns das nicht aussuchen können. Mitten im Wald kommen wir zu einer Gaststätte, wo wir uns eine kräftige Stärkung gönnen. Später setzen wir uns einfach noch einmal an die Donau und verschnaufen einige Zeit, bevor es weitergeht. Sorgen über die nächste Unterkunft habe ich auch keine, die steht schon seit gestern fest. Clemens, ein Freund, den ich in Wien kennengelernt habe, hat Bekannte in Orth an der Donau, bei denen ich unterkommen kann. Und auch Andreas, der mich morgen noch begleiten wird, bekommt dort ein Bett. Was für ein toller Einstieg in die nächste Etappe!

# 6

## Das unbekannte Land

Es ist, als würde ich eine neue Welt betreten. Dabei ist der Grenzübertritt von Österreich in die Slowakei äußerst unspektakulär. Von den Grenzanlagen, die hier vor mehr als zwanzig Jahren gestanden haben, ist nichts mehr zu sehen. Ein kleiner Grenzstein, das ist alles. Ein schmaler Asphaltweg, der heute als Radweg durch ein Biotop führt, zeugt von der früheren Existenz des Eisernen Vorhangs. Dieser Grenzweg, den ich entlanglaufe, könnte ebenso gut irgendwo in Deutschland oder Österreich sein. Und trotzdem ist es hier anders. Eigentlich brauche ich noch mehr Zeit, bevor ich das nächste Land betrete. Ich bin noch nicht so weit und heilfroh, dass ich zu Fuß gehe. So passieren die Veränderungen auf meiner Reise nach und nach und in einem Tempo, das ich verarbeiten kann. Und dennoch geht es noch immer zu schnell. Ich ziehe also wieder in ein neues Land um. Ja, es ist wie ein Umzug. Angst und Unwohlsein kommen in mir auf, und zugleich Neugier auf das Neue und Unbekannte.

Es ist ganz ähnlich wie in der Schule, wenn man in eine höhere Klasse versetzt wird.

Jedes Mal wird es etwas schwieriger, ständig kommen neue Aufgaben und Herausforderungen auf mich zu. Sobald ich eine Klasse gemeistert habe, geht es in die nächsthöhere. An der Grenze zu Österreich waren es das Telefon und die Möglichkeit, mit meiner Freundin und meinen Freunden zu sprechen, die ich aufgeben musste. Ich musste das erste Mal loslassen. Nun geht es eine Stufe höher: Ich muss mich von der bekannten Sprache verabschieden!

Ab sofort muss ich mich auf mein Bauchgefühl und meine Intuition verlassen. Ich fühle mich von jetzt auf gleich wie ein kleines Kind, denn ich verstehe kein Wort. Mir bleiben nur die Körpersprache, die Mimik und die Gestik, der Tonfall, die Sprachmelodie.

## VOM ISARTOR NACH TRANSSILVANIEN

Daran orientiere ich mich von nun an und entscheide, ob ich einem Menschen vertrauen kann oder nicht. Bemerkenswerterweise fällt es mir leicht, dieses Bauchgefühl zu entwickeln.

Auch in der Slowakei laden mich Menschen ein, bieten mir Schlafplätze an. Die Verständigung bewerkstellige ich mit Händen und Füßen. Wunderbar, wieder brauche ich das Zelt nicht. Manchmal aber meldet sich auch ein komisches Bauchgefühl und sagt: lieber nicht. Ich lehne dankend ab und suche mir Menschen, bei denen mein Bauchgefühl Ja sagt. Meine Intuition wird so mit der Zeit immer besser und verlässlicher. Auf eine gewisse Art ist es ein Geschenk, die Sprache nicht zu verstehen, denn so lerne ich die Menschen eigentlich sogar noch besser kennen.

Als ich mit meinem großen Rucksack in Bratislava ankomme, schauen mich die Menschen an, als sei ich aus einer anderen Welt. So empfinde ich ihre Blicke jedenfalls. Fühlt sich Sting in einem Song als Alien in New York, so fühle ich mich als Alien in Bratislava. Unvorstellbar, was passiert wäre, wenn ich mit demselben Rucksack vor zwanzig Jahren hier lang gewandert wäre.

Ich treffe mich in der Stadt mit Irena. Bei ihr darf ich die nächsten beiden Nächte bleiben. Als wir in einem Café sitzen und uns näher kennenlernen, klingelt mein Handy. Eine slowakische Nummer erscheint auf dem Display, eine Frau meldet sich auf Englisch. Sie ist Journalistin, die gern ein TV-Interview mit mir machen möchte, gleich morgen früh um neun. Irritiert sehe ich Irena an, die wissend grinst. Sie hat natürlich alles arrangiert. Als Überraschung. Ich bin froh und gleichzeitig super aufgeregt. Mein erster Auftritt im Fernsehen, mein erstes Interview in englischer Sprache, und das klappt dann auch sehr gut.

Eine knappe Woche brauche ich, um die Slowakei zu durchwandern. Ein kurzes Gastspiel, aber mit sehr netten Menschen. Dann laufe ich an der Donau entlang bis nach Budapest. Ungarn ist ein ideales Land für Wanderer, denn es ist komplett flach. Ich habe das Gefühl, jedes Ziel schon Tage im Voraus am Horizont sehen zu können. Den Weg finde ich mithilfe von heruntergeladenen Google-Maps-Karten oder dank der Tipps von Menschen, die ein bisschen Englisch sprechen können. Ab und zu lande ich auch bei Familien, in denen jemand gut Deutsch spricht. Und kaum nenne ich meine Ziele für den nächsten Tag, geht es auch schon los: »Da nimmst du am besten den schönen Feldweg. Den kennen wir gut, da gehen wir immer mit unserem Hund spazieren.« Oft sind das Wege, die auf keiner Karte zu finden sind, und ich bin für diese Tipps total dankbar, da sie mir Zeit und Strecke sparen und ich diese »Geheimpfade« eindeutig bevorzuge. Aber die kleinen, schmalen Landstraßen, die ich sonst laufe, sind auch okay.

Und immer halte ich Ausschau nach Kirchen. Meistens wohnt der Pfarrer ganz in der Nähe, und ihn brauche ich, denn er kennt in der Regel das ganze Dorf oder, wenn es eine Stadt ist, seine Gemeinde. Entweder hat er einen guten Tipp zum Übernachten, oder ich kann bei ihm schlafen, was ebenso oft der Fall ist. Obwohl Ungarisch eine schwere Sprache ist, an der ich mir die Zähne ausbeiße, lerne ich ein paar Wörter. »Miniszter«, also Pfarrer, ist eins der ersten, damit ich nach ihm fragen kann.

Wieder einmal bin ich in einem der vielen kleinen Dörfer und suche den »Miniszter«. Ich frage mich durch und finde ihn auch recht schnell. Zu meiner großen Freude spricht er ein paar Worte Deutsch. Ich kann ihm also meine Geschichte erzählen, wie ich es in Deutschland und Österreich bei den Leuten getan habe. Er bietet mir umgehend eine Couch an, die Übernachtung ist damit gesichert. Als ich ihm mehr von meiner Reise und meinen Erlebnissen der letzten Tage und Monate berichten will, zeigt sich dann leider, dass seine Deutschkenntnisse doch begrenzt sind. Der Pfarrer hat

## VOM ISARTOR NACH TRANSSILVANIEN

jedoch eine Idee. Er geht zum Telefon und ruft eine Deutschlehrerin an – in Ungarn ist Deutsch die erste Fremdsprache in der Schule.

Es dauert nicht lange, und die Deutschlehrerin sitzt bei uns am Tisch. Wir essen zusammen Abendbrot, und sie dolmetscht die Gespräche. Je länger ich erzähle, umso neugieriger wird sie. Plötzlich sagt sie:»Du, Stephan, pass mal auf. Morgen früh kommst du mit in die Schule und erzählst den Kindern von deiner Reise.« Was für ein Angebot! Was für eine tolle Idee! An diese Möglichkeit hatte ich bislang noch gar nicht gedacht.

Die Kinder sind am nächsten Morgen schwer beeindruckt, stellen viele Fragen und setzen nacheinander alle einmal meinen Rucksack auf. Acht Sekunden hält das stärkste Kind durch. Die meisten liegen mit dem Ding sofort wie ein Marienkäfer auf dem Rücken. Sogar Autogramme darf ich geben. Noch während der Schulstunde wird mir klar, wie wertvoll dieser Unterricht ist. Habe ich vorher immer mal wieder nach einem tieferen Sinn gesucht, so werde ich hier überraschend fündig. Den Kindern wird umgehend bewusst, was ihnen die Beherrschung einer Fremdsprache bringt. Bisher hatten sie keinen Grund, Deutsch oder Englisch zu sprechen. Weder hatten sie die Absicht, ins Ausland zu reisen, noch konnten sie den Tag absehen, an dem sich ein deutscher Tourist in ihr kleines Dorf verirrt. Durch mich erkennen sie, dass es sich lohnt, Deutsch oder Englisch sprechen zu können. Ich bin sicher, es wird nicht meine letzte Schulstunde sein. Von jetzt an werde ich selbst auf Schulen zugehen und mein kleines Weltenbummler-Programm anbieten.

Und noch etwas passiert. Die Kinder erzählen ihren Eltern von meinem Besuch. Einige rufen beim Pfarrer an und bieten mir einen Schlafplatz an. Die Lehrerin wiederum berichtet Lehrern in anderen Orten von der tollen Stunde. Auch von ihnen werde ich eingeladen. Eins ergibt das andere. Ich werde weitergereicht und muss mich um kaum etwas kümmern. Mein Kopf wird immer freier, die

## VOM ISARTOR NACH TRANSSILVANIEN

Sorgen und Ängste immer kleiner. Rückblickend weiß ich immer weniger, warum ich sie überhaupt gehabt habe. So komme ich von Dorf zu Dorf ohne Probleme voran.

Am 49. Tag erreiche ich Budapest. Eine große, eine wunderschöne, eine atemberaubende Stadt. Und dennoch ist Budapest nicht nur eine Stadt. Das wird mir schnell klar. Es ist eine Lebenseinstellung, eine Art zu leben. Bislang dachte ich, je größer die Städte sind, desto schneller laufen die Menschen. Wie ich es so oft in München beobachtet habe. Budapest ist da angenehm anders. Die Menschen sind absolut entspannt. Kein Autohupen, keiner rennt wie wild durch die Gegend, keiner schreit oder telefoniert unangenehm laut. Und selbst die Gesichter sehen alle sehr freundlich und zufrieden aus. Schenkt man den Leuten ein Lächeln, kommt auch umgehend eines zurück.

Und Budapest kann sehr still sein. Wenn ich zum Beispiel den Kindern zusehe, wie sie bei 30 Grad ausgelassen im Springbrunnen spielen, ist es überraschend ruhig. Vielleicht weil ich für einen Moment vollständig anwesend bin, und alle Gedanken verstummen. Vielleicht ist es genau das. Budapest strahlt für mich eine ungeheure Ruhe aus. Diese Ruhe finde ich hier überall. In der großen Markthalle, wo Tausende von Menschen kaufen und handeln, genauso wie auf der Skateboard-Anlage und natürlich in den vielen kleinen und großen Parks. Ich fühle mich wahnsinnig wohl in dieser Stadt. Meine Unterkunft hat mir eine Freundin aus München besorgt. Sie kennt eine Stewardess, Timi, die in Budapest lebt. Dort kann ich acht Tage lang bleiben. Wie in Wien will ich auch hier eine Pause einlegen und die Stadt in mich aufnehmen. Ich gehe zum Beispiel hinaus zum Gellértberg, von dem aus ich einen sehr schönen Überblick habe. Dort oben steht auch die Zitadelle von Budapest, vor der eine Menge Waffen und Militärgerät aus verschiedenen Kriegen aufgebaut sind. Einen besonderen und denkwürdigen Augenblick

## VOM ISARTOR NACH TRANSSILVANIEN

erlebe ich, als ich Kinder beim Spielen beobachte. Ein kleines Mädchen spielt mit einem Geschütz, dreht ein wenig an den Kurbeln und bewegt Hebel hin und her. Dann klettert sie mit einem kleinen Lächeln von der Kanone runter. Wozu dieses unnütze Teil erfunden wurde, ist ihr offenbar nicht bekannt. Es eignet sich zum Spielen, lässt sich untersuchen – diese Zwecke reichen ihr vollkommen. Wie recht sie hat. Kinder sind vielleicht weiser, als Erwachsene es je sein werden.

An allen Ecken der Stadt finde ich kleine und große Denkmäler. Alle sehr schön und mit viel Liebe und Mühe gestaltet. Lange bleibe ich vor einem Denkmal für einen mir unbekannten Schriftsteller sitzen, auf dem eine ältere Frau, vielleicht eine Mutter, und ein Junge dargestellt sind. Die Frau liest dem Jungen etwas vor. Ich versuche, mich an meine Kindheit zu erinnern, an die Momente, wenn meine Mutter mir etwas vorgelesen hat. Wehmütig merke ich, dass es einfach zu lange her ist, und ich mich nicht mehr daran erinnern kann. Auf dieser Reise habe ich das letzte Mal an der österreichischen Grenze mit meiner Mutter gesprochen. Das ist fast sieben Wochen her. Ich hoffe, dass sie sich nicht allzu große Sorgen um mich macht.

Die Abende sind zurzeit schön warm. Da macht es großen Spaß, durch die Gassen zu ziehen. Überall finde ich kleine Cafés und Bars, in denen man die ganze Nacht verweilen kann. Auch viele Geschäfte haben rund um die Uhr geöffnet. Diese Stadt schläft nie. Wird es dann tagsüber heiß, gehe ich zum Ausspannen an die Donau. Wie viele andere auch halte ich meine Füße kurz ins Wasser und genieße die Kühle. Es ist einfach eine Stadt, die gut tut.

Als ich meine Mails checke, lese ich eine Nachricht von einem Fan meiner Facebook-Seite. Er verfolgt nicht nur meine Reise, sondern auch die von James Thomas. Und er hat gesehen, dass sowohl James als auch ich gerade in Budapest sind. Als ich mir Infos über James

## VOM ISARTOR NACH TRANSSILVANIEN

im Internet zusammensuche, komme ich mir sofort sehr klein, un-
erfahren und unbedeutend vor. James ist Anfang Januar in Schottland gestartet und geht zu Fuß nach Neuseeland – 20.000 Kilometer. Er ist ebenfalls ohne Geld aufgebrochen, darüber hinaus
läuft er für einen guten Zweck und will auf seinem Weg Spenden
für UNICEF sammeln. Er ist seit vier Monaten unterwegs und hat
in der Zeit bereits weit über 2.000 Kilometer zurückgelegt. Bemer-
kenswert! Unweigerlich fange ich an, mich mit ihm zu vergleichen.
Ich habe 800 Kilometer in zwei Monaten geschafft. Sofort ist mein
Ehrgeiz befeuert, und meine alten Gedanken »Höher, schneller,
weiter« kommen wieder auf.

Ich muss ihn treffen! Sicherlich hat er Infos und Tipps für mich,
die ich gebrauchen kann. Vielleicht schaffe ich es mit seinem Input
ja sogar, in weniger als zwei Jahren in Tibet anzukommen. Dann
bin ich schon früher zurück bei meiner Freundin. Ich stelle mir
vor, was sie für Augen machen würde. Meine Freunde könnte ich
damit auch beeindrucken, und meine Mutter wäre überglücklich,
mich schon früher wieder gesund, munter und sicher zu Hause zu
wissen.

Umgehend schicke ich James eine Mail, und schon eine Stunde später treffen wir uns. Lachend stellen wir fest, dass unsere Unterkünfte nur 13 Minuten zu Fuß voneinander entfernt sind. Ein ebenso
spannender wie witziger Erfahrungsaustausch beginnt. James trägt
keinen Rucksack, sondern schiebt einen dreirädrigen Buggy vor
sich her. Mit dem Buggy sind ihm Dinge passiert, die mir erspart
bleiben. Einmal wurde er von der Polizei angehalten, weil jemand
dachte, er habe damit ein Kind entführt. Dadurch dass er sein Gewicht jedoch nicht tragen muss, schafft er mühelos 35 bis 50 Kilometer am Tag.

Die Erfahrung von James ist für mich Gold wert, und innerhalb
kürzester Zeit lerne ich unendlich viel von ihm. Er hat unglaublich viele Tipps für mich, die ich wie ein Schwamm aufsauge. Ich

## VOM ISARTOR NACH TRANSSILVANIEN

bewundere ihn, schaue zu ihm auf wie zu einem Meister und vergesse dabei völlig, dass ich mich selbst auf einer ähnlich verrückten Reise befinde und auch schon zwei Monate zu Fuß und ohne Geld unterwegs bin.

Ich frage mich: Wenn ich in so kurzer Zeit schon so viel von ihm lernen konnte, wie sehr könnte ich dann noch von ihm profitieren, wenn ich ihn länger begleite? Zu gern würde ich mich an James dranhängen – aber mit meinen 30 Kilo auf dem Rücken ist das nicht möglich. Ich schaffe keine 35 bis 50 Kilometer pro Tag. Die Idee, eine Weile zusammen zu gehen, ist daher schnell vom Tisch. Außerdem hat er ein ganz anderes Konzept. Er sucht keine Unterkunft, sondern campiert oft irgendwo im Wald oder auf freiem Feld. Ich erkenne, dass wir sehr verschiedene Arten des Reisens haben, und möchte nicht mit ihm tauschen. Mir sind der Kontakt und die Begegnungen mit Menschen wichtig, ich lege gern kurze Tagesetappen zurück, und das Draußen-Übernachten liegt mir auch nicht so. Ich schlafe lieber innerorts und schätze den Luxus eines kuscheligen Bettes und nette Menschen um mich herum.

Ganz beiläufig macht James mich im Gespräch darauf aufmerksam, dass es in Istanbul verboten ist, über die Bosporus-Brücken zu laufen. Die sind für Fußgänger gesperrt, um Selbstmorde zu verhindern. Das war mir bis dahin nicht bekannt. Hatte ich mich gerade wieder mit dem Gedanken angefreundet, dass meine Reise nun eben doch, wie geplant, zwei Jahre dauern wird, so rückt Tibet in dem Moment für mich in anscheinend unerreichbare Ferne. Ich halte es für einen schlechten Scherz und kann es, nein, will es nicht glauben. Aber James versichert mir: »There is no way! Believe me!« Das Herz rutscht mir in die Hose, meine Motivation bricht schlagartig weg. Bis zu diesem Augenblick war Istanbul ein Zwischenziel, das für mich das Tor zum Orient darstellt und das ich so bald wie möglich erreichen wollte. Und jetzt? Schnell merke ich, wie gut vorbereitet James ist. Er hat nämlich aktuelle Reiseführer gelesen und sogar schon eine Sondergenehmigung beantragt, um doch über eine der Brücken gehen zu dürfen. Bisher zwar ohne Erfolg, aber so willensstark, wie er auf mich wirkt, mache ich mir wenig Sorgen. James wird sicher einen Weg finden, um zu Fuß nach Asien zu gehen. Ich hingegen komme mir in dem Moment so unglaublich dumm und hilflos vor, bin mit der Situation völlig überfordert. Warum wusste ich nichts von dem Brückenproblem? Was habe ich in den drei Jahren meiner Vorbereitung bitteschön gemacht?! Über alles Erdenkliche habe ich mir den Kopf zerbrochen, nur nicht darüber, ob es überhaupt möglich ist, über die Bosporus-Brücken zu gehen. Alternativen gehen mir durch den Kopf. Über die Ukraine und Russland weiter in Richtung Osten: Wäre das eine Möglichkeit? Aber James wird vor mir in Istanbul sein. Der Gedanke, dass er mir voraus geht, beruhigt mich. Er verspricht mir, dass wir in Kontakt bleiben, er mir Tipps geben wird, wenn ich sie benötige, und mir mitteilt, welchen Weg er über die Brücken gefunden hat. Darauf hoffe ich. Und ich mache es ihm dann einfach nach. Ich entspanne mich und halte an meinem Plan fest: Auf nach Istanbul!

Später treffen wir auch noch Giacomo. Ebenfalls ein beeindruckender Abenteurer. Giacomo ist Italiener und liegt mit seinem kleinen Ruderboot im Hafen. Er ist in London gestartet und will bis nach Istanbul rudern, und das in einer Nussschale, die er aus altem Holz selbst gebaut hat. Von der Themse aus hat er den Ärmelkanal durchquert, ist über Calais, Reims, Nancy und viele Kanäle bis nach Straßburg gerudert, dem Rhein gefolgt und schließlich in die Donau gelangt. Sein nächstes Ziel ist das Schwarze Meer. Als wir ihn treffen, ist er schon ein Jahr unterwegs. Im Gegensatz zu James und mir muss er oft gegen die Strömung anrudern und braucht Tage für ein paar Meter. Oder er fällt sogar zurück. Einmal, so erzählt er, ist er 13 Stunden gerudert und hat am Ende des Tages zwei Kilometer verloren, da die Strömung und der Gegenwind so kräftig waren. So etwas kommt schon hin und wieder vor, sagt er mit ernster Miene.

Dafür kann er in seinem Boot schlafen, eine Unterkunft braucht er also nicht zu suchen. Giacomo erzählt mir von einem spannenden Projekt: Jeden Menschen, den er trifft, fragt er: »Was bedeutet Wasser für dich?« Die häufigste Antwort ist »Leben«. Meine Antwort wäre das nicht. Denn für mich als Fußgänger bedeutet Wasser immer ein Hindernis, eine Grenze. Ich laufe gern am Wasser entlang, wie etwa an der Salzach oder an der Donau, aber irgendwann brauche ich eine Brücke. So wie auch in Istanbul. Dort erwartet mich, wie ich jetzt ja weiß, ein Riesenproblem. Ja, für mich ist Wasser eine Grenze.

Und was ist Wasser für Giacomo? Ein Dauer-Widerstand? Giacomo lacht. Nein, er kämpft nicht jeden Tag gegen die Strömung. Es gibt auch gute Tage. Wenn der richtige Wind weht, setzt er die Segel und könnte mehrere hundert Kilometer zurücklegen. Will er aber nicht. Er macht lieber kurze Törns, weil er so mehr mit den Menschen in Kontakt kommt. Das kann ich sehr gut verstehen. Giacomo lädt uns auf einen Drink und später sogar noch zum Essen ein, und wir philosophieren lange über das Reisen. Drei Gleichgesinnte, die sich ein paar Tage lang in einem kleinen Boot im Hafen von Budapest treffen.

Irgendwann ist meine Zeit hier aber zu Ende, und ich verabschiede mich von Timi, die mich beherbergt hat. Für sie war mein Besuch eine Bereicherung. Wann immer ich will, versichert sie mir, bin ich wieder willkommen. Da ihr Weg zur Arbeit in dieselbe Richtung liegt, gehen wir noch ein Stück gemeinsam. Budapest weint, als ich es verlasse. Grauer Himmel und Nieselregen. Der Abschied fällt mir noch schwerer als der von Wien. Diese Stadt hat es mir wirklich angetan. Wieder einmal habe ich so viele neue und interessante Menschen kennengelernt. Ich muss an den gestrigen Abend denken. Giacomo, James und ich haben am Hafen gesessen und bei ein paar Tassen Kaffee das gute Wetter genossen. Die Zeit war wunderbar. Tolle Menschen, Wellenrauschen und diese unbeschreibliche Stille. Aber auch Giacomo und James ziehen bald weiter, und mit etwas Glück gibt es in Istanbul ein großes Wiedersehen.

Es regnet den ganzen Tag. Klingt schlecht, ist es aber nicht, denn es vertreibt die Hitze der letzten Zeit. Irgendwann reicht es mir trotzdem, und ich setze mich für eine Stunde in eine Bushaltestelle. Es dauert nicht lange, und ich schlafe ein. Das kann ich auch in Bushaltestellen ohne Sofa. Wie viele Busse in der Zeit an mir vorbeifahren, weiß ich nicht.

Kaum aus Budapest raus, hören die hübschen Gehwege auf, und es geht für mich neben der Straße weiter. Im Matsch entdecke ich immer wieder Spuren von High Heels. Zuerst kann ich nicht glauben, was ich da sehe. Welcher nur halbwegs normale Mensch würde bei so einem Wetter hier entlanggehen? Und dann auch noch in Stöckelschuhen?! Oder sind das Spuren von Nordic-Walking-Stöcken? Als ich dann wenig später mehrere aufreizend gekleidete Damen am Straßenrand stehen sehe, weiß ich, dass es tatsächlich High Heels sind. Die Frauen sind sehr freundlich und winken mir zu, als ich durch den Regen an ihnen vorbeistapfe. Und ich habe kein Geld dabei …

# RUMÄNIEN UND BULGARIEN

Mönche statt Mörder, Wachteleier statt Tabletten, eine kleine Erpressung im Vorbeigehen und mit viel Schweiß über die Karpaten.

## RUMÄNIEN UND BULGARIEN

# 1
## Das Durchtrennen der Nabelschnur

Nach rund 400 Kilometern und dreieinhalb Wochen habe ich auch Ungarn durchwandert und stehe vor einer »richtigen« Grenze. Schon allein der Anblick der Grenzanlage macht mir Angst, denn während meiner Reise bin ich immer wieder vor Rumänien gewarnt worden, vor allem in Ungarn. Aber auch in Deutschland und Österreich sind mir wahre Schreckensbilder von Rumänien präsentiert worden. Streunende Hunde, wilde Bären und noch wildere Sinti waren noch das Harmloseste. »Spätestes in Rumänien ist der Spaß vorbei«, hatte mir ein Freund prophezeit. Und wie bei mir üblich, hat die Angst dazu geführt, dass ich den Grenzübertritt hinausgezögert habe. Es ist daher bereits später Nachmittag, als ich an der Grenze stehe.

Ein Zollbeamter fragt nach meinem Pass und will dann wissen, wo mein Auto steht. Ich gestehe freimütig, kein Auto zu besitzen, sondern zu Fuß unterwegs zu sein. Wo ich denn hinwolle, setzt er die Befragung fort. »Nach Istanbul«, antworte ich, um ihm ein glaubwürdigeres Ziel zu nennen als Tibet. Mit skeptischem Blick inspiziert er meine Papiere, gibt sich aber mit allem zufrieden und sagt freundlich: »Gute Fahrt!«

Ich bedanke mich und betrete das vierte Land meiner Reise. Ein Blick auf die Uhr sagt mir, dass ich spät dran bin, um nach einer Unterkunft zu suchen. Im Dunkeln vor einer Tür zu stehen, mindert die Chancen deutlich. Besser ist es, noch bei Tageslicht zu fragen, wenn die Menschen mich besser sehen und somit auch beurteilen können. Nach etwa zwei Kilometern erreiche ich Turnu, das erste Dorf hinter der Grenze. Ich bin sehr angespannt, Angst und Unsicherheit machen sich in mir breit.

## RUMÄNIEN UND BULGARIEN

Ich bemerke, dass ich aus der Ferne beobachtet werde. Die Gesichter der Menschen sind noch zu weit weg, um sie erkennen zu können. Doch ich spüre deutlich, dass ihre Blicke auf mich gerichtet sind.

Das Leben in Rumänien spielt sich, wie in anderen südlichen Ländern auch, zum Großteil auf der Straße ab. Vor jedem Haus steht eine Bank, auf der Menschen sitzen und das Leben verfolgen. Sie unterhalten sich, nebenbei wird gegessen und getrunken und darauf gewartet, dass etwas Außergewöhnliches passiert. So ist es auch hier in diesem Dorf, in dem es so scheint, als ob jeder Tag dem anderen gleicht.

Meinem Gefühl nach befinde ich mich auf feindlichem Gebiet und habe soeben das für mich gefährlichste Land meiner Reise betreten. Ich versuche, meine Angst zu verbergen und souverän zu wirken, und gebe mich weiterhin so, als wüsste ich genau, was ich tue. Denn ich will nicht zulassen, dass jemand meine Unsicherheit bemerkt – aus Angst, ausgenutzt zu werden. Meine Gedanken kreisen: Ich muss sehr vorsichtig sein, ich darf niemandem trauen. Die Blicke kommen näher. Mittlerweile nehme ich sie aus allen Richtungen wahr und fühle mich ihnen schutzlos ausgeliefert.

Es dauert nicht mehr lange, und ein älteres Ehepaar winkt mich zu sich rüber. Äußerst skeptisch gehe ich langsam auf die beiden zu und beobachte sie dabei sehr genau. Mein Herz schlägt schnell und meine Anspannung steigt. Sobald ich ihre Augen erkennen kann, blicke ich hinein und versuche in ihnen zu lesen, denn ihre Worte verstehe ich nicht. Mit meinen üblichen Gesten und ein paar Wörtern wie »germana« versuche ich, mich und mein Anliegen zu erklären. Das ältere Ehepaar vor mir sieht mich jedoch nur fragend an. In ihren Augen erkenne ich Wärme und Herzlichkeit, und ich beginne, mich ein wenig zu entspannen. Aber auch wenn ich im Moment keine Gefahr spüre, bin ich weiterhin vorsichtig und bemühe mich, so lange wie möglich Augenkontakt zu halten. Er ist meine einzige Verbindung zu ihnen.

## RUMÄNIEN UND BULGARIEN

Der Mann zieht sein Handy aus der Tasche, wählt und wechsel
ein paar Worte auf Rumänisch mit jemandem. Dann reicht er mir
das Telefon, und ich bin völlig perplex. Was soll ich bitte schön mit
seinem Handy?! Ich spreche kein Wort Rumänisch! Doch plötzlich habe ich Emil am Ohr, der perfekt Deutsch spricht. Er lebt in
Arad, der nächstgelegenen Stadt. Ihm erzähle ich meine Geschichte. Dann gebe ich das Handy zurück an seinen Besitzer. Emil wird
so zu meinem Sprachrohr, denn er erklärt jetzt dem Ehepaar, wer
ich bin und was ich suche. Als ich daraufhin nochmals mit Emil
spreche, sagt er mir, dass er dem Ehepaar meine Situation erklärt
hat und die beiden einverstanden sind, dass ich heute bei ihnen
übernachte.

Jetzt wird es spannend, denn meine Angst ist nicht verschwunden.
»Das kann doch gar nicht wahr sein«, flüstere ich. »Das muss doch
einen Haken haben! Das geht zu schnell, zu glatt. Pass ja auf deine
Sachen auf!« Mit Handzeichen lotsen die beiden Rumänen mich in
ihr Haus, wo ich meinen Rucksack abstelle, ohne ihn aus den Augen
zu lassen. Sie setzen mich an einen Tisch und servieren mir etwas zu
trinken, gebackene Kartoffeln und Gemüse. Aus der Angst, in Rumänien zu verhungern, wird bald die Sorge, hier platzen zu können.
Doch noch immer bin ich vorsichtig. Schließlich ist das hier Rumänien! Aber das Essen schmeckt gut und ist offensichtlich auch nicht
vergiftet. Voller Stolz zeigt der Mann mir sein Haus, seine Schweine
und seine Pferde. Plötzlich steht ein weiterer Mann in der Tür. Es
ist mein Übersetzer Emil, der extra aus Arad gekommen ist. Und er
ist Deutscher. Meine Angst schwindet, ich entspanne mich, entlasse
den Rucksack aus meinem Kontrollblick und schaue bald nicht mal
mehr alle paar Minuten nach, ob er noch da ist.

Jetzt beginnt ein richtiges Gespräch, bei dem sich schnell zeigt, wie
außerordentlich nett und herzlich das Ehepaar ist, bei dem ich gelandet bin. Ich mache es mir bequem und begreife endlich, dass ich
wirklich keine Unterkunft mehr suchen muss. Und es kommt noch

## RUMÄNIEN UND BULGARIEN

besser. Emil lädt mich ein, am nächsten Tag bei ihm in Arad zu übernachten. Das ist etwa zwanzig Kilometer entfernt. Eine gute Etappe. Ich bin total verwirrt. Bin ich wirklich in dem Rumänien, vor dem mich alle gewarnt haben?!

Nach meinem ersten rumänischen Frühstück verlasse ich mit einem großen Lächeln das Dorf Turnu. Das Wetter spiegelt meine Laune wider, denn die Sonne strahlt, und nach dem sehr guten Einstieg verliert Rumänien etwas von seinem Schrecken für mich. Auf dem Weg zu Emil staune ich noch immer über das, was gestern passiert ist. Um ganz sicherzugehen, schaue ich noch einmal schnell auf die Karte. Ja – ich bin tatsächlich in Rumänien. Haben all die Menschen, die mich vor diesem Land gewarnt haben, wirklich dieses Land hier gemeint? Waren sie schon einmal hier?

In Arad laufe ich zufällig an einem TV-Studio vorbei. Das Reklameschild an der Hauswand ist nicht zu übersehen. Da fällt mir James wieder ein. Er versteht es sehr gut, sich in den Medien zu präsentieren, und hat mir erklärt, wie er immer wieder aktiv auf sie zugeht, um Aufmerksamkeit für sich und sein Projekt zu erlangen. Ich habe ja selbst auch schon Interview-Erfahrungen gemacht und denke mir daher: Warum soll ich es nicht probieren? Spontan gehe ich auf den Pförtner zu und erzähle ihm von meiner Reise. Er reagiert zunächst streng und fragt mich, ob ich einen Termin habe. Darauf bin ich nicht vorbereitet. Wie ich denn solch einen Termin bekommen könnte, frage ich ein bisschen naiv. Er greift zum Telefon. Nachdem er aufgelegt hat, meint er nur, ich solle bitte vier Minuten warten, dann käme jemand.

Es kommt tatsächlich jemand und führt mich ins Studio. Die Redakteure begrüßen mich freundlich und signalisieren nach ein paar Sätzen von mir großes Interesse. Sogar sehr großes, denn ich werde umgehend in eine Live-Sendung eingebaut, eine Musik- und Talksendung für junge Leute. Das gefällt mir gut. Schon sitze ich auf

## RUMÄNIEN UND BULGARIEN

einem gelben Studiosessel und spreche mit dem Moderator. Das Interview wird sehr locker gehalten und macht mir großen Spaß. Das Motto lautet: Soeben kam jemand aus München hier reingewandert … James' Tipp entpuppt sich als unbezahlbar. Der Moderator stellt mir seine Fragen auf Englisch und übersetzt selbst meine Antworten ins Rumänische. Später bekomme ich einen Mitschnitt von dem TV-Auftritt zugemailt und kann ihn von nun an überall herumzeigen. Das erleichtert meine Unterkunftssuche von da an erheblich.

Nach dem Interview geht es ins Zentrum von Arad. Besorgt auf die Uhr zu schauen brauche ich nicht, denn ich habe ja eine Unterkunft, und das für zwei Wochen. Emil ist ein ziemlich cooler Typ. Ein Pferdenarr, der in den Karpaten eine Pferderanch besessen und Touren angeboten hat. Die Scheidung von seiner Frau hat ihn dann ruiniert. In Arad ist er gerade dabei, sich eine neue Existenz aufzubauen. Er fertigt alles Mögliche aus Leder an – vom Armband bis zum Sattel. Nebenbei gibt er mir einen Crashkurs in Rumänisch. Ich lerne meine ersten Wörter und erfahre dazu einiges von der rumänischen Kultur. Eigentlich habe ich vor, nur ein paar Tage zu bleiben. Aber dann bekomme ich eine Mail von Veronika aus Berlin, die meine Reise auf Facebook verfolgt. Sie ist nur ein paar Tage hinter mir und will zu Fuß nach Jerusalem. Ihr Projekt ist eine Art Pilgerreise für den Frieden. In etwa sechs oder sieben Tagen, schreibt sie, will sie in Arad sein und würde mich gern dort treffen. Also koste ich Emils Angebot aus und bleibe.

Jetzt muss ich sehen, wie ich die Zeit in Arad nutze, bis Veronika eintrifft. Zunächst gibt mir Emil einen Job. Er hat eine Mauer eingerissen und will sie neu machen. Dafür muss von den Steinen der Mörtel abgeschlagen werden. Ich lege los und haue mächtig auf den Putz. Emil freut sich, nicht alles selbst machen zu müssen. Am Abend spüre ich meine Hände und habe Muskelkater. Aber ich bin

## RUMÄNIEN UND BULGARIEN

zufrieden, denn ich habe etwas Geld für meine Reisekasse verdient. Zum Abendessen gibt es ungarisches Gulasch. Wie auch an den nächsten beiden Tagen, denn Emil hat eine wirklich große Portion gekocht. Mit viel Fleisch. Ein Freund von Emil ist Lokführer, und hin und wieder kommt es vor, dass Wild von einem Zug erfasst wird.

Diesem Umstand verdanken wir unser opulentes Mahl. Daher ist auch kein Rind im Gulasch, sondern Reh. Der unglückliche Tod dieses Tieres verursacht allerdings mehrere kurze Pausen beim Genießen, da wir den Löffel immer wieder kurz aus der Hand legen müssen, um die feinen Knochensplitter aus dem Mund zu klauben. Aber lecker!

Eine Facebook-Freundin verhilft mir zu einem weiteren Job. Sie ist in Arad in die Adam-Gutenbrunn-Schule gegangen und stellt den Kontakt her. Ich rufe dort an und werde sofort eingeladen, von meiner Reise zu erzählen, und bereits am Tag darauf stehe ich vor vier Klassen. Wie schon in Ungarn fragen mich die Kinder Löcher in den Bauch. Am nächsten Morgen bin ich wieder da, und ich stelle fest: Es macht mir ungeheuren Spaß, den Kindern zu vermitteln, dass man auch so reisen kann, wie ich es tue. Ohne Auto, ohne Bahn, ohne Flugzeug. Als ich anschließend mit dem stellvertretenden Direktor der Schule und Adina, einer Lehrerin, noch auf einen Kaffee im Sekretariat sitze, überreichen sie mir als Dank für die Vorträge eine Art »Diplom«. Was will ich mehr? Diese wie auch immer honorierte Tätigkeit, da bin ich jetzt sicher, wird auch weiterhin meine Passion bleiben.

Endlich trifft Veronika in Arad ein. Ich gehe ihr ein Stück entgegen, sodass wir die letzten Kilometer bis zu unserer Unterkunft gemeinsam zurücklegen und uns kennenlernen können. Emil hat angeboten, auch Veronika zu beherbergen. Beide sind wir sehr neugierig, was der andere uns von seiner Reise zu erzählen hat. Und

## RUMÄNIEN UND BULGARIEN

beide staunen wir. Denn obwohl Veronika ähnliche oder sogar dieselben Routen gelaufen ist wie ich, hat sie völlig andere Erfahrungen gemacht. Der Grund dafür ist schlicht ihr Geschlecht. Allein wandernde Frauen werden anders wahrgenommen und anders behandelt als Männer. Für Frauen ist es zudem gefährlicher, wie sie erzählt. Auch passiert es, dass ihr immer wieder Menschen ausweichen, wenn sie nach dem Weg oder einer Unterkunft fragt. Sie ignorieren sie oder laufen sogar weg. Das ist mir nie passiert. Doch Veronika hat sich durch solche Vorfälle ihre Laune nicht vermiesen lassen und sitzt jetzt bei uns. Noch lange sprechen wir über diese unterschiedliche Behandlung.

Am nächsten Tag gehen wir Schuhe kaufen. Nicht etwa, weil Veronika ein Schuhfreak ist, sondern weil ihre Schuhe nach mehr als 1.700 Kilometern seit ihrem Aufbruch in Berlin durchgelaufen sind. Anschließend spielt Emil für uns den Stadtführer, bevor es bürokratisch wird. Veronika benötigt noch einige Stempel in ihrem Pilgerausweis, und so steuern wir mehrere Kirchen an. Mit großer Begeisterung wird sie von den Pfarrern empfangen, und auch die gerade anwesenden Kirchgänger finden es einfach spitze, dass sie den Mut für eine derartige Reise aufbringt.

Während uns Emil weiter eine Sehenswürdigkeit nach der anderen präsentiert, erzähle ich Veronika, wie ich die Zeit in Arad verbracht habe. Von den Schulvorträgen ist sie begeistert und würde es mir gern gleichtun. Warum auch nicht? Am Freitag, der zufällig der Weltkindertag ist, gehen wir also einfach auf gut Glück erneut zur Schule. Dort werden wir mit offenen Armen empfangen und dazu eingeladen, gemeinsame Vorträge zu halten. Eine sehr schöne Erfahrung für uns beide. In der Pause zwischen unseren Vorträgen haben wir Gelegenheit, uns die Abschlussfeier der Absolventen anzuschauen, und erleben bewegende Momente mit, bei denen auch Tränen fließen. Nach dem zweiten Vortrag spricht uns eine Schülerin an. Sie kennt Veronika bereits von einem Mailkontakt,

## RUMÄNIEN UND BULGARIEN

da Veronika via Couchsurfing in Arad eine Unterkunft gesucht hat. Leider hatte die Schülerin Veronika nichts anbieten können, da ihre Familie genau in dem genannten Zeitraum bereits Besuch hatte. Das hindert sie jetzt jedoch nicht daran, uns zu sich nach Hause zum Mittagessen einzuladen. Es gibt sehr gutes, vegetarisches Essen in einer warmherzigen Familie. Erst am späten Nachmittag machen wir uns wieder auf den Weg zu Emil. Gemeinsam lassen wir unseren letzten Abend in Arad ausklingen.

Ich verlasse die Stadt am 84. Tag meiner Reise, 1122 Kilometer habe ich inzwischen hinter mir, und ich gehe nicht allein weiter. Veronika begleitet mich für ein paar Tage. Mal sehen, wie das klappt. Ich fühle mich jedenfalls ausgesprochen gut. Nach elf Tagen Pause merke ich, wie sehr ich das Reisen vermisst habe. Eine Wohnung zu haben und sesshaft zu sein, ist etwas Wunderbares. Ebenso schön ist es, jeden Tag an den gewohnten und sicheren Ort zurückzukehren. Und dennoch möchte ich nicht mehr tauschen. Eine Wohnung und Besitz halten dich an einem Ort fest, zwingen dich, dort zu bleiben und dort dein Geld zu verdienen, um beides unterhalten und behalten zu können. Das würde mir einfach zu viel von meiner neu gewonnenen Freiheit rauben.

Diese Reise ist mittlerweile nicht mehr nur Mittel zum Zweck, um von München nach Tibet zu kommen. Sie ist für mich zu einem Lebensgefühl geworden, eine Art zu leben. Meine Art zu leben. Es geht mir inzwischen viel mehr darum, das Land, die Menschen und die Kultur der Länder, durch die ich laufe, kennenzulernen und hautnah zu erleben. Und es geht mir auch darum, Brücken zwischen den Ländern zu bauen und für Frieden zu werben.

Meine leere Wasserflasche holt mich zurück aus meinen Gedanken. Am Ortseingang von Zabrani sitzt ein älterer Herr auf einer Bank. Mit einer freundlichen Geste bitte ich ihn, meine Flasche

## RUMÄNIEN UND BULGARIEN

füllen zu dürfen. Der Mann nickt und geht hinters Haus. Dort lässt er einen Eimer in einen zwanzig Meter tiefen Brunnen fallen und zieht ihn anschließend wieder hoch. Das kalte Brunnenwasser ist sehr erfrischend und genau das Richtige an so einem heißen Tag. Mit erneut gefüllter Flasche setzen wir uns noch gemeinsam auf die Bank. Der Mann erzählt mir, dass er schon seit 30 Jahren in diesem Ort lebt, in dem früher nur Deutsche gewohnt haben. Aber mittlerweile sind fast alle jungen Menschen aus der Stadt weggezogen. So lebt auch sein Sohn in München und seine Schwester in Regensburg.

Während ich noch mit ihm rede, ist Veronika längst weitergelaufen und erwartet mich in einem Café. Wir machen eine kurze Pause, in der uns viele neugierige Passanten die Hand schütteln. Als Veronika drängt, weiterzulaufen, ist es nicht leicht, den Schaulustigen zu entfliehen. Alle sechs oder sieben Kilometer kommen wir durch wunderschöne kleine Orte. Die Landschaft ist herrlich, das Wetter passt, alles ist bestens – nur ein Schnupfen fängt an, mich zu nerven. Ab mittags wird es dann richtig unangenehm, denn die Sonne brennt bei über 30 Grad vom Himmel, und zu dem Kribbeln in der Nase machen sich nun auch noch leichte Kopfschmerzen bemerkbar. Gern würde ich eine zusätzliche Pause einlegen, aber Veronika gibt weiter Gas. Wir halten nur an, um unsere Wasserflaschen aufzufüllen. Am Nachmittag erreichen wir nach 35 Kilometern Lipova und gehen direkt zum Pfarrhaus, wo wir übernachten können. Erschöpft stelle ich den Rucksack auf den Boden – keinen Meter mehr, denn ich bin am Ende.

Der Pfarrer trifft erst am Abend ein, setzt sich zu uns und isst mit uns gemeinsam zu Abend. Ein vielbeschäftigter Mann, der gleich 13 Dörfer betreut. Er erzählt uns, dass er früher auch viel gereist ist, dies nun jedoch leider aufgrund seines Dienstes als Pfarrer nicht mehr machen kann. Ich merke, wie Mitgefühl für ihn in mir aufkommt und ein großes Glücksgefühl, dass ich gerade reisen darf.

## RUMÄNIEN UND BULGARIEN

Wir bedanken uns für seine Gastfreundschaft und dafür, dass er sich die Zeit für uns genommen hat.

Der nächste Tag beginnt mit einem ausgiebigen Frühstück im Pfarrhaus. Das ändert aber nichts daran, dass ich nicht fit bin. Der leichte Schnupfen ist dabei, ein schlimmer zu werden, meine Nase läuft schneller als ich. Dennoch brechen wir erst einmal auf. Vielleicht, so meine Hoffnung, wird es im Laufe des Tages wieder besser. Doch diese Hoffnung erfüllt sich nicht. Die gestrigen 35 Kilometer stecken mir noch immer ganz schön in den Knochen. Und die heutige Etappe bis nach Bata ist wieder 35 Kilometer lang. Emil hat dort einen Freund, der uns aufnehmen will. Nach 17 Kilometern ist für mich Schluss. Ich habe starke Kopfschmerzen, und die Nase läuft und läuft und läuft. Ich kann nicht mehr und muss akzeptieren, dass ich krank bin. Veronika ist ungeduldig und will ihre Reise am nächsten Tag allein fortsetzen, was bedeutet, dass unser gemeinsamer Weg schon nach zwei Tagen zu Ende ist. Ich rufe Emil an, der uns eine Unterkunft bei Freunden ganz in der Nähe besorgt und uns auch mit dem Auto dorthin bringt. Das Quartier entpuppt sich als großer Bauernhof mit Schweinen, Pferden, Ziegen, Hunden, Hasen und Hühnern.

Während der kurzen Fahrt denke ich über Veronika nach und habe gemischte Gefühle. Passen wir zusammen? Nein, wir haben einfach verschiedene Vorstellungen. Sie setzt aufs Vorwärtskommen, während mir der Weg, das Unterwegssein und die Menschen wichtig sind. Meine Reise ist kein kurzer Sprint, sondern ein langer Marathon. Ihr Tempo ist nicht meins. Wenn ich versuche, bei ihrer Geschwindigkeit mitzuhalten, werde ich meine Reise wahrscheinlich nicht bis zum Ende durchhalten können. Allein zu reisen, hat viele Vorteile: Man kann den Zeitplan selbst bestimmen, ist von niemandem abhängig, kann bleiben, wo es einem gefällt, und wenn es einem irgendwo nicht gefällt, geht man einfach weiter. Man ist

## RUMÄNIEN UND BULGARIEN

frei. Und dennoch finde ich es sehr schade, dass es mit uns nicht klappt. Es war sehr schön, nach längerer Zeit wieder mit jemandem gemeinsam zu gehen. Allein schon wegen der tollen Gespräche, die über das übliche »Hallo, was machst du und wo geht's hin?« weit hinausgehen.

Gegen Abend geht es mir leider immer schlechter. Die Nase ist jetzt komplett zu, die Stirn tut weh, und mein Geschmackssinn ist komplett weg. Das reichliche Abendessen lockt mich nicht, ich habe keinen Appetit. Also gehe ich früh ins Bett. Adina und Josef, unsere Gastgeber, haben zugestimmt, dass ich hier bleiben darf, bis ich wieder gesund bin. Niemand weiß, wie lange das dauern wird. Mit drückenden Kopfschmerzen schlafe ich ein.

Ausschlafen kann ich nicht, denn Veronika hat beschlossen, früh zu starten. Für die Mittagszeit sind 31 Grad gemeldet. Sie nimmt den Rucksack auf und verabschiedet sich von Adina und Josef. Ich gehe noch ein paar Meter mit ihr mit, bis auch ich ihr Lebewohl sage. Es ist eine komische, ungewohnte Situation und nicht leicht für mich. Ein Gefühl des Versagens kommt in mir auf. Das Gefühl, nicht mithalten zu können. Es ist schwer, mir einzugestehen, dass es nicht geht. So sehr ich mir wünsche, nicht mehr allein unterwegs zu sein, so sehr merke ich, dass wir vom Reisestil einfach nicht zusammenpassen. Veronika hat ein noch schärferes Zeitlimit zu erfüllen als ich. Im Oktober fängt die Uni für sie an – bis dahin muss sie zurück in Berlin sein. Daher legt sie sehr große Tagesetappen zurück. Noch im September wird sie Jerusalem erreichen. Sie hat 5.000 Kilometer in sechs Monaten zu Fuß zurückgelegt.

Zum Frühstück servieren mir Adina und Josef drei rohe Wachteleier. Ein altes Hausmittel. Sie schwören, dass man damit sehr schnell wieder gesund wird. Wir werden sehen. Ich bin jedenfalls gespannt und bereit, alles auszuprobieren, um diese Kopfschmerzen und die

## RUMÄNIEN UND BULGARIEN

triefende Nase schnell wieder loszuwerden. Nach dem Frühstück vertraue ich mich erst einmal wieder dem Bett an. Erst gegen Mittag stehe ich auf und bummle ein wenig durch den Ort. Am Abend wird gegrillt, und ich schmecke sogar etwas. Auch sonst fühle ich mich schon besser als gestern. Vielleicht ist ja was dran an dem alten Hausmittel.

Als ich am nächsten Morgen aufwache, erlebe ich ein kleines Wunder: Ich fühle mich wie neugeboren. Die Erkältung ist weg, und zwar wirklich fast vollständig. Wachteleier sind der Wahnsinn! Schmecken eklig, aber geben jede Menge Energie. Der Wetterbericht kündigt für heute 23 Grad an. Ich überlege nicht lange und packe meinen Rucksack. Nach einem herzlichen Abschied bin ich wieder auf der Straße. Und tatsächlich, mit meinem eigenen Rhythmus komme ich gut voran. Meine Kraft kehrt zurück.

Meine längst gewohnte Suche gilt nicht nur dem Wasser für meine Flasche, einem Essen oder einer Unterkunft für die Nacht, sondern auch dem unverzichtbaren WLAN. Ganz egal, ob privat oder öffentlich, ich frage überall nach Internetzugang. Ohne den kann ich weder Mails empfangen noch senden, etwas auf Facebook posten oder mit meiner Freundin telefonieren. Alle zwei oder drei Tage skypen wir. In Rumänien rückt ein Thema mehr und mehr ins Zentrum unserer Gespräche: die Dauer meine Reise. Es ist längst Sommer – und ich bin rund sieben Wochen hinter meinem Zeitplan zurück. Mir hat es in vielen Städten und bei unzählig vielen Menschen einfach zu gut gefallen. Oder ich habe auf Veronika gewartet. Oder ich wollte einen Marathon laufen. Oder ... Wie auch immer, das Ziel, mich mit meiner Freundin Mitte September in Istanbul zu treffen, ist nicht haltbar. Und schon jetzt steht fest, dass die Reise bei meinem aktuellen Tempo wahrscheinlich länger als zwei Jahre dauern wird.

## RUMÄNIEN UND BULGARIEN

Kurz darauf lande ich wieder bei einer netten Familie und würde gern ein paar Tage bleiben. Erneut wird die Dauer meiner Reise zum Gesprächsthema über Skype. Fast schon verzweifelt überlege ich, wie ich den Termin in Istanbul doch noch einhalten kann. Ich könnte die 800 Kilometer von meinem aktuellen Standort mit dem Bus nach Istanbul fahren und später wieder zurückkehren, um die Strecke nachzuholen und meine Reise wie geplant fortzusetzen. Es gäbe also einen Weg. Doch er wäre lediglich eine temporäre Lösung für Istanbul. Was ist mit dem weiteren Verlauf meiner Reise? Fast zwei Stunden dauert das Telefonat mit meiner Freundin, und wir werden uns nicht einig. Ich spüre immer stärker einen Druck, den ich nicht haben will. Einerseits ist es schön zu wissen, dass sie zu Hause auf mich wartet, dass wir regelmäßig Kontakt haben und ich meine Erfahrungen der Reise mit ihr teilen kann. Auf der anderen Seite meldet sich bei jedem längeren Aufenthalt das schlechte Gewissen, und ich empfinde es mehr und mehr als Stress, kontinuierlich vorwärtszugehen, Kilometer schaffen zu müssen, um das Ziel, in zwei Jahren zurück zu sein, nicht zu vergeigen.

Sie fehlt mir sehr. Ich habe mir oft vorgestellt, wie es wäre, mit ihr gemeinsam zu wandern, hätte meine Freundin am liebsten bei meiner Reise dabei gehabt, aber das war leider nicht möglich. Der ausschließliche Kontakt per Telefon oder Skype ist für mich zermürbend. Wir haben uns eben nicht nur geografisch voneinander entfernt, sondern auch emotional. Es wird für mich immer schwerer, ihr meine Reisewelt und mein neues Leben zu vermitteln. Ich bin immer woanders und dabei ein Stück weit ein anderer geworden. Einer, der sich gern auch mal treiben lässt. Mit einem klassischen, getakteten Leben ist das schwer vereinbar.

Nachdem wir frustriert aufgelegt haben, besteht erst einmal Funkstille zwischen uns. Und ich weiß, dass dies ein Resultat meiner Reise ist und ihr Leben nicht nur aus Warten auf mich bestehen kann.

## RUMÄNIEN UND BULGARIEN

# 8

# Keine Vampire

Die Karpaten – ein mächtiges Gebirge. Ich weiß natürlich, dass ich mich dieser Herausforderung eines Tages stellen muss, wenn ich weiter nach Bukarest will. Im Osten reichen die Karpaten bis nach Polen, im Westen bis nach Serbien. Sie zu umgehen, schließe ich daher von vornherein aus. Aber so lange es geht, schiebe ich die Überquerung vor mir her und gehe gemächlich von Sibiu in Siebenbürgen nach Braşov. Irgendwo dort muss ich es dann aber versuchen.

Ein anderer Grund, den Weg bis zu den Karpaten voll auszureizen, ist die unglaublich schöne Landschaft. Wer noch nie in Kanada war – Rumänien ist die kostengünstige Variante. Es sieht hier exakt genauso aus, und ich fühle mich auf meine Wanderung vor ein paar Jahren zurückversetzt. Abgesehen von der Sonne, die in diesem Sommer erbarmungslos auf mich scheint. Aber ansonsten ist der Weg fantastisch, die Berge, die Wiesen, die einsame Straße und der Duft der Bäume. Plötzlich überwältigen mich die Gefühle. Ich schreie vor Freude laut auf. Einfach so.

Hier hört das ja keiner.

Wieder einmal wird meine Reise zum Gedankengang. Ich bin froh, dass ich in meinem Leben nie einen Job hatte, in dem ich übermäßig viel verdient habe. Es ging mir sehr gut, ich war zufrieden und hatte alles, was ich brauchte. Jedoch hätte es nie für ein Haus gereicht. Und das ist gut so. 2002 hatte ich mich bei VW in Wolfsburg für das Projekt »Auto 5000« beworben. Ich bin froh, dass ich den Job nicht bekommen habe. Sonst wäre ich jetzt vielleicht sesshaft, hätte Haus, Frau und Kinder und diese Reise wahrscheinlich aufgrund der Verpflichtungen nie angetreten. Doch jetzt bin ich hier, am Fuße der Karpaten, und ich bin glücklich.

## RUMÄNIEN UND BULGARIEN

Mein heutiges Ziel ist das Kloster Brancoveanu, eines der vielen orthodoxen Klöster an Nordrand der Karpaten. In ihnen leben in der Regel jeweils nur eine Handvoll Mönche, die sich über einen Besuch sehr freuen. Das ist auch im Kloster Brancoveanu der Fall. Es ist gleichsam ein wichtiger Wallfahrtsort in Rumänien, und so sind Pilger hier sehr gern gesehen. Ich darf kostenfrei bleiben, so lange ich möchte. Unglaublich. Das Zimmer ist sehr schön und lädt zum Ausruhen ein. Das tue ich mit Vergnügen. Nachdem ich geduscht habe, lege ich mich gleich noch mal aufs Ohr. Erst am späten Nachmittag mache ich mich auf, um das Kloster zu erkunden. Die Wände mit ihren zahlreichen Fresken strahlen eine Ruhe und Gemütlichkeit aus, die ich selten irgendwo angetroffen habe.

An den nächsten beiden Tagen passiert nichts. Das Kloster ist ein wunderbar friedlicher Ort der Ruhe. Es liegt so weit entfernt von den nächsten Dörfern, dass es sich für mich nicht lohnt, dorthin zu laufen, um sie zu besuchen. Also bleibe ich hier und beobachte die vielen Schwalben, die sich unter den Dächern des Klosters Nester gebaut haben. Es bereitet mir Freude, auf der Bank zu sitzen und ihnen stundenlang zuzusehen. Etwas anderes gibt es dafür im ganzen Kloster nicht zu sehen: eine Uhr. Das gefällt mir. Zeit spielt keine Rolle. Zwei Tage bleibe ich hier und erhole mich. Aufgrund der großen Hitze schlafe ich fast die ganze Zeit und stehe nur zum Essen auf. Das gibt es im großen Speisesaal, und zwar so viel man will. Ansonsten lasse ich die Reise und die Geschehnisse der letzten 120 Tage Revue passieren.

Aber so schön das Kloster ist, länger bleiben will ich dann doch nicht. Ich frühstücke allein – die Mönche sind schon bei der Morgenmesse – und breche auf. Mein Weg führt mich durch kleine bis sehr kleine Dörfer. Nach drei Stunden entfaltet die Sonne ihre volle Kraft. Ich bin inzwischen 14 Kilometer gegangen und beschließe, eine ausgedehnte Pause zu machen. Schon nach 30 Minuten werde

## RUMÄNIEN UND BULGARIEN

ich aber unruhig und spüre, ohne einen bestimmten Grund, den Drang, weiterzugehen. Was ich auch tue. Ich folge meinem Gefühl. Aus der langen Pause wird nun doch nichts. Mein heutiges Ziel ist wieder ein Kloster, es geht nach Bucium. Als ich durch das Dorf gleichen Namens gehe, wird mir der Grund für meine Unruhe klar. Mein Bauchgefühl hat mich nicht getäuscht. Ein Mann erzählt mir, dass das Kloster pünktlich um 18 Uhr schließt. Ein schneller Blick auf die Uhr: 17:04. Und noch rund vier Kilometer liegen vor mir. Ich bedanke mich für die Auskunft und spurte los. Auf halber Strecke, es ist 17:30 Uhr, höre ich die Glocken, die die Abendmesse einläuten. »Wartet auf mich«, denke ich laut und lege noch einmal an Tempo zu. Ich bekomme tatsächlich Torschlusspanik, doch mehr geht nicht, der Rucksack ist zu schwer, die Sommerhitze zu groß. Außer Atem und komplett durchgeschwitzt stehe ich um genau 17:53 Uhr vor dem Eingang des Klosters. Ein Mönch kommt auf mich zu und begrüßt mich mit einem verschmitzten Lächeln. Zu gern würde ich in dem Moment seine Gedanken lesen können. Vielleicht denkt er so etwas wie: Warum tust du dir das an? Wir müssen nicht durch die Welt reisen. Das Leben an sich ist bereits eine Reise. Aber ich kann nicht Gedankenlesen, sondern nur freundlich zurücklächeln. Ich habe Glück und bekomme noch eine Kleinigkeit zu essen, was völlig ausreicht. Großen Hunger habe ich heute ohnehin nicht. Die Hitze war einfach zu groß. Dafür habe ich das Gefühl, unterwegs einen halben Brunnen leer getrunken zu haben. Die andere Hälfte werde ich wohl hier im Kloster trinken.

Diesmal will ich nicht bleiben und schlafen, sondern gleich am nächsten Morgen weiter. Irgendwann muss ich ja mal in Braşov ankommen, um dort einen passablen Weg über die Karpaten zu finden. Der Rucksack ist gepackt, der Frühstückstisch gedeckt. Kaum greife ich zu, verkündet einer der Mönche mit ernster Miene: »Wir fahren nach dem Frühstück in den Wald um Holz zu holen. Da können wir gut Hilfe gebrauchen.« Als ich mich umsehe, wird mir

## RUMÄNIEN UND BULGARIEN

sofort klar, dass auch ich zu den Angesprochenen zähle. Also bleibe ich noch einen Tag hier und helfe den Mönchen bei der Arbeit. Da gerade Ferien sind, packen auch einige Schüler und Studenten mit an, die sich freiwillig gemeldet haben. Das Holz brauchen die Mönche, um im Winter heizen zu können. Die Winter sind hier so kalt wie die Sommer heiß.

Beim Frühstück am nächsten Morgen sehe ich mich erst einmal um und spitze die Ohren. Keine Ankündigung. Ich kann also zum nächsten Kloster aufbrechen, denn diese Art der Unterkunft mit seiner gelassenen und harmonischen Atmosphäre gefällt mir ausgesprochen gut.

Ich könnte ewig so reisen. Über schmale Feldwege, sehr wenig befahrene Straßen und schließlich durch einen Wald komme ich gut voran. Menschen treffe ich kaum. Auch keine Vampire. Aber es ist nicht verwunderlich, dass sie gerade in dieser abgeschiedenen Gegend zum Mythos geworden sind.

Kein Mythos, sondern sehr real sind dagegen die Gedanken, denen ich immer wieder nachgehe. So fröhlich ich an diesem Tag aufgebrochen bin, so nachdenklich bin ich auf einmal, fast sogar traurig. Nur um kurz darauf wieder alles in Ordnung zu finden. Das sprichwörtliche Wechselbad der Gefühle.

Ich merke, wie ich das Gefühl vermisse, zu Hause zu sein. Einen festen Ort zu haben, um ... ja, um was eigentlich? Um Auszuruhen? Ich habe gerade mehrere Ruhetage eingelegt. Nicht nur, weil ich müde vom Gehen war. Nein, das war nicht der Grund. Ich glaube, es ging und geht dabei um genau dieses Gefühl: zu Hause zu sein. Einfach mal zwei, drei Tage am selben Ort zu verbringen. Am Abend wieder dahin zurückzugehen, wo man schon vorher gewesen ist. Dieselben Menschen öfter zu treffen, tiefere Gespräche zu führen. Allein sein ist gut, klar. Aber nicht immer. Einsamkeit kann dein schlimmster Feind oder dein bester Freund sein.

## RUMÄNIEN UND BULGARIEN

Als ich im Kloster Sinca Noua eintreffe, werde ich von den Mönchen sehr herzlich empfangen. Fast so, als wäre ich schon einmal da gewesen. Dieses Kloster wird von Touristen nicht so oft aufgesucht. Und so ist mein Besuch ein echtes Highlight. Ein Mönch weist mir eine Hütte zu, die ich für mich allein habe. Ich gehe unter die Dusche und geselle mich dann zum Abendessen zu den Mönchen. Wie sich zeigt, sind es nur drei, die sich um alles hier kümmern. Von 21 Uhr bis 2 Uhr findet ein Nachtgottesdienst statt. Da die Türen der Kirche geöffnet sind, kann ich im Bett die Gebete und Gesänge ganz leise als Hintergrundgeräusch hören. Und so schlafe ich nach dem sehr guten Essen sanft ein. Einfach himmlisch.

Da die drei Mönche aufgrund des Nachtgottesdienstes am nächsten Tag etwas länger schlafen, ich jedoch recht früh aufbrechen will, haben sie mir ein Lunchpaket bestehend aus Brot, Joghurt, Apfel und Banane bereit gemacht. Sehr schade, dass es so kein gemeinsames Frühstück gibt, doch ich freue mich noch einmal sehr über die unglaubliche Gastfreundschaft der Mönche.

Ebenso schade ist es, dass ich Braşov fast erreicht habe. Die schöne Zeit in den Klöstern am Rand der Karpaten nähert sich dem Ende, ich werde sie sehr vermissen. Und natürlich die Mönche mit ihren langen Bärten, ihre Demut, ihre Hilfsbereitschaft – und ihre Warnung vor den Braunbären. Viele der Klöster haben Imkereien, und immer wieder wurde mir berichtet, dass Bären die Bienenkörbe beschädigt haben, um an den leckeren Honig zu gelangen. Ich breche sehr früh auf. Alles schläft noch. Die Bären hoffentlich auch. Als ich wenig später durch den Wald gehe, spüre ich tatsächlich Angst. Mit Bären habe ich keine Erfahrung. Aber ich muss diesen Weg gehen, um nach Vulcan zu kommen. Es ist kalt an diesem Morgen, ich kann meinen Atem sehen, und Nebelschwaden ziehen durch die Bäume. Vögel höre ich noch keine, es ist sonderbar still. Immer wieder blicke ich mich um und horche. Wie war das mit dem Alleinsein? Ein tolles Gefühl – sofern keine Bären in der Nähe sind.

RUMÄNIEN UND BULGARIEN

Mit ordentlichem Muffensausen komme ich jedoch heil durch den Wald und erreiche das nächste Dorf.

# 1
# Ins Gefängnis

In Braşov angekommen, ruhe ich mich aus und tanke ordentlich Kraft. Schließlich geht es als Nächstes über die Karpaten. Ich weiß, was da für mich ansteht. Daher schicke ich vorher auch ein paar Sachen zurück zu Freunden nach München. Darunter: mein Campingkocher, den ich in den vergangenen 139 Tagen nicht ein einziges Mal gebraucht habe, und meine Spiegelreflexkamera, die mit dem ganzen Zubehör einfach zu schwer ist. Ab sofort mache ich Fotos nur noch mit dem Handy. Ich hab ja sowieso nicht vor, spitzen Fotos zu machen, um damit irgendwie Geld zu verdienen. Ich mache die Reise ja nur für mich. Mit vier Kilogramm weniger auf dem Rücken hoffe ich, dass mir die Karpatenüberquerung etwas leichterfällt.

Als ich vor meinem Aufbruch im Internet surfe, erfahre ich über Facebook, dass James in Istanbul angekommen ist. Das sind gute Neuigkeiten! Ich freue mich riesig und schicke ihm eine Nachricht, um ihn nach seinen weiteren Plänen zu fragen.

Doch bevor ich Istanbul ansteuere, muss ich nun zuerst über die Karpaten und nach Bukarest. Mein Respekt vor dieser Strecke erweist sich als berechtigt, denn insgesamt muss ich 1000 Höhenmeter überwinden, um die Postavaru-Spitze zu erreichen. Der Aufstieg soll aber machbar sein, so wurde mir erzählt, ein schmaler Weg zwar, doch gut zu finden. Nach einem kräftigenden Frühstück und bei bestem Wetter nehme ich also endlich die lange vor mir her geschobene Gebirgsüberquerung in Angriff. Zunächst sieht alles ganz gut aus, doch dann verliert sich der Pfad in der wuchernden

## RUMÄNIEN UND BULGARIEN

Bergvegetation. Zwei Stunden lang kämpfe ich mich durch meterhohes Gras, steige über umgestürzte Bäume und suche vergebens nach einer Wegmarkierung. Bei jedem Schritt fühlt sich mein Rucksack schwerer an. Ich komme immer langsamer voran und schaue alle zehn Minuten auf das GPS, ob ich wenigstens ungefähr in die richtige Richtung gehe. Nein, tue ich nicht. Da, wo der Weg laut Karte verlaufen müsste, sollen sehr hohe Klippen sein, und die sehe ich hier weit und breit nicht. Erschöpft setze ich meinen Rucksack ab und suche den Weg ohne das enorme Gewicht auf meinem Rücken. Wo ich auch hinschaue, es gibt nur Gras, Büsche, ein paar verkrüppelte Bäume und Felsen. Das Einzige, was fantastisch ist, ist die Aussicht. Es könnte traumhaft sein, wäre ich auf einem gangbaren Weg. Aber alles ist zugewachsen. Hier ist offensichtlich schon seit sehr langer Zeit niemand mehr lang gewandert. Und ich habe nicht die leiseste Ahnung, wo ich bin.

Wieder einmal ringe ich mit der vertrauten Frage: Was tun? Von den beiden Optionen wähle ich die sichere. Und das nicht nur, weil ich nicht weiter weiß, sondern auch, weil ich mich im Bärengebiet befinde. Spuren habe ich schon genug gesehen. Sollte ich hier stürzen oder mich verletzen, findet mich niemand. Außer vielleicht ein Bär. Ich kämpfe mich also durch das hohe Gras zurück zum Rucksack und kehre um. Die so mühsam überwundenen Höhenmeter sind dahin.

Enttäuscht marschiere ich zurück nach Brașov und stehe wieder vor dem Hostel, in dem ich die letzten Nächte verbracht habe. Ich erzähle der Besitzerin von dem nicht existierenden Weg und von meiner Quälerei. Sie lacht nur und freut sich, mich gesund wiederzusehen.

Aber täglich grüßt das Murmeltier: Am nächsten Morgen stehe ich früh auf, um einen zweiten Versuch zu unternehmen. Die Karpaten

## RUMÄNIEN UND BULGARIEN

werden mich nicht aufhalten. Natürlich wähle ich eine andere Route und verlasse Braşov diesmal in Richtung Osten. Die Straße führt durch Industriegebiete, die überall auf der Welt ähnlich aussehen. Autos sind kaum unterwegs. Zunächst ist der Weg relativ flach. Aber dann wird es fies. Nach bereits 22 gelaufenen Kilometern geht es drei Kilometer vor meinem heutigen Ziel plötzlich bergauf. Und zwar ziemlich steil in scheinbar niemals endenden Serpentinen. Immer wieder hoffe ich: Nach der nächsten Kurve bin ich oben. Nein – Fehlanzeige, es folgt eine weitere Kehre. Und noch eine. Ja, und noch eine. Und noch eine. Kein Ende in Sicht. Oder doch? Völlig unvermutet stehe ich vor dem Ortsschild von Predeal und finde schon kurz darauf eine Unterkunft in einer Kaserne. Sehr passend nach meinem Gewaltmarsch.

Am folgenden Tag muss ich dann doch wieder durch Wälder und schließlich über die Berge. Wie am Vortag ist die Aussicht fantastisch. Aber dafür habe ich im Moment keinen Sinn, obwohl ich immer wieder kurz stehen bleibe und schaue.

Menschen sind außer mir keine unterwegs, was eigentlich recht schön wäre, hätte mir nicht jemand gesagt, dass es auch in diesem Gebiet viele Bären geben soll. Und tatsächlich finde ich frische Spuren. Entspanntes Gehen ist anders. Immer mal wieder drehe ich mich um und lausche. Hmm ... nix. Der Wind in den Bäumen spielt mir Streiche. Unmerklich werde ich schneller.

Die Landschaft gibt alles. Es wird mit jedem Schritt schöner, aber wirklich genießen kann ich es nicht. Das ärgert mich besonders, als ich endlich auf dem Gipfel stehe. Am Himmel bringen sich dunkle Regen- und Gewitterwolken in Stellung. Es kommt mir vor, als hätte die Natur diesen wundervollen Ort nur geschaffen, damit sie hier ganz allein mit sich selbst sein kann. Nach einer viel zu kurzen Pause und ein paar Fotos laufe ich bergab. Die Route stimmt, die Karte ist heute auf meiner Seite. Ich erreiche rechtzeitig den Wald, der sich von hier bis hinunter ins Tal zieht, während es über mir

## RUMÄNIEN UND BULGARIEN

gewaltig blitzt und donnert. Ganz trocken bleibe ich im Wald natürlich nicht, doch dem Gröbsten kann ich entkommen.

Zum Glück habe ich meine Unterkunft schon sicher, denn Emil hat Freunde in Busteni, die mich beherbergen, und genau da geht es jetzt hin. Trocken und bei angenehmen Menschen verbringe ich die Nacht.

Die Bären und die Karpaten sind überstanden, ich ziehe weiter Richtung Bukarest. In einem Dorf spricht mich ein Mann an, auf Deutsch. Wieder erzähle ich meine Geschichte und werde umgehend eingeladen. Und wieder vertraue ich meinem Bauchgefühl, das mich bislang nicht im Stich gelassen hat. »Mein Sohn studiert in Bukarest«, erklärt der Mann, »sein Zimmer ist frei. Da kannst du schlafen.« Ein sympathischer Mann, ich folge ihm zu seinem Haus. Dort lerne ich seine Frau kennen, die ebenfalls sehr nett ist. Das Zimmer ist hervorragend, die Dusche auch. Wenig später sitzen wir beim Abendessen zusammen, und ich fühle mich sehr wohl. Lange sitzen wir noch draußen vor dem Haus und sprechen über Gott und die Welt. Nach dem langen und heißen Tag falle ich tot ins Bett.

Frühstück um acht, anschließend noch ein Foto mit den beiden, und natürlich tauschen wir die Mobilnummern aus. Dann geht es wieder los. Das Schwarze Meer wartet auf mich, und ich fiebere dem Tag, an dem ich es endlich erreiche, schon so lang entgegen. Nach gut zwei Stunden klingelt mein Telefon. Ein Mann schreit mich an, es ist der Gastgeber der letzten Nacht. »Du hast meinen Computer benutzt. Den Computer in dem Zimmer von meinem Sohn. Du hast im Internet gesurft und hast mit meiner Kreditkarte eingekauft.« Ich weiß nicht, wovon er redet. Den Computer habe ich zwar gesehen, aber bestimmt nicht eingeschaltet. Und seine Kreditkarte? Keine Ahnung, wo die ist. Aber der Mann hat auf alles eine Antwort: »Die Kreditkarte war in meinem Auto, und das

## RUMÄNIEN UND BULGARIEN

war in der Nacht offen. Da hast du dich bedient und die Kreditkarte anschließend wieder zurückgebracht. Ich bin stinksauer! Wie kannst du nur mein Vertrauen so missbrauchen? Ich dachte, du bist ein netter und ehrlicher Reisender!« Noch immer verstehe ich kein Wort. Ich habe in dieser Nacht nur geschlafen und sonst nichts. Und was sollte ich überhaupt im Internet einkaufen, und wohin sollte ich es schicken lassen? Ich schnappe nach Luft. Was ist hier eigentlich los? Dann kommt der Vorschlag von meinem Gastgeber: »Also, du hast für ein paar hundert Euro Sachen eingekauft. Gib mir einfach das Geld, und du bekommst keinen Ärger.« Zwei- oder dreihundert Euro? Ich habe nicht einmal zwanzig. »Gut«, sagt der Mann, »dann rufe ich eben die Polizei an.« Bloß das nicht. Bloß keinen Ärger mit der Polizei in Rumänien. Ich sehe keine andere Möglichkeit, als ihn zu vertrösten. In Bukarest habe ich Freunde, die gut Rumänisch sprechen. Mit ihnen zusammen finden wir eine Lösung. Ich habe Glück, der Mann gibt sich damit zufrieden, betont aber, dass er meine Nummer hat und mich jederzeit anzeigen kann.

Was tun? Mein Herz rast. Ich sehe schon die Schlagzeilen in der Presse: »Deutscher Tourist beklaut hilfsbereiten Rumänen.« Sollte das passieren, kann ich meine Reise vergessen. Erst recht, wenn er mich tatsächlich anzeigt und ich von der Polizei gesucht werde. Keine Frage, ich muss handeln. Und zwar schnell. Im nächsten Dorf gehe ich schnurstracks zur Polizeistation. Erleichtert stelle ich fest, dass die Polizisten sehr gut Englisch sprechen. Ich nehme meinen ganzen Mut zusammen und erzähle die Geschichte. Dabei kenne ich nicht einmal den Namen des Mannes, sondern lediglich seine Adresse. Die Polizisten hören mir interessiert zu. Als ich fertig bin, fragt einer, ob ich zufällig ein Foto gemacht hätte. Sofort ziehe ich mein Handy aus der Tasche und zeige ihnen das Abschiedsfoto. Die Polizisten lachen. Was soll ich denn davon halten? Doch dann sagt einer: »Ach, der schon wieder. Einer unserer Stammkunden.« Er greift zum Hörer und ruft den Mann

## RUMÄNIEN UND BULGARIEN

umgehend an. Der streitet natürlich alles ab. Nichts sei bestellt worden, der Wanderer sei ein guter Freund. Wieder lachen die Polizisten und kündigen ihm ihren Besuch an. Ich aber bin raus aus der Nummer und sehr erleichtert.

Später in Bukarest rufen meine Freunde bei der Polizei an und erfahren, dass der Mann verhaftet wurde und drei Monate ins Gefängnis muss, weil er seine Betrugsmasche schon ein paarmal durchgezogen hat. Und ich hatte mich selbst schon für kurze Zeit hinter Gittern gesehen ... Mir wird bewusst, dass sich mein inzwischen gut trainiertes Bauchgefühl durchaus auch mal täuschen kann.

Das beunruhigt mich umso mehr, weil ich nun Bukarest erreicht habe. Die Warnungen vor Rumänien, die ich erhalten habe, betreffen nämlich vor allem die Hauptstadt. Ich gehe also mit gemischten Gefühlen durch die Stadt. Sie soll sehr dreckig sein, hat man mir erzählt, wobei besonders die Luftverschmutzung und die zahllosen streunenden Hunde hervorgehoben wurden.

Die dreckigen Viertel sind nicht schwer zu finden, wenn man danach sucht. Wie in jeder Industriestadt. Was ich aber auf Anhieb auch finde, sind die schönen Viertel. Und die freundlichen Menschen. Dazu gehören vorneweg Andrea und Reinhard, die mich herzlich aufnehmen (und mir bei der Auflösung des Betrugsfalls helfen und mit der Polizei sprechen), und Kerstin. Sie zeigt mir viele tolle Seiten von Bukarest und lädt mich ein, ein paar Tage bei ihr zu bleiben. Die Stadt glänzt mit ihren wunderschönen Parks, den kleinen Kirchen zwischen den Hochhäusern und den vielen Cafés, die man in der verwinkelten Altstadt findet. Dort checke ich auch mal wieder meine Mails und stelle verwundert fest: 14 Tage ist es jetzt her, seit ich von Brașov losgezogen bin, und noch immer habe ich nichts von James gehört. Na ja, denke ich, er wird viel zu tun haben und sicher im Stress sein, um einen Weg nach Asien zu finden. Etwas merkwürdig finde ich es aber schon, sonst hat er immer sehr schnell auf meine Nachrichten reagiert.

## RUMÄNIEN UND BULGARIEN

Ganze 15 Tage bleibe ich in Bukarest, um die Stadt zu durchstreifen und zu bewundern oder auch einfach um unter einem Dach vor der Sonne zu flüchten und mich auszuruhen.

Andererseits lockt mich das Schwarze Meer. Also breche ich schließlich auf. Ich freue mich wie ein kleines Kind, wenn ich unterwegs gefragt werde: »Wo geht es denn hin?« Dann antworte ich voller Stolz: »Ans Meer! Nach Constanta!« – und fühle mich gleich fünf Meter größer.

Doch es gibt auch etwas, was mich bedrückt. Eineinhalb Monate ist es nun her, dass ich mit meiner Freundin telefoniert habe, und seit dem frustrierenden Gespräch hatten wir bis jetzt keinen Kontakt mehr. Nächste Woche wollten wir uns eigentlich in Istanbul treffen, aber daraus wird nichts, ich bin noch immer mitten in Rumänien und noch vier Tage vom Schwarzen Meer entfernt.

In Tăndărei öffne ich meine E-Mails und finde eine neue Nachricht von ihr. Es tut weh den Text zu lesen. Und als mir bewusst wird, worauf er hinausläuft, merke ich, wie sich in mir alles zusammenzieht: Sie trennt sich von mir. Mein erster Impuls ist, die Augen zu schließen, das Handy wegzupacken und die E-Mail zu ignorieren. Ich will es nicht wahrhaben. Erst ein paar Stunden später habe ich den Mut, die ganze Nachricht zu lesen. Meine Freundin ist enttäuscht von mir und davon, wie sich alles entwickelt hat, und sie findet es einfach nicht fair, dass ich sie sitzen gelassen habe.

Ich gestehe mir ein, dass ich egoistisch gewesen und nicht auf ihre Wünsche eingegangen bin. Nicht auf sie eingehen wollte. Was mir nicht in den Kram gepasst hat, habe ich ignoriert und stattdessen das gemacht, worauf ich gerade Lust hatte: diese Reise zu genießen. Dass ich sie damit verletze und enttäusche, war vorprogrammiert.

Eine Frage, die mich schon vor meiner Reise beschäftigte, war: Wie führt man eine Fernbeziehung, bei der man sich im wahrsten Sinne des Wortes immer weiter voneinander entfernt? Diese Frage ist nun beantwortet: Wir haben keinen Weg gefunden. Wobei

## RUMÄNIEN UND BULGARIEN

ich zugeben muss, dass ich mir auch nicht ernsthaft Gedanken
darüber gemacht habe, wie eine Fernbeziehung über zwei Jahre
funktionieren könnte. Ich wollte mein Abenteuer, wollte reisen
und habe mich die meiste Zeit darauf konzentriert, bestmöglich
vorwärtszukommen.

Es dauert eine ganze Weile, bis ich verstehe: Es ist vorbei.
Die Trennung setzt mir zu, ist jedoch zugleich eine Art Befreiung.
Es ist ein bisschen wie das Durchtrennen einer Nabelschnur. Ich
bin jetzt ungebunden und kann die weitere Reise ohne Kalender,
Termine und Zeitvorgaben fortsetzen. Und genau das werde ich
machen. Ich bin betrübt und gelöst zugleich.

Da ich das E-Mail-Postfach gerade geöffnet habe, suche ich vergeblich noch nach einer positiven Nachricht von James. Nach fünf
Wochen hat er sich noch immer nicht gemeldet. Mittlerweile werde
ich unruhig. Ich hatte all meine Hoffnung in ihn gesetzt. Warum
meldet er sich nicht? Ist es so schwer, einen Weg über die Brücken
zu finden? Er ist doch so souverän und hätte mit seiner Durch-
setzungskraft längst eine Möglichkeit auftun müssen. Ich verstehe
das nicht. Oder ist er am Feiern und hat mich vergessen?! Frustriert
und sehr verunsichert verbanne ich Istanbul auch erst einmal in
eine dunkle Ecke meines Kopfes. Das Meer wartet. Ich breche auf,
und noch am selben Tag, am 4. September 2012, erreiche ich nach
178 Tagen die 2.000-Kilometer-Marke.

Und dann sehe ich es plötzlich zum ersten Mal. Das Schwarze
Meer. Zwar noch weit entfernt, aber da ist es. Direkt vor mir. Ich
lächle und beschleunige meinen Schritt. Okay, eigentlich nutze ich
nur den Schwung, denn es geht bergab. Aber das ist es nicht allein. Ich habe das Gefühl, dass das Meer mich anzieht, dass mein
Rucksack leichter geworden ist und meine Füße doppelt so schnell
gehen wie sonst.

## RUMÄNIEN UND BULGARIEN

Die letzten Kilometer wandere ich auf der Nationalstraße nach Constanța hinein. Die typischen Vororte. Aber die interessieren mich nicht. Immer wieder schaue ich zwischen den Häusern hindurch, um einen Blick auf das Meer zu ergattern. Ich bin so dicht dran.

Aber erst geht es noch darum, eine Unterkunft zu finden. Leider gibt es hier nur ein Hostel, und das ist auch schon voll belegt. Klar, es ist Samstag und das Wetter grandios. Zum Glück hat der Hostelbetreiber viele nette Nachbarn. Er verschwindet kurz und klingelt in der Nachbarschaft. Nach 15 Minuten kommt er mit guten Nachrichten zurück, und ich habe ein Bett für eine Nacht. Unglaublich! Ich bedanke mich und suche gleich mein Quartier auf. Rucksack in die Ecke, ab unter die Dusche und dann endlich zum lang ersehnten Strand. Wie ich den Triumph genieße: Mal eben zum Schwarzen Meer gelaufen! Okay, das hat sechs Monate gedauert. Aber nun bin ich da. Wahnsinn! Ein großartiges Gefühl macht sich breit. Und ein Grinsen von einem Ohr zum anderen.

Nach dem großen Strandmoment erkunde ich die Stadt. Vor allem das alte Casino beeindruckt mich schwer. Ich stelle mir vor, wie elegant gekleidete Damen und Herren aus ihren Autos aussteigen oder direkt von den Schiffen aus das Casino betreten. Wie sie an den Tischen sitzen und stilvoll ihre Zigarren rauchen. Die stimmungsvolle Beleuchtung, die Musik dazu. Was für ein Bild. Dieses Haus fesselt mich, und es fällt mir richtig schwer, die Augen wieder von dem Gebäude zu nehmen.

Ich will noch ein Foto machen, als mich ein Mann anspricht. Er gibt sich als Polizist aus und will meinen Ausweis sehen. Lustig, er selbst hat nämlich keinen. Als ich nach diesem frage, besteht nur abermals darauf, meinen zu sehen. Aber mein Bauchgefühl und meine Erfahrung sprechen dagegen. Ich sage ihm ins Gesicht, dass er kein Polizist ist. Darauf fragt er mich, wie lange ich denn schon hier in Rumänien unterwegs sei. Vier Monate, antworte ich. Daraufhin dreht er sich um und geht seines Weges. Komischer Typ.

RUMÄNIEN UND BULGARIEN

# 10
## Rumänien:
## Eine Liebesgeschichte

Ich sitze am Strand von Vama Veche, und Bulgarien, mein nächstes Land, ist schon in Sichtweite, nur zwei Kilometer entfernt. Ein Katzensprung. Ich verlasse Rumänien schweren Herzens. Das Land wird mir fehlen. Grund genug für ein paar Abschiedsworte, für ein kleines Resümee. Der ultimative Bericht zur Lage in Rumänien? Keineswegs! Was nun folgt, ist meine ganz persönliche Sicht. Ich liebe Rumänien. Dabei ist mir bewusst, dass andere Menschen andere Erfahrungen gemacht haben.

Ich habe Rumänien am 20. Mai in Turnu betreten und hatte Angst davor. Viele Deutsche und Ungarn reden leider sehr schlecht über das Land: gefährlich, wilde Hunde, kriminelle Banden, überall Korruption. Ich persönlich glaube, dass diese Menschen noch nie in Rumänien waren, sondern nur vom Hörensagen ein diffuses Bild davon im Kopf haben. So wie von anderen Ländern auch. Wenn man Iran hört, geht auch sofort das Kopfkino los. Doch kein Land ist von Grund auf gut oder schlecht. Sicher, das Vorankommen war nicht immer leicht, das gebe ich zu. Aber die Gründe für meine Langsamkeit waren nicht irgendwelche Probleme mit Verbrechern oder räudigen Straßenkötern. Es waren die fantastischen Menschen, die hier leben und bei denen ich zwei oder noch viel mehr Tage blieb.

Ein kleiner Auszug:

14 Tage Arad – danke an Emil und Daniela

11 Tage Sibiu – danke an Fred und das Felinarul-Hostel

14 Tage Braşov – großen Dank an Angie vom Hostel Mara

15 Tage Bukarest – danke an Andrea, Reinhard und Kerstin

10 Tage Vama Veche – danke an die Familie vom Haus »Casa Luca«

Auch das Wetter machte es mir oft schwer. Meist, weil es sich nicht abkühlte, nicht einmal nachts. Es war heiß, 40 Grad und mehr waren keine Seltenheit. Hatte ich anfangs noch Angst, in Rumänien zu verhungern, steht längst das Gegenteil fest: Ich habe zugenommen. Vielleicht auch, weil ich gelernt habe, dass man Weißbrot zu absolut allem essen kann, sogar zu Spaghetti und Pizza. Und noch etwas habe ich gelernt: Wenn jemand eine 1,5-Literflasche mit einer klaren Flüssigkeit auf den Tisch stellt, dann ist da alles Mögliche drin, aber definitiv kein Wasser. Begriffe wie Palinca und Țuică gehören einfach zu Rumänien dazu, genauso wie Bier in 2,5-Literflaschen, die Karpaten und schöne Frauen.

Ich habe in traumhaften Klöstern, in Trucks, in Kasernen und auf Großbaustellen übernachtet. Bei Pfarrern, Polizisten und unzähligen wundervollen Familien, darunter nicht wenige Sinti. Ich war auf Kirchtürmen, in TV-Studios, in Schulen und auf so vielen Bauernhöfen, dass mir sehr schnell die Finger zum Zählen ausgehen. Ich hatte überall sehr viel Spaß, und rumänische Familienfeiern sind die besten, die ich bislang erlebt (und überlebt) habe. Ich ging auf den unterschiedlichsten Straßen, von denen man viele in Deutschland nicht als Straßen bezeichnen würde. Ich ging auf Feldwegen, auf Dämmen, auf Gleisen und durch Flüsse, da Brücken manchmal nur auf Karten existieren.

Fahren darf man in Rumänien alles, solange es ein Nummernschild hat. Reicht auch, wenn das im Kofferraum liegt. Dazu ein Witz, den mir ein Rumäne erzählt hat und der perfekt zum Thema passt (vielleicht ist es gar kein Witz?):

Ein schneller Rennwagen braucht einen guten Hochleistungsmotor, aber auch super Bremsen. Angenommen, der Rennwagen ist Europa. Deutschland ist der Motor.

Dann ist Rumänien die Bremse.

Apropos Deutschland. Deutschland wirkt gegenüber Rumänien auf mich wie ein steriles Krankenhaus, alles sauber und poliert, mit

## RUMÄNIEN UND BULGARIEN

klaren Regeln, während hier das wirkliche Leben pulsiert. Für mich ist ganz Rumänien ein riesengroßes Museum, das daran erinnert, »wie das Leben eigentlich sein sollte«.

Dadurch, dass Rumänien seit einiger Zeit in der EU ist, geht der ursprüngliche Charakter des Landes jedoch leider Stück für Stück verloren. Es wird alles angeglichen. Angefangen bei den einfachen Dingen wie den Verkehrsschildern. Die Konsumwelten sind in den großen Städten von jenen in Deutschland nicht mehr zu unterscheiden. Penny, Lidl, Kaufland und Obi haben Einzug gehalten.

Von vielen Rumänen habe ich gehört, dass die Menschen früher noch viel kameradschaftlicher und hilfsbereiter waren, sich untereinander mehr geholfen haben. Jetzt fahren viele die Ellenbogen aus und sind damit beschäftigt, Geld zu verdienen. Kann ich nicht bestätigen, da ich fast nur nette Menschen getroffen habe. Dennoch ist es zu spüren …

Ich bin froh, dass ich noch etwas von dem ursprünglichen Rumänien gesehen habe.

Wo die Bauern mit dem vom Pferd gezogenen Pflug über das Feld laufen und das Heu mit der Sense mähen. Warum sollte man sonst reisen, wenn überall alles gleich aussieht?

Wir suchen das Perfekte. Doch das kann die Welt nicht bieten. Nicht solange man im Außen danach sucht. Die Welt ist bereits perfekt. Schaut genau hin und hört, was sie zu sagen hat. Nehmt alle Elemente dieser Welt und lasst euch die Welt zeigen. Da gibt es nichts zu verändern. Es ist alles okay, so wie es ist. Wir brauchen die guten und die schlechten Tage. Die guten, um zu feiern, die schlechten, um die guten schätzen zu können. Wie könnten wir sonst sagen, dass etwas gut ist, wenn wir nicht das Gegenteil erfahren und kennengelernt haben?

Es stimmt alles, was über Rumänien gesagt wird. Es gibt fantastische Landschaften, großartige Strände und wilde, streunende

Hunde, schöne Parks und viel Müll in manchen Städten. Es gibt gigantische Klöster, orthodoxe Kirchen und zerfallene Ruinen, weil das Geld fehlt, um sie zu restaurieren. Die Mobilfunkkosten sind unglaublich niedrig, die Politik korrupt. Die Liste könnte ewig so weiter gehen.

Man kann es immer von zwei Seiten betrachten. Hasst nicht, was ihr nicht kennt, und habt auch keine Angst davor. Rumänien ist weit davon entfernt, ein perfektes Land zu sein. Aber ist Deutschland das nicht auch? Scheinbar leben wir in Deutschland in einem kleinen Paradies. Doch vielfach nur an der Oberfläche. Schaut man tiefer, ist es genauso wie hier. Dieselben Themen tauchen auf: Schmerz, Angst, Verlust, Krankheit, Tod. Und letztendlich will jede Familie, jeder Einzelne, nur bestmöglich für sich sorgen.

Rumänien ist nicht perfekt. Es ist ein Land, wie jedes andere auch. Rumänien kann perfekt sein. Für jeden Einzelnen. Wenn man keinen Perfektionismus erwartet und wenn man nicht nach Fehlern sucht. Verschwendet eure Zeit nicht mit der Suche nach Fehlern. Vielleicht sind gar keine da.

Jetzt geht es also weiter nach Bulgarien. Aber nicht, ohne dass mich noch schnell jemand warnt, wie gefährlich das Land doch ist. »Sei vorsichtig!«, heißt es. »Wahrscheinlich will dich in Bulgarien jemand ausrauben!«

Na toll.

# 11

## Bulgarien oder die Angst vor Istanbul

Meine Reise drängt mich also nun, Rumänien zu verlassen. Noch dazu an einem kalten, stürmischen Morgen. Der Wind, den ich als Wind der Veränderung verstehe, bläst kräftiger als an den Tagen

## RUMÄNIEN UND BULGARIEN

zuvor. Wehmütig packe ich meinen Rucksack. Längst bilden die Erinnerungen mein eigentliches Gepäck. Der Abschied fällt schwer. So wie von manchen Familien, wenn ich dort einige Tage verbracht habe. Eine Art kleiner Tod. Wieder einmal weiß ich nicht, was kommen wird. Wobei mich weniger Bulgarien beunruhigt als vielmehr Istanbul. Die Frage, wie ich über die Brücken komme, schwebt wie ein Damoklesschwert über mir. Denn noch immer habe ich nichts Neues von James erfahren. Seit sieben Wochen schon. Ich verstehe das nicht und habe mittlerweile die Hoffnung auf eine Nachricht von ihm fast aufgegeben.

Um neun Uhr treffe ich mich im Ortszentrum von Vama Veche mit zwei deutschen Trampern, die ebenfalls nach Istanbul wollen. Für sie stellen die Brücken kein Hindernis dar. Gemeinsam laufen wir die wenigen Kilometer bis zur Grenze. Die Zöllner wollen unsere Ausweise sehen – und das war's auch schon, wir sind in Bulgarien. Die beiden Jungs aus Dresden schenken mir zum Abschied noch eine Tafel Schokolade, meine absolute Lieblingssüßigkeit. Ein breites Grinsen ist meine Antwort. Dann verabschieden wir uns. Ich gehe weiter, die beiden bleiben stehen, halten den Daumen hoch und warten auf ein Auto, das sie mitnimmt.

Ich bin also wieder allein. Und mein Magen meldet sich. Im ersten Ort nach der Grenze frage ich an einem Imbiss, ob ich etwas zu Essen bekommen kann, ernte aber nur ein Kopfschütteln. Bei einem kleinen Kiosk einige Meter weiter bekomme ich drei Schokowaffeln. So wie es aussieht, muss das erst mal reichen. Nach wenigen Kilometern merke ich, dass ich länger nicht gelaufen bin. Während der zehn Tage Pause in Vama Veche ist meine Kondition etwas eingerostet. Ich lasse mir also Zeit. Eine Polizeistreife hält mich an. Ich muss meinen Ausweis zeigen und mein Ziel nennen. Ich verzichte auf Tibet und gebe Istanbul an. Der Polizist sieht mich skeptisch an, lässt mich aber weitergehen.

## RUMÄNIEN UND BULGARIEN

Ohne großen Elan erreiche ich nach 27 Kilometern den Ort Shabla und bin ganz schön fertig. Dafür finde ich schnell eine Unterkunft, und zwar in einer Pension. Die Betreiberin spricht sogar etwas Deutsch. Ich gehe sofort auf mein Zimmer und lege mich schlafen. Nach zwei Stunden klopft es an der Tür. Die freundliche Wirtin fragt mich, ob ich Hunger habe. Leuchten in meinen Augen! Nach dem Essen mit viel Paprika und Weißbrot bringt sie mir noch Weintrauben zum Nachtisch. Dann liege ich wieder im Bett und schlafe.

Am nächsten Morgen spüre ich meinen linken Fuß. Er tut richtig weh. Offenbar habe ich mich gestern übernommen. Die 27 Kilometer waren zu viel. Trotzdem breche ich nach einem ausgiebigen gemeinsamen Frühstück mit der Wirtin auf und will versuchen, die 21 Kilometer bis nach Kavarna zu schaffen. Ich komme nur langsam voran und lege immer wieder kleine Pausen ein. Völlig erschlagen erreiche ich mein Ziel und suche sofort ein Zimmer. Hotels gibt es hier genug, und die Saison ist auch gelaufen. In den ersten beiden, ganz offensichtlich leeren Hotels werde ich jedoch an einen Zeltplatz verwiesen. Beim dritten Versuch aber klappt es, und ich bekomme ein echt schönes Zimmer. Ich genieße die Dusche und lege die Füße hoch. Den linken ganz besonders.

Für den nächsten Tag nehme ich mir noch weniger Kilometer vor, bis Balchik sind es gerade mal 21. Es geht ans Meer, die Sonne scheint und eigentlich ist das genügend Grund zur Freude. Wenn da die Schmerzen nicht wären, die leider schlimmer geworden sind. Ich schleppe mich regelrecht nach Balchik und stelle dort auch noch einen neuen persönlichen Rekord auf: Nach acht Hotels habe ich noch immer kein Bett, obwohl auch hier nicht mehr viel los ist. Immer wieder höre ich die gleiche Antwort: »Das muss der Chef entscheiden.« Das verstehe ich natürlich. Die Frauen und Männer vom Empfang sind ja Angestellte. Also bitte ich: »Wären Sie so freundlich, ihn zu fragen?« Die Antwort wiederholt sich: »Der Chef

## RUMÄNIEN UND BULGARIEN

ist gerade nicht in Bulgarien.« Oder: »Den brauche ich gar nicht zu fragen, weil ich die Antwort schon kenne.«

Erschöpft und frustriert gehe ich weiter zum neunten Hotel. Immerhin werde ich von der Dame hinterm Tresen mit einem Lächeln empfangen. Ein Zeichen? Ich lächle sofort zurück und ziehe alle Register. Da sie kein Namensschild trägt, frage ich zuerst nach ihrem Namen und erkläre ihr in aller Ruhe meine Situation: »Theodora, hören Sie bitte, ich gehe ohne Geld zu Fuß nach Tibet und bin bereits seit sechs Monaten unterwegs. Heute habe ich zwanzig Kilometer zurückgelegt und hier im Ort bereits acht Hotels abgeklappert. Erfolglos. Ich bin erschöpft, mein Fuß tut sehr weh, und ich suche eine Unterkunft, um mich auszuruhen. Können Sie mir bitte helfen?« Als sie – wenn auch freundlich – ebenfalls abwinkt, bitte ich sie, den Hotelmanager anzurufen. Was sie tatsächlich tut! Sie legt sich sogar richtig ins Zeug. Über vier Minuten telefoniert sie mit der Geschäftsleitung. Ich sitze auf einer Couch im Foyer und beobachte sie. Sie gibt alles – und schafft es tatsächlich, den Manager zu überzeugen. Wunderbare Theodora! Als ich das Zimmer betrete und die Vorhänge beiseite ziehe, bleibt mir die Luft weg: das Meer direkt vor dem Fenster. Wow!

Nachdem ich mich geduscht und ausgeruht habe, will ich mir die Umgebung anschauen. Gleich neben dem Hotel ist ein wunderschöner Park. Ich setze mich auf eine Bank und schaue aufs Meer hinaus. Wasser ..., denke ich, und Giacomo kommt mir in den Sinn. Als er mich in Budapest fragte, was Wasser für mich bedeutet, habe ich geantwortet: Für mich ist es eine Grenze. Zwangsläufig denke ich auch an James und beginne, meine Facebook-Nachrichten zu durchforsten. Aber er hat sich jetzt tatsächlich seit acht Wochen nicht bei mir gemeldet. Sein eigener letzter Facebook-Eintrag ist ungefähr ebenso alt und von dem Tag, an dem er Istanbul erreicht hat. Bis dahin hatte er fast täglich etwas auf Facebook gepostet, doch seitdem – nichts mehr. Und davor hatte er sich immer schon

## RUMÄNIEN UND BULGARIEN

entschuldigt, wenn er nur mal ein paar Tage offline war. Ich bin schockiert und vermute, dass ihm etwas passiert sein muss. Das macht James sonst nicht, dass er plötzlich einfach nicht mehr schreibt.

Dafür überschlagen sich die Meldungen und Kommentare von anderen: James habe lange nach einem Weg über die Brücken gesucht. Irgendwann sei ihm das Geld ausgegangen. Er habe aufgegeben und sei zurück in Schottland. Später höre ich Gerüchte, er sei verschollen, untergetaucht, entführt. Fest steht: James wird vermisst. Jegliche Anfragen – nicht nur von mir, sondern auch von tausend weiteren Fans, die seine Reise auf Facebook verfolgen – bleiben von ihm unbeantwortet.

Ich falle in ein Loch. Der Bosporus wird zu einer unüberwindbaren Grenze. Und ich bin schon zu weit, um nach Nordosten zu gehen und über die Ukraine nach Tibet zu gelangen. Ich bin ja schon in Bulgarien am Schwarzen Meer, die Türkei ist nur noch 14 Tage und 225 Kilometer entfernt.

In meinem Kopf dreht sich alles. Und mein Fuß schmerzt noch immer. Frustrationen gehören zum Leben dazu, das ist klar. Ich fühle mich so hilflos, kann die Umstände aber nicht ändern. Was ich jedoch ändern kann, sind meine Einstellung dazu und mein Umgang damit. Sehe ich die Umstände als einen Grund aufzugeben oder als Chance zu wachsen und über mich hinauszugehen? Ich weiß es nicht. Was also tun? Vielleicht erst einmal meinem ursprünglichen Plan folgen? Ja! Das werde ich machen. Und je klarer dieser Gedanke wird, desto entschlossener werde ich, es in Istanbul selbst zu versuchen. Eine andere Möglichkeit sehe ich für mich nicht.

Im Verlauf des Tages gehen die Schmerzen zurück. Ein kompletter Ruhetag morgen wäre klasse. Also gehe ich zu Theodora, die umgehend wieder den Manager anruft. Aber diesmal ist nichts zu machen, ich kann nicht bleiben, am nächsten Morgen muss ich aus

## RUMÄNIEN UND BULGARIEN

dem Zimmer raus. Der Ort Albena ist nicht weit und ebenfalls ein Touristenzentrum voller Hotels. Kaum angekommen, mache ich mich auf die Suche nach einem Bett für die Nacht. Vergeblich. Es hagelt Absagen. Meine Ausdauer, meine Willens- und Durchhaltekraft werden erneut auf die Probe gestellt. Nach 18 Hotels und Pensionen gebe ich auf und versuche es in Golden Sands, dem Nachbarort. Auch dort reiht sich Hotel an Hotel. Und auch dort hagelt es Absagen. Es ist zum Verzweifeln.

Erschöpft stelle ich meinen Rucksack ab und versuche es im Internet. Zum Glück ist der Zugang hier überall frei. Ich bitte Leanne, eine Facebook-Freundin, mir zu helfen. Sie versucht, über Couchsurfing etwas zu organisieren. Ohne große Hoffnungen nehme ich meinen Rucksack wieder auf und gehe zum nächsten Hotel. Wieder nichts. Dann treffe ich Rainer aus Hamburg, der hier seit zwei Wochen Urlaub macht. Allein. Er kommt gerade vom Strand zurück und ist auf dem Weg zu seinem Hotel. Wie er mir später erzählt, wundert er sich über zwei Dinge, als er mich sieht. Erstens: Warum zum Geier schleppt der so einen riesigen Rucksack mit sich herum, um hier Strandurlaub zu machen? Und zweitens: Warum hängt da ein Peace-Zeichen hinten an seinem Rucksack? Ohne lange zu überlegen, spricht er mich an und fragt mich, ob ich für den Frieden laufe. Im Moment läuft mir nur der Schweiß.

Als Rainer meine Geschichte hört, bietet er mir an, das zweite Bett in seinem Doppelzimmer zu benutzen. Sofort gehen wir zur Rezeption und fragen die zuständige Frau. Rainer lässt seinen ganzen Charme spielen, und ich packe meinen Hundeblick aus. Schließlich fasst sie sich ein Herz und stimmt zu. Unter einer Bedingung: Ich darf mich nirgends blicken lassen. Abendessen und Frühstück sind tabu. Doch auch dafür finden wir später eine Lösung. Ich bin maßlos erleichtert. Die Suche hat für heute ein Ende.

Im Zimmer angekommen, falle ich in den Sessel und schiebe die Wanderschuhe ganz weit von mir weg. Anschließend gehe ich unter

## RUMÄNIEN UND BULGARIEN

die Dusche. Nach mir sind meine Sachen dran, die ebenfalls eine Wäsche benötigen. Rainer war in der Zwischenzeit beim Abendessen und hat etwas vom Buffet stibitzt und mitgebracht. Diesen Mann schickt der Himmel. Ich bin dankbar, dass es ihn gibt.

Während ich das Essen verschlinge, erzählt mir Rainer von seiner Leidenschaft für Opern, Tenöre und Reisen. Er hat eine sehr bildhafte Sprache und erzählt mit so viel Liebe und Begeisterung, dass ich ihm stundenlang zuhören könnte.

Besonders spannend finde ich eine Begebenheit aus Spanien. Vor ein paar Jahren war Rainer in Barcelona. Der Tenor Piotr Beczala sang den Faust im Gran Teatre del Liceu. Rainer kennt ihn persönlich gut und freute sich sehr darauf, ihn wieder einmal auf der Bühne zu erleben. Doch in der Metro wurden ihm Geld und Ausweis geklaut. Rainer konnte sich plötzlich nicht einmal mehr Wasser kaufen. Zum Glück hatte er noch seinen Reisepass und sein Ticket, sonst säße er wohl heute noch da, wie er mit einem Augenzwinkern sagt. Das Tolle: Piotr Beczala half Rainer mit 50 Euro aus, um in Barcelona zu »überleben«. Rainer war damals so dankbar dafür und weiß seitdem sehr gut, wie es sein kann, ohne Geld unterwegs zu sein.

Nach dem anstrengenden Tag schlafe ich in der Nacht wie ein Stein und rühre mich kein bisschen. Rainer muss geglaubt haben, dass neben ihm ein Toter liegt. Am nächsten Morgen beweist er noch einmal sein Geschick am Frühstücksbuffet und bringt mir etwas zu essen aufs Zimmer. Hungern muss ich also auch nicht. Rainer sei Dank!

An den letzten beiden Tagen habe ich zu viel Zeit und Energie für die Unterkunftssuche geopfert. Zum Reisen, so wie ich es mir wünsche, bin ich nicht gekommen. Entsprechend mies ist meine Stimmung. Es muss sich etwas ändern. So schön das Meer ist, so gering sind hier meine Chancen, eine Übernachtungsmög-

## RUMÄNIEN UND BULGARIEN

lichkeit zu finden. Ich sehe nur einen Weg: Ich muss die Küste verlassen und ein paar Kilometer ins Landesinnere gehen. Weg von den Stränden und touristischen Hochburgen. Kaum ist der Entschluss gefasst, lese ich eine E-Mail von Leanne. Sie hat tatsächlich über Couchsurfing Leute gefunden, die mich aufnehmen wollen. Und das im lediglich 15 Kilometer entfernten Varna. Erleichtert breche ich auf und lasse dennoch schweren Herzens das Meer zurück.

Meine Couchsurfing-Gastgeber, Radi und seine Frau, haben einen langen Arbeitstag hinter sich. Trotzdem kümmern sich sehr herzlich um mich. Schnell fühle ich mich bei ihnen wohl. Ein wirkliches Gespräch kommt aufgrund des Sprachproblems leider nicht zustande. Außer einem einfachen Reisewortschatz wie Hallo, bitte und danke spreche ich kein Bulgarisch. Russisch leider auch nicht. Die beiden verstehen sehr gut Englisch, reden fällt ihnen jedoch schwer. So erzähle ich von mir und meiner Reise, erfahre jedoch nur sehr wenig von den beiden. Wir essen gemeinsam, dann ziehe ich mich in mein Zimmer zurück und lasse mich ins Bett fallen, das sie für mich vorbereitet haben.

Am nächsten Morgen habe ich mein Lachen wieder. Die Schmerzen im Fuß sind auch weg. Dennoch brauche ich dringend eine längere Pause. Ich bin sechs Tage durchgelaufen, das schlaucht. Von meinen langen Aufenthalten in Rumänien verwöhnt, bin ich die langen Märsche nicht mehr gewohnt. Ich entferne mich weiter von der Küste und setze auf das Hinterland.

Nach 21 Kilometern entschließe ich mich, im Ort Priseltsi eine Unterkunft zu suchen und, wenn möglich, erst einmal dort zu bleiben. Da vor der Polizeiwache ein Polizist steht, nutze ich die Gelegenheit und stelle ihm meine übliche Frage. Er hat auch gleich einen Tipp, eine kleine private Pension ganz in der Nähe. Sie entpuppt sich als altes, jedoch in bestem Zustand gehaltenes bulgarisches Bauernhaus. Eines von genau jenen, in die man nach einem langen

## RUMÄNIEN UND BULGARIEN

Wandertag einkehren möchte. Schon von außen strahlt es eine unbeschreibliche Ruhe und Gemütlichkeit aus.

Ich drücke auf den Klingelknopf, und die Besitzerin öffnet. Sie spricht leider kein Englisch und ruft ihren Sohn. Ihm erkläre ich meine Situation, und er übersetzt alles für seine Mutter. Sie sieht mich an und winkt mich herein. Die beiden tauschen sich kurz aus, dann erklärt mir der Sohn, dass ich gern zwei oder drei Tage bleiben kann. Was soll man sagen!

Die nächsten beiden Tage nutze ich ausschließlich dazu, mich zu erholen, und verlasse kaum das Haus. Zum einen, weil es so schön ist. Ich verbringe viel Zeit auf der Veranda, im Garten und in der sehr gemütlichen Küche, wo ich mir den Bauch vollschlage. Zum anderen, weil draußen nichts los ist. Das Meer fehlt mir nicht, ich bin froh, der Betriebsamkeit eine Weile zu entkommen und entspannen zu können.

Nach meinem »Kurzurlaub« fühle ich mich wieder fit und will den eingeschlagen Weg fortsetzen, also im Hinterland weiterlaufen. Doch dann meldet sich erneut Leanne: Ein weiterer Couchsurfing-Gastgeber hat sich gemeldet und mich nach Sunny Beach eingeladen. Sunny Beach, der Sonnenstrand, liegt am Meer und ist nur 19 Kilometer entfernt! Ich sage sofort zu und mache mich auf den Weg.

Nach ein paar Kilometern, irgendwo im Nichts zwischen zwei Ortschaften, klingelt mein Telefon. Robin, mein heutiger Gastgeber, ist dran. Er spricht sehr leise. Fast geheimnisvoll. »Wo befindest du dich gerade?«, fragt er. »Keine Ahnung, wo ich genau bin, aber etwa vier Stunden von Sunny Beach entfernt«, antworte ich ein bisschen irritiert. Es bleibt still. Kein Laut. Plötzlich fährt er flüsternd fort: »In Sunny Beach gibt es eine Bar. Jack's Bar. Wir treffen uns dort um 16 Uhr. Ich werde auf der Terrasse sitzen. Du erkennst mich daran, dass ich einen Comic mit dem Namen *The Sun* lese. Alles klar?«

Was ist denn das? Klingt wie eine Szene aus einem Krimi. Ich weiß nicht, was ich davon halten soll. Wieder eine kurze Pause. Dann

## RUMÄNIEN UND BULGARIEN

fragt er mich, woran er mich erkennt. Spontan muss ich lachen und antworte: »Ich habe einen Rucksack dabei, der meinen Kopf übersteigt. Der dürfte in Jack's Bar eher selten zu finden sein.« Jetzt muss auch er lachen. Seine Stimme ändert sich, wird fröhlicher, und er entschuldigt sich: »Das war nur ein Joke. Ich nehme Leute gern mal am Telefon hoch. Das ist mein Humor. Irischer Humor.«

Na dann. Ich bin gespannt und gehe weiter. Ohne Mühe erkenne ich Robin in der Bar. Er ist 68 und nicht nur Ire, sondern auch Schriftsteller und Journalist. Und da er nicht gern allein ist, lädt er regelmäßig Couchsurfer zu sich ein. Viele schmeißt er allerdings schnell wieder raus, da sie nur kommen, um sich eine schöne Zeit am Strand zu machen, sich zu betrinken und das ganze Haus aufzuwecken, wenn sie wieder zurückkommen. Ich versichere ihm, nicht zu dieser Art Klientel zu gehören. Im Gegenzug bietet er mir drei Tage Unterkunft an. Schnell stellt sich heraus, dass wir bestens miteinander auskommen.

Robin hat Sunny Beach als Wohnsitz gewählt, da er in Irland die Miete nicht bezahlen kann. Für seine Arbeit spielt es keine Rolle, wo er ist. Er führt ein Schriftstellerdasein und lebt schon länger allein – was seine Spuren bei ihm hinterlassen hat, wie er mir berichtet. Seine schlechten Angewohnheiten: Er schreibt die ganze Nacht an seinem neuen Buch, bis es hell wird. Erst dann geht er ins Bett.

Wie lange er schon allein lebt, frage ich ihn. Er wendet seinen Blick zum Fenster, schaut hinaus und schweigt. Lange. Die Stille ist unangenehm, bedrückend. Ich fühle mich sehr unwohl, schäme mich und bin mir nicht sicher, ob es eine gute Idee war, diese Frage, so direkt zu stellen. Habe ich seinen wunden Punkt getroffen? Aber wie hätte ich das ahnen können? Ganz langsam kehrt sein Blick aus der Ferne zurück ins Zimmer. Er schaut mich an und beginnt zu erzählen.

## RUMÄNIEN UND BULGARIEN

Vor drei Jahren ist seine Frau an Krebs gestorben. Sie wurde gerade in einer Klinik behandelt, als die Ärzte ihr mitteilten, dass sie nur noch etwa neun Monate zu leben hätte. Daraufhin hat Robin seine Frau gegen den Rat der Ärzte aus dem Krankenhaus geholt. Ruhe sei das Beste für sie, war deren Empfehlung. Kein Stress und keine Strapazen. Aber sie wollte nicht in der Klinik sterben. Und Robin wollte nicht, dass sie monatelang in der Klinik eingesperrt ist und auf den Tod wartet. Was beide verband, war die Leidenschaft, zu reisen, und ihre Neugier, andere Länder kennenzulernen. Also machten sie sich auf den Weg. Indien, Asien, Australien, Kanada, Südamerika … Die Liste war lang, und es gibt nur wenige Länder, in denen sie nicht gewesen sind. Robins Frau hat noch ein Jahr und zwei Monate gelebt. Aus dieser Zeit haben sie das Beste gemacht. Jeden Tag. Sie haben einfach gelebt. Gemeinsam.

Ich bin überwältigt. Robin hat seiner Frau das Wichtigste geschenkt, was man jemandem überhaupt geben kann: Liebe und Zeit. Die Freude, am Leben zu sein. Er sagt zu mir: »Wenn man jeden Tag lebt, als wäre es der letzte, wird man eines Tages damit recht haben.« Nach seiner Erzählung schweigen wir und suchen mit unseren Blicken beide die Ferne jenseits des Fensters.

Am Tag meiner Abreise muss Robin sehr früh weg, da er etwas in Burgas zu erledigen hat. Wir frühstücken noch eine Kleinigkeit zusammen, dann verabschieden wir uns. Er lässt mich allein in seinem Appartement. Und das, nachdem er schon sehr viele schlechte Erfahrungen mit Menschen gemacht hat. Einmal wurde er in seiner Wohnung von einer Frau bestohlen, ein anderes Mal auf der Straße zusammengeschlagen und ausgeraubt. Trotzdem hat er sein Vertrauen in die Menschheit nicht verloren. Ich beneide ihn darum – seinen Glauben an das Gute im Menschen hätte ich auch gern.

»Take it easy, but take it anyway«, sagt er zu mir zum Abschied. Ich bedanke mich sehr für seinen Vertrauensbeweis. Gern hätte ich

## RUMÄNIEN UND BULGARIEN

noch etwas gesagt, doch passende Worte fallen mir in dem Augenblick nicht ein.

Menschen wie Rainer und Robin sind der Grund, warum diese Reise so einzigartig ist. Denn das Besondere am Reisen ohne Geld ist für mich, dass ich Menschen treffe, denen ich sonst wahrscheinlich nie begegnet wäre. Ihre Geschichten zu hören, für eine gewisse Zeit in ihre Welt einzutauchen und zu verstehen, wie sie die Dinge sehen, ist für mich das, was all die Strapazen des Unterwegs-Seins wert sind.

Mein nächstes Ziel ist das 15 Kilometer entfernte Kloster St. Georgi im Ort Pomorie – ein Tipp von einem Facebook-Freund. Die vier Mönche, die hier leben, empfangen mich herzlich und haben auch ein Zimmer für mich. Da einer von ihnen Englisch spricht, können wir uns sogar gut verständigen. Wie sich beim Abendessen herausstellt, bin ich nicht der einzige Gast. Vladimir, ein russischer Künstler, lebt seit einem Jahr im Kloster und hat sich sogar ein Atelier hier eingerichtet. Mit seinen Gemälden verdient er ausreichend Geld, dazu hilft er den Mönchen bei der Restauration des Klosters. In Russland ist es Tradition, nach dem Abendessen eine Tasse schwarzen Tee zu trinken, wozu er mich herzlich einlädt. Bei russischer Musik und sehr leckerem Tee sitzen wir bis spät in die Nacht in seinem Atelier und unterhalten uns, schweigen gemeinsam und bewundern seine Bilder.

Die Atmosphäre des Klosters übt eine beinahe magische Anziehungskraft auf mich aus, sodass ich insgesamt sechs Tage hier bleibe. Das Kloster stammt aus dem 16. Jahrhundert und ist verhältnismäßig vermögend. Dank seiner Lage direkt am Meer kommen viele Besucher vorbei und spenden Geld (von dem das Georgi Kloster regelmäßig große Summen an umliegende Klöster weitergibt. Diese liegen oft abgeschieden, sind schwer erreichbar und meist sehr arm, da sich kaum ein Besucher dorthin verirrt). Das Zentrum

## RUMÄNIEN UND BULGARIEN

des Klosters bildet der Glockenturm. Der heiligen Quelle, die darin entspringt, wird heilende Wirkung zugesprochen. Im Laufe der Zeit sind angeblich etliche Menschen von ihren Krankheiten erlöst worden, nachdem sie von diesem Wasser getrunken haben. Was mich gleich zum nächsten Punkt bringt: Es ist Süßwasser. Und das, obwohl der Ort nur einen Meter über dem Meeresspiegel liegt. Alle anderen bekannten Quellen in der Nähe sind Salzwasserquellen. Bis heute weiß niemand, wo das Wasser herkommt. Verwundert probiere ich natürlich ebenfalls von der Quelle. Zu meiner Überraschung sind meine Schmerzen im Fuß nun vollständig weg. Verblüffend schnell lebe ich mich ein und gewöhne mich an den Alltag im Kloster. Und der ist keineswegs immer ernst. Ausgelassen spiele ich mit den Mönchen Tennis im Hof des Klosters. Das ist sehr witzig, da der Platz viele Wellen hat und man nie weiß, wohin der Ball springen wird. Dann wiederum helfe ich Vladimir, eine alte Quelleinfassung im Kloster zu restaurieren. Wir verstehen uns prima, und die Arbeit macht Spaß. Ich liebe das Gefühl, gebraucht zu werden und etwas Sinnvolles zu tun. Ab und zu verlasse ich die Anlage, um mich am Strand auf eine Bank zu setzen. Ich genieße die Sonne, den Blick aufs Meer und beobachtete die Fischer, die mit ihren Booten aufs Meer rausfahren und am Abend, kurz vor Einbruch der Dunkelheit, mit ihren Fängen zurückkehren.

Doch so entspannt ich hier auch bin, so wohl ich mich auch fühle, so sehr bedrängen mich mal wieder ernste Gedanken. Gedanken, ob ich meine Reise tatsächlich fortsetzen soll. Denn die Mönche haben mir ein überraschendes Angebot gemacht: Ich kann bei ihnen bleiben, so lange ich möchte. Eine Woche, einen Monat, ein Jahr, viele Jahre. Es ist meine Entscheidung. Ich kann den Mönchen bei der täglichen Arbeit helfen, und davon gibt es genug: Holz für den kommenden Winter hacken, die Weinfelder bewirtschaften, bei der Restaurierung des Klosters helfen und und und ... Es wür-

## RUMÄNIEN UND BULGARIEN

de ein neues Leben für mich bedeuten. Die Qual der Wahl ist für mich nicht nur ein geflügeltes Wort. Die Wahl ist tatsächlich eine Qual. Und obwohl ich hier im Kloster gleich fünf neue Freunde gefunden habe, fühle ich mich wie der einsamste Mensch der Welt. Ich weiß schlicht nicht, wie ich mich entscheiden soll. Nur zu gern würde ich mit jemandem darüber reden. Mit jemanden, der mich versteht. Mit jemandem, der die Sehnsucht nach dem Abenteuer und dem Unterwegs-Sein kennt und mir einen weisen Rat geben kann. Ich bin ein Reisender, der 2.378 Kilometer hinter sich gelassen und der schon jetzt unzählige schöne Momente erlebt und Erfahrungen gesammelt hat. Mehr als genug, um mich glücklich zu fühlen. Und dann kommen die Mönche mit diesem verlockenden Angebot. Dazu spielen auch ganz reale Sorgen eine große Rolle in meinen Überlegungen. Der Syrienkonflikt hat zu einer Konfrontation mit der Türkei geführt. Täglich schlagen syrische Granaten auf türkischer Seite ein. Wie dieser Konflikt weitergeht, ist ungewiss. Auf der einen Seite suche ich Sicherheit, auf der anderen Seite will ich weiter reisen.

Da ist sie wieder, die innere Zerrissenheit. Was soll ich tun? Mit den Mönchen kann ich auf jeden Fall nicht objektiv über ihr Angebot reden, denn die würden alles tun, um mich zum Bleiben zu bewegen. So gut kenne ich sie inzwischen. Sie bewundern zwar meine Reise, führen jedoch ein entgegengesetztes Leben und verstehen nicht, warum ich die ganzen Strapazen auf mich nehme. Das Feuer der Abenteuerlust brennt in ihnen nicht. Sie verstehen viel von Sicherheit, aber wenig von Risiken. Und sie haben ja nicht ganz unrecht. Sehr gut sogar kann ich ihre Position nachvollziehen. Vor dem Beginn meiner Reise hatte ich eine ähnliche Einstellung. Natürlich bin ich hier im Kloster sicher und habe alles, was ich brauche. Was hingegen passiert, wenn ich weiterreise, weiß niemand.

Die Mönche wollen mich hier behalten – meine Facebook-Fans halten dagegen. Sie wollen, dass ich weiterziehe, wollen weiterhin

## RUMÄNIEN UND BULGARIEN

meine Geschichten lesen. Und ich selbst habe natürlich auch nach wie vor Tibet im Kopf. Ich habe ein Ziel, eine Route und will mehr von dem, was ich in den letzten Monaten erleben durfte. »Geh kein Risiko ein und bleib!«, sagt eine Stimme in meinem Kopf. »Lass dich nicht aufhalten, verfolge deinen Traum«, sagt eine andere. Ich muss eine Entscheidung treffen. Gewichtige Argumente sprechen dafür zu bleiben. Vielleicht herrscht schon bald in der ganzen Türkei Krieg. Dazu kommen auch noch Versagensängste. Was ist, wenn ich dieses blöde Brückenproblem nicht lösen kann? Soll ich meine Ankunft in Istanbul lieber noch etwas hinauszögern? Meine Antwortet lautet schließlich: Nein! Der Schwebezustand belastet mich zusehends und kostet Kraft. Ich muss ihn beenden. Ich bin dankbar, einen weiteren schönen Ort gefunden zu haben, an den ich immer zurückkehren kann. Die Mönche würden mich jederzeit wieder aufnehmen. Aber bleiben kann ich nicht. Am Abend des siebten Tages packe ich meinen Rucksack. Meine Zeit hier in Pomorie geht zu Ende und morgen früh reise ich weiter. Es ist mein Traum, nach Tibet zu gehen, und diesen Traum will ich leben und in die Tat umsetzen.

Es ist Mitte Oktober, und es wird jetzt auch Zeit, weiter in den Süden zu gelangen. Je näher ich der türkischen Grenze komme, umso mehr bedrängt mich das Brückenproblem. Es schwebt wie ein Schatten über mir und schleicht sich immer wieder in meine Gedanken. Wenn ich in Istanbul bin, muss ich es lösen, oder ich muss umkehren. Ich will jeden Meter nach Tibet zu Fuß gehen – das habe ich mir selbst zur Bedingung gemacht. Und das durchzuziehen ist mein ehrgeiziges Ziel.
Ein glücklicher Zufall schickt mir Tody. Ich treffe sie auf der Straße. Sie ist aus Rumänien, 46 und mit ihrem 15-Kilo-Rucksack ebenfalls zu Fuß unterwegs. Ihr Ziel ist Istanbul. Wir haben also denselben Weg und beschließen spontan, es miteinander zu

## RUMÄNIEN UND BULGARIEN

wagen. Natürlich kommt mir sofort Veronika in den Sinn. Aber einen Versuch ist es wert. Die Kommunikation gestaltet sich zunächst etwas stockend. Tody spricht ein wenig Englisch, ich habe während meiner vier Monate in Rumänien einige Vokabeln gelernt – bei einem Wortschatz von ca. 300.000 Wörtern jedoch nicht genug, um eine angeregte Unterhaltung auf Rumänisch zu führen. Aber dafür gibt es ja die Hände und Füße, die wir gern und erfolgreich zu Hilfe nehmen. Außerdem stelle ich erstaunt fest: Wir lachen in derselben Sprache. Und zu zweit schweigend die einsamen Straßen entlangzulaufen, macht mehr Spaß, als allein zu schweigen.

Und dazu haben wir genügend Gelegenheit. Etwa auf dem Weg nach Malko Tarnovo, dem letzten Ort vor der türkischen Grenze. Auf der ganzen Tagesetappe gibt es kein Dorf zwischen dem Start- und dem Zielort. 21 Kilometer Wildnis. Wir müssen also mehr Wasser mitschleppen als sonst. Außerdem zieht sich die Strecke, wir haben das Gefühl, dass sie endlos ist. Aber dank meiner neuen Gefährtin vergeht die Zeit recht schnell. Es scheint also tatsächlich mit mir und Tody zu klappen. Wir passen zusammen und reisen von nun an die nächsten drei Wochen gemeinsam.

Am Ortseingang von Malko Tarnovo frage ich in einem Hotel nach einer kostenfreien Übernachtungsmöglichkeit für mich. Kopfschütteln. Im Zentrum gibt es ein weiteres Hotel, doch auch dort ist ohne Bezahlung nichts möglich. Tody hat kein Problem, denn sie hat Geld für ein Zimmer. Ich erkläre ihr, dass ich noch ein wenig im Ort herumfragen und notfalls mein Zelt aufbauen werde. Später können wir uns dann wieder treffen. Doch da sieht sie mich lächelnd an und macht einen Vorschlag: »Ich bezahle das Zimmer für dich. Der Preis für das Mehrbettzimmer ist nur geringfügig höher als der für ein Einzelzimmer.« Ich lächle zurück und bin unglaublich dankbar, dass ich irgendwie immer genau den richtigen Menschen zum genau richtigen Zeitpunkt begegne.

Der nächste Tag ist der letzte Tag in Bulgarien. Vor mir liegt das siebte Land meiner Reise – und vielleicht auch das letzte. Ich bin dennoch optimistisch. Tody sowieso. Wir haben ein gemeinsames Tempo gefunden und harmonieren prima. Entschlossen nähern wir uns der Grenze. Als wir noch etwa zwei Kilometer entfernt sind und nichts Böses ahnen, springt plötzlich ein Uniformierter vor uns aus dem Gebüsch und hält uns an. Wie in einem James-Bond-Film. Es ist ein Grenzsoldat, der unsere Pässe sehen will. Natürlich zeigen wir sie ihm sofort. Kritische Blicke. Doch dann ein freundliches Lächeln. Es ist alles in Ordnung. Und ebenso schnell, wie er erschienen ist, verschwindet er auch wieder im Gebüsch. Fragend und erleichtert schauen wir uns an. Nach einem wortlosen Schulterzucken setzen wir unseren Weg fort, nichtsahnend, dass noch weitere fünf solcher Kontrollen folgen, bevor wir tatsächlich in der Türkei sind. Aber alles halb so wild, denn die Kontrollen verlaufen ohne Probleme. Alle Grenzer sind sehr freundlich und heißen uns in der Türkei willkommen. Merkwürdig finden sie nur unsere Art zu reisen und fragen immer wieder: »Wo ist euer Auto?«

# ÜBER DEN BOSPORUS

*Viel Presse, Umarmungen statt Händeschütteln, ein Marathon in die falsche Richtung und am Ende ist die Lösung nicht oben, sondern unten.*

## 12

## Für Fußgänger verboten

Wir sind in der Türkei, und die Freundlichkeit bleibt. Gleich im ersten Dorf nach der Grenzstation werden wir mit offenen Armen empfangen. Es spricht zwar niemand Deutsch, Englisch oder Rumänisch, doch das tut der Gastfreundschaft keinen Abbruch. Überall begegnen wir aufgeschlossenen Menschen, die sich für uns interessieren. Jedes Mal, wenn wir nach einer Übernachtungsmöglichkeit fragen, werden wir gebeten, ja, fast genötigt, uns erst mal zu setzen und unsere schweren Rucksäcke abzustellen. Dann bekommen wir Çay – türkischen Tee. Außerdem lernen wir eine neue Kommunikationsmöglichkeit kennen. Wenn man jemanden in 100 Meter Entfernung etwas fragen oder etwas bei ihm bestellen will – Çay zum Beispiel –, ruft man die Nachricht dem nächstbesten Menschen in 20 oder 30 Metern Entfernung zu. Dieser wiederholt den Vorgang. Irgendwann erreicht die Nachricht dann den Empfänger – zum Beispiel den Wirt –, und es vergehen nur drei Minuten, bis der Tee bei uns eintrifft. Wir und unser Gönner aber haben uns keinen Meter vom Fleck bewegt. Ein tolles System.

Nun sitzen wir bereits beim vierten Çay, aber haben noch keine Unterkunft für die Nacht. Wahrscheinlich werden wir im Zelt schlafen müssen. Wir wechseln das Café, trinken unseren fünften Tee und fragen weiter. Plötzlich setzt sich ein Mann zu uns, Herr Ülkü, und fragt in perfektem Englisch, was wir hier in diesem kleinen Ort machen – und wo wir heute Nacht schlafen werden. »Wir haben noch keine Unterkunft«, antworten wir korrekt. Der Mann nickt und spendiert den sechsten Tee. Anschließend führt er uns in seine Wohnung und stellt uns seine Frau vor. Die Wohnung ist nicht groß, hat jedoch zwei Ausziehsofas zu bieten. Und noch besser: Diese stehen

## ÜBER DEN BOSPORUS

uns für die heutige Nacht zur Verfügung. Erleichtert sehen Tody
und ich uns an. Mit unseren Gastgebern setzen wir uns an einen
Tisch und unterhalten uns die halbe Nacht. Dank der vielen türkischen Tees sind wir hellwach, an schlafen ist eh nicht zu denken. Der
Mann ist Grenzsoldat und hier am Übergang nach Bulgarien statio-
niert. Viel mehr erfahre ich von ihm leider nicht, denn er flirtet die
ganze Zeit ungeniert mit Tody. Dass seine Frau unmittelbar daneben
sitzt und strickt, stört offenbar weder sie noch ihn.

Ich bin so froh, in der Türkei zu sein. Endlich wieder interessier-
te Menschen, die ausgesprochen warmherzig handeln. Und mich
empfangen, als wenn sie auf mich gewartet hätten. Nachdem ich
auf meinem Weg durch Bulgarien zeitweise wirklich zu kämpfen
hatte, wirkt die Türkei wie ein anderer Planet auf mich. Oder wie
das Erreichen des Ziels nach einem Marathonlauf. Die Leute sind
froh, dich zu sehen, und du bekommst zwar keine Medaille, aber
ausreichend zu essen und zu trinken, vor allem Çay. Wirklich ge-
wöhnungsbedürftig sind nur die in der Türkei (und anderen südlichen Ländern) üblichen Hocktoiletten. Als ich zum ersten Mal
eine Badezimmertür öffne, denke ich spontan: Die haben dein Klo
geklaut! Da ist nur noch ein Loch im Boden! Die richtige Benut-
zung muss ich als Nordeuropäer erst einmal lernen. Hilfreich ist
da – wie so oft – das Internet, in dem leicht verständliche und witzig geschriebene Gebrauchsanweisungen zu finden sind. Mit ein
bisschen Übung klappt's. Anfangs vergesse ich allerdings noch oft,
die Plastikschuhe, die vor den Toiletten stehen, nach dem Toilet-
tengang wieder auszuziehen, was mir viele peinliche Momente beschert: Zuerst wird auf die Badelatschen geschaut und dann auf
mich – gefolgt von einem Augenrollen. Da man fast nie Klopapier
in einer Toilette findet, besorge ich mir eigenes. Der statt Klopapier
vorgesehene Wasserstrahl ist nicht so mein Ding.

Gewöhnen muss ich mich auch noch an etwas anderes. Um halb
sieben stehe ich senkrecht im Bett. Mein Herz rast, erschrocken

## ÜBER DEN BOSPORUS

schaue ich mich um. Eine Lautsprecherdurchsage, völlig übersteuert. Es muss auf jeden Fall etwas sehr Wichtiges sein, so laut, wie der Sprecher brüllt – es kommt mir vor, als würde er direkt neben mir stehen und mir ins Ohr schreien. Nachdem der Schock sich etwas gelegt hat, fällt endlich der Groschen: Es ist der Muezzin, der vom Minarett aus alle Muslime fünfmal am Tag zum Gebet aufruft. Oft macht er dies – wie an diesem Morgen – per Lautsprecher. Der Mann ist kein Imam, also kein Geistlicher, sondern gehört zu den Mitarbeitern der Moschee. Für mich völlig neu und noch etwas befremdlich singt er den Gebetsaufruf, Adhān genannt, auf Arabisch. Das heißt, eigentlich singt er gar nicht. Es klingt nur wie Gesang, da die Wörter sehr lang gezogen werden. Während die Gebetszeiten tagsüber festgelegt sind, richtet sich der Beginn des ersten Gebets nach dem Sonnenaufgang. Und der Aufruf natürlich auch.

Nach dem Aufstehen gibt es ein gemeinsames Frühstück mit unseren Gastgebern. Familie Ülkü ist fantastisch. Frisches Brot, selbstgemachter Käse aus dem Dorf, Eier und Marmelade. Dazu türkischer Kaffee und Çay. Wie gern wären wir noch geblieben. Der Abschied fällt uns schwer. Dafür können wir uns nun gut gestärkt auf den Weg ins 28 Kilometer entfernte Kirklareli machen.

Obwohl wir Oktober haben, ist es noch immer sehr warm. Wir legen also regelmäßig Pausen ein, die auch mal bis zu einer Stunde dauern. Während einer dieser Pausen in einem kleinen Ort werden wir Zeugen eines ungewohnten Ereignisses. Tody und ich sitzen unter einem Dach im Schatten und lassen uns unser Mittagessen schmecken. Plötzlich hält unweit von uns eine Limousine der Oberklasse. Zwei nobel gekleidete Männer steigen aus. Eine Szene wie aus einem Film. Sie klingeln an einem Haus, und ein Mann kommt heraus. Alle drei setzen sich an einen Tisch. Einer der Geschäftsleute öffnet seinen Koffer, holt ein paar Formulare heraus und legt sie vor sich. Und jetzt passiert das Ungewohnte: Nach und nach kommen von allen Seiten weitere Männer hinzu, die ganz offensichtlich

## ÜBER DEN BOSPORUS

mit dem Geschäft, um das es geht, gar nichts zu tun haben. Erst sind es nur drei, dann sind es fünf und schließlich sieben Männer. Neugierig setzen sie sich ebenfalls an den Tisch und verfolgen die Verhandlungen. Auch wir sind neugierig und gehen hin. Als wir den Herren ein wenig über die Schultern schauen, ist niemand entsetzt oder erbost. Im Gegenteil – es gibt Tee. Mit einem Auge kann ich das Wort »Sigorta« lesen. Es handelt sich also um Versicherungsvertreter – ein hartes Geschäft in der Türkei. Wenn man hier verkaufen kann, dann kann man es überall. Mit einem Lächeln erinnere ich mich zurück an die Zeit, als ich für ein paar Jahre ebenfalls als Versicherungsvertreter gearbeitet habe. Eines wird uns schnell klar: Eine Privatsphäre, wie wir sie kennen, gibt es hier nicht.

In Kirklareli, einer größeren Stadt, finden wir ein schönes Hotel. Zu meiner Überraschung bezahlt Tody wieder die Rechnung – 30 € für beide, Frühstück inklusive. Nachdem wir uns frisch gemacht haben, sehen wir uns die Stadt an. Wir finden auch eine Wäscherei, wo wir unsere schmutzigen Sachen abgeben. Das wurde höchste Zeit. Man verspricht uns, dass die Wäsche bereits morgen früh um elf Uhr fertig ist. Anschließend setzen wir uns in einen Park und schonen unsere geschundenen Beine. Nach dem Abendessen gehen wir zurück ins Hotel. Aber so schön und bequem dies auch ist, die Stadt ist uns schon wieder zu groß. Die herzliche Wärme der Familie von heute Morgen vermissen wir hier sehr. Wir beschließen also, morgen auf schmaleren Straßen Richtung Istanbul zu gehen. Vielleicht finden wir dann wieder ein schönes Dorf.

Das tun wir, und einen Platz zum Schlafen zu finden, ist ab jetzt sehr leicht. Wir werden zu so etwas wie Passivreisenden. Wo immer wir eintreffen, werden wir freundlichst, fast überschwänglich begrüßt. Ganz nach dem Motto: »Schön, dass ihr endlich da seid.« So empfinde ich es jedenfalls in der Türkei. Das folgende Gespräch gleicht oft einem Mantra: »Wo kommst du her? Warum machst du das? Wie weit gehst du? Wie schwer ist dein Rucksack? Wo schläfst

## ÜBER DEN BOSPORUS

du heute?« Das sind die fünf Fragen, die Tody und ich jetzt täglich hören und beantworten. Entweder werden wir dann sofort mitgenommen, oder es wird uns ein Schlafplatz zugewiesen, zum Beispiel in einer der Wohnungen, die für Erntehelfer vorgesehen sind. Das sind einfache Räume mit einem Teppich drin und ein paar Kissen. Mit meiner Isomatte und meinem Schlafsack ist diese Unterkunft perfekt.

Am 31. Oktober 2012 – meinem 235. Reisetag – erreichen Tody und ich Istanbul. Lange habe ich mich davor gedrückt und es vor mir hergeschoben, diese Stadt zu erreichen. Ich hätte viel eher hier sein können. Was ist so unangenehm an Istanbul? Es ist das geografische Ende von Europa. So weit so gut. Die Grenze bildet dabei jedoch nicht etwa ein Grenzposten, wie an den bisherigen sechs Länderübergängen, über die ich eben gehen konnte, nein, diesmal ist es etwas schwieriger. Zwischen Europa und Asien liegt der Bosporus. Und seit den Nachrichten von James weiß ich, dass diese Meerenge eine unüberwindbare Grenze für mich werden kann. Mein selbst gesetztes Ziel ist es noch immer, nach Tibet zu gehen. Zu Fuß. Leider ist es offiziell jedoch nicht möglich, in Istanbul von Europa nach Asien zu gehen. Die beiden Brücken über den Bosporus sind aus sicherheitstechnischen Gründen für Fußgänger gesperrt. Punkt. Sie dürfen ausschließlich mit PKW oder Bus befahren werden. Und jetzt bin ich da. Ein Hinauszögern ist nicht mehr möglich. Ich muss mich endlich der Brückenfrage stellen. Ideen habe ich schon. Ich stelle mir vor, einfach mit den türkischen Behörden zu verhandeln. Geschickt zu verhandeln. Das klingt naiv, und ist es vielleicht auch. Aber es ist der Strohhalm, an den ich mich klammere.

Doch zunächst muss ich mich an die Stadt gewöhnen. Und das fällt mir sehr schwer. Ich fühle mich hier nicht wohl. Eigentlich will ich nur ganz schnell wieder weg. Zurück in eines der kleinen Dörfer, in denen die Zeit stillzustehen scheint. Wenige Menschen, man kennt einander, Bauern gehen ihrer Arbeit nach, kein Stress,

## ÜBER DEN BOSPORUS

kein Autolärm. Istanbul ist das genaue Gegenteil. Die Gesichter vieler Menschen wirken wie erstarrt. Es sind Getriebene – wie die Bewohner so vieler Städte. Istanbul ist teuer. Es ist, als ob die Stadt sagt: »Wenn du hier leben willst, musst du hart arbeiten.« Mit mehr als 15 Millionen Einwohnern ist Istanbul die größte Stadt auf meiner Reise. Auf der Rangliste der größten Städte der Welt befindet sie sich auf Platz 15. Nicht selten verbringen die Menschen täglich vier Stunden im Auto oder in öffentlichen Verkehrsmitteln, um zur Arbeit und wieder nach Hause zu kommen. Sich diesem urbanen Stress zu entziehen, ist schwer oder sogar unmöglich. Sobald man vor die Haustür tritt, ist man bereits mittendrin. Wäre ich direkt aus München nach Istanbul gekommen, wären mir der ganze Stress und die Hektik wahrscheinlich gar nicht so aufgefallen. Und bestimmt liegt meine Abwehrhaltung auch daran, dass ich den Kopf nicht wirklich frei habe und mich das Brückenproblem heftiger denn je bedrängt.

Ich brauche mehrere Tage, um mich auf die Stadt einzulassen. Eine gigantische Metropole, die Unglaubliches zu bieten hat. Touristisch ist Istanbul mit Sehenswürdigkeiten bis unter die Decke vollgestopft: wunderschöne Moscheen, riesengroße Parks, Basare und und und … Es ist völlig sinnlos, all die Attraktionen aufzählen zu wollen. Ich entdecke jeden Tag etwas Neues. Istanbul scheint unerschöpflich zu sein. Hinzu kommt, dass sich das Straßenbild zweimal am Tag komplett ändert. Die gleiche Straße, wie etwa Istiklal, sieht nachts völlig anders aus als am Tag. Clubs und Bars, die ich in der Nacht besucht habe, sind bei Tageslicht unauffindbar. Das kann jedoch auch daran liegen, dass es so unendlich viele sind. Wenn man Spaß haben will, geht man nachts einfach vor die Haustür. Irgendwas passiert immer. Man lässt sich einfach fallen, mitreißen und treiben.

Und selbst zwischen den »offiziellen« Attraktionen wird es nicht langweilig. Tagsüber sorgen Straßenhändler für Unterhaltung, wäh-

## ÜBER DEN BOSPORUS

rend sie mit einem Lächeln ihre Ware an den Mann bringen. Zwei meiner Lieblingssprüche: «If I were you, I would spend all my money in this shop.« Und: «What a beautiful day to spend money.« Nachts sind es dann Musikanten und Artisten, die in den Straßen und Gassen die Aufmerksamkeit auf sich ziehen. Vor jedem Restaurant stehen Kellner, die auf witzige Art und Weise fast nichts unversucht lassen, um dich in das Restaurant zu lotsen. Entgegnet man, gerade gegessen und keinen Hunger mehr zu haben, passiert es hin und wieder, dass sie zur Kontrolle die Hand auf deinen Bauch legen. Beurteilen sie ihn als gut gefüllt, ist alles okay, du darfst weitergehen. Fällt die Kontrolle negativ aus, wirst du auf einen Tee eingeladen und freundlich hineingebeten.

Zusammen mit Tody verbringe ich fünf Tage in Istanbul. Gemeinsam erkunden wir die Stadt, machen eine Rundfahrt auf dem Bosporus, besuchen eine Sehenswürdigkeit nach der anderen und genießen in unzähligen kleinen Cafés die gemeinsame Zeit. Doch dann kommt leider der Moment, vor dem wir uns ein bisschen gefürchtet haben. Tody steigt in den Bus, der sie zurück nach Rumänien bringt. Zurück zur Arbeit, zurück in ihren Alltag. Wir wünschen uns gegenseitig alles Gute. Ich habe traurige Augen, als der Bus abfährt. Kurz schaue ich ihm noch hinterher, bis er hinter einer Kurve verschwindet. Die Zeit mit Tody war wirklich toll für mich. Es war sehr schön, diese Reise für eine Weile mit jemandem zu teilen.
Wie kann ich mich ablenken, wie auf andere Gedanken kommen? Ein Plakat gibt mir die Antwort. In wenigen Tagen findet der Istanbul-Marathon statt. Dieser startet auf der asiatischen Seite und endet auf der europäischen. Es ist die einzige Möglichkeit, den Bosporus zu Fuß zu überqueren, zumindest von Asien nach Europa. Dummerweise ist dieses Rennen bereits seit Monaten ausgebucht, es sind keine Startnummern mehr erhältlich. Im April hatte ich das große Glück, den ebenfalls ausgebuchten Wien-Marathon

ÜBER DEN BOSPORUS

mitlaufen zu können. Kann man dieses Glück zweimal haben? Man kann! Diesmal hilft mir Resi, ein treuer Fan seit dem ersten Tag meiner Reise. Ihr Bruder kennt den Veranstalter des Marathons persönlich. Und tatsächlich, ihm gelingt es, einen Tag vor dem Rennen noch eine Startnummer für mich zu ergattern – kostenfrei!

# 13

## Ganz unten

Der Istanbul-Marathon ist ein fantastisches Erlebnis. Aber mein Problem löst er nicht. Ich bin zwar einmal über die südliche Brücke gelaufen, aber ohne Rucksack und in der falschen Richtung. Ich beschließe, einfach mal den frontalen Weg zu versuchen, und gehe auf die Polizisten zu, die den Übergang bewachen. Doch die sind nicht zu erweichen. Mein Argument, dass ich bestimmt nicht in acht Monaten über 2700 Kilometer gelaufen bin, um mich in Istanbul von einer Brücke zu stürzen, zieht nicht. »Das mag alles stimmen«, entgegnet einer von ihnen, »aber ich bin nur ein einfacher Polizist und habe meine Befehle. Ohne Genehmigung kann ich dich nicht gehen lassen.« Wo gibt es diese Genehmigung? »Nicht bei uns«, versichert der Polizist. Bestimmt aber beim Bürgermeister von Istanbul, bei Kadir Topbaş. Und wie komme ich an den ran? Über das deutsche Konsulat natürlich!

Tatsächlich, es klappt. Der deutsche Konsul hat einen guten Draht zum Bürgermeister und stellt mir sogar einen Übersetzer zur Seite. Ich bekomme sehr schnell einen Termin. Allerdings nur mit dem Sekretär im Vorzimmer des Bürgermeisters. Denn für Kadir Topbaş ist ein »Meet and Greet« mit jemandem, der zu Fuß von München nach Istanbul gelaufen ist, leider nicht interessant genug.

## ÜBER DEN BOSPORUS

Der Sekretär ist freundlich, hört sich meine Geschichte an und verschwindet in einem anderen Raum. Was er da genau macht oder mit wem er spricht, traue ich mich nicht zu fragen. Ich will es mir mit den Behörden nicht verscherzen. Als er zurückkommt, erklärt er: »Ich kann Sie nicht über die Brücke laufen lassen. Um das zu ermöglichen, müssten wir die Brücke sperren. Das können wir aber nicht tun, nicht einmal für 15 Minuten. Bei 15 Millionen Bürgern, die die Brücken dringend benötigen, gäbe das ein Riesenchaos. Tut mir leid, geht nicht.« Meine Hoffnung zerplatzt wie eine Seifenblase. Auf dieses Treffen hatte ich gesetzt. Schon als der Konsul den Termin bestätigt hat, war ich mir sicher: Jetzt klappt es! Die dafür zuständige Person unterschreibt irgendetwas, und ich kann endlich über den Bosporus gehen. Pustekuchen.

Ein Gewinn ist das Treffen aber für die Anwesenden im Vorzimmer – für die ist mein Auftauchen dort das Highlight des Monats. Und alle denken, es kann bestimmt nicht schaden, mir mal die Hand zu schütteln und sich dabei fotografieren zu lassen. Mich bringt das plötzlich auf eine neue Idee. Wenn alle so heiß darauf sind, von meiner Geschichte zu erfahren, kann ich das vielleicht für mich nutzen. Es gibt ja genügend Presseagenturen und einige große Sender in Istanbul.

Also mache ich mich an die Arbeit und schreibe Mails, telefoniere herum und spreche persönlich vor, um den Journalisten meine Lage und mein Problem zu schildern. Ich schlage ihnen vor, mich mit der Kamera zu begleiten und ein Riesenevent aus der Brückenüberquerung zu machen – sofern es ihnen gelingt, mir eine Genehmigung zu verschaffen. Die entsprechenden Kontakte dürften sie ja haben. Die Antwort ist durchweg ein Kopfschütteln: Nichts zu machen. Doch ich habe jetzt bei der Presse einen Fuß in der Tür und gebe Interviews am laufenden Band. Innerhalb kürzester Zeit werde ich in Istanbul zu einem B-Promi. Das aber ist ja gar nicht mein Ziel. Ich will nach wie vor zu Fuß über eine der

## ÜBER DEN BOSPORUS

beiden Brücken – die »Brücke der Märtyrer des 15. Juli« oder die »Fatih-Sultan-Mehmet-Brücke«. Und davon bin ich so weit entfernt wie bei meiner Ankunft in dieser Stadt. Sollte nun doch das Ende meiner Reise gekommen sein?

Drei Wochen suche ich nach Wegen und Möglichkeiten, um zu Fuß nach Asien zu kommen. Und drei Wochen Istanbul sind teuer. Ohne Geld zu verdienen, sieht es bald schlecht für mich aus. Was könnte ich tun? Was kann ich besonders gut? Ganz klar: Umarmen. Ich suche mir also geeignete Orte und biete »Hugs« an. In der Regel sind die ja umsonst, aber da ich Geld verdienen muss …

Wenn man in Istanbul von den Straßenhändlern etwas lernen kann, dann ist es verkaufen, und zwar mit Spaß und auf eine witzige Art. Wenn man das beherrscht, kann man alles zu Geld machen. Sogar Umarmungen. Aus Erfahrung weiß ich, dass es drei Gruppen von Menschen gibt, im Leben wie im Geschäft: Die erste Gruppe lehnt ab, was du tust, oder versucht sogar, dich daran zu hindern. Der zweiten Gruppe ist es mehr oder weniger egal, was du tust. Die dritte Gruppe ist interessiert und hilft oder kauft. So ist es auch bei meinem Geschäftsmodell »Hugging for money«. Kaum halte ich das Schild »Hugs: 1 TL« (eine türkische Lira ist zu dem Zeitpunkt ungefähr 40 Cent wert) in den Händen, kommen einige junge Leute vorbei, die mir versichern, dass dieses Geschäftsmodell in der Türkei ganz sicher nicht funktionieren wird. Ich glaube, diese Menschen wollen einfach nur testen, wie ernst ich es meine – oder ob ich mich vom ersten Hindernis aufhalten lasse. Andere Leute gehen einfach kommentarlos vorbei. Wieder andere aber bleiben stehen und lassen sich auf mich ein. Es kommt tatsächlich zu vielen schönen Begegnungen. Menschen bringen mir Chai Latte vom Starbucks, ein Passant will mir helfen, indem er neben das englische das türkische Wort für Umarmungen auf mein Schild schreibt. Eine Passantin versichert mir sogar, ich hätte ihr mit meiner Umarmung richtig viel Energie und Kraft gegeben, und schenkt mir

## ÜBER DEN BOSPORUS

zum Dank einen Glücksbringer. Ich bin gerührt und freue mich, dass ich den einen oder anderen entmutigenden Zuruf ignoriert habe. Mag sein, dass viele über mich gelacht haben und auch weiterhin lachen werden. Aber das ist ja eigentlich auch meine Absicht: Menschen zum Lachen zu bringen. Ich bin nicht wirklich davon ausgegangen, dass mein Geschäftsmodell tatsächlich funktioniert. Doch nach einer Stunde habe ich 21 TL in meinem Hut. Und neue Kontakte zum Übernachten.

Hin und wieder vertreibe ich mir die Zeit mit Museumsbesuchen. Zugegeben, ich bin kein großer Fan von Museen, bei schönem Wetter bin ich lieber draußen. Es gibt allerdings Ausnahmen, und eine davon ist das »Rahmi M. Koç Museum«, eine echte Empfehlung. Außerdem habe ich einen guten Grund, ausgerechnet dieses Museum zu besuchen, nämlich Giacomo, den ich in Budapest kennengelernt habe. Er hat es tatsächlich geschafft, von London nach Istanbul zu rudern, und ist vor einem Monat nach über 5.200 Kilometern und zwei Jahren Reisezeit hier angekommen. Leider ist Giacomo nicht mehr in der Stadt, doch »Clodia«, sein Boot, ist hier im Museum ausgestellt. Und ihr statte ich einen Besuch ab.

Die indirekte Begegnung mit Giacomo lässt mich natürlich auch wieder an James denken, von dem nach wie vor jedes Lebenszeichen fehlt, seit er in Istanbul angekommen ist. Nun bin ich selbst hier und begebe mich auf seine Spur, die mich direkt zum Büro der UNICEF führt. Dort aber, so stellt sich schnell heraus, ist James nie gewesen. Dabei weiß ich, dass er sich zuvor in jeder Stadt, in der es ein UNICEF-Büro gibt, dort gemeldet hat. Immerhin hatte er sein Projekt der Organisation gewidmet und Spenden für sie gesammelt. Die nächste Spur führt mich zu dem Hostel, in dem James gewohnt hat. Dort erfahre ich, dass er zehn Tage geblieben ist, vergeblich nach Sponsoren gesucht hat und ihm ganz einfach das Geld ausgegangen ist. Er hat seinen Plan aufgegeben und ist zurück in seine Heimat, um Geld zu verdienen. In ein paar Monaten, so

## ÜBER DEN BOSPORUS

sagt man mir, will er die Reise jedoch wieder in Istanbul an dem Punkt fortsetzen, an dem er die Reise unterbrochen hat. Das beruhigt mich ein wenig, zumindest scheint er nicht entführt worden oder schlimm erkrankt zu sein. Dennoch verstehe ich nicht, warum James sich seit über drei Monaten weder bei mir noch bei seinen Facebook-Fans meldet und sagt, was los ist. Positive Nebenwirkung meiner detektivischen Suche: Als ich dem Leiter des Cengo Chillout Hostels meine Geschichte erzähle, lädt er mich ein, sieben Tage kostenfrei im Hostel zu bleiben!

Und dann wendet sich das Blatt wie aus dem Nichts. Wieder einmal gebe ich einem Journalisten ein Interview. Keine Ahnung, das wievielte es ist. Natürlich erzähle ich auch ihm völlig verzweifelt von meinem Brückenproblem. Plötzlich setzt der Journalist die Kamera ab und sieht mich ganz merkwürdig an. Dann sagt er, dass er vor Kurzem einen Bericht über den Marmaray-Tunnel gedreht hat, der unter dem Bosporus verläuft. Hey, Moment mal! Was für ein Tunnel?! Ich falle aus allen Wolken!
Ein Tunnel unter dem Bosporus?
Wirklich?
»Ja«, versichert der Journalist. »Istanbul baut seit vielen Jahren an einem Eisenbahntunnel, der Europa mit Asien verbinden soll. Der ist zwar noch lange nicht fertig, aber begehbar ist er inzwischen. Ich war ja da. Ich habe ihn selbst gesehen.« Ein zweites Mal falle ich aus allen Wolken. Warum habe ich auch das nicht gewusst? Warum hat mir das vor diesem Journalisten niemand erzählt?
Ja, wiederholt der Mann, es ist tatsächlich möglich, trockenen Fußes in 70 Metern Tiefe unter dem Bosporus hindurch nach Asien zu gehen. Ich frage ihn, ob er Kontakte zu den Tunnel-Ingenieuren hat? Hat er! Riesige Hoffnung keimt in mir auf. Ist das mein Weg nach Asien? Nicht über das Wasser, sondern unter dem Wasser hindurch?

## ÜBER DEN BOSPORUS

Die ganze Story bestätigt sich. Der Journalist lässt seine Beziehungen spielen und kann die verantwortlichen Ingenieure überzeugen. Ich darf tatsächlich durch den 1,4 Kilometer langen Marmaray-Tunnel gehen! So aufgeregt war ich schon lange nicht mehr. Drei Ingenieure empfangen mich an der Baustelle und verpassen mir einen Helm und eine Sicherheitsweste. Den Zugang zur Unterwelt bildet ein 50 Meter großes Loch im Boden, das für die Ventilation gebaut wurde. Nach einer kurzen Einweisung geht es mit dem Fahrstuhl 45 Meter in die Tiefe. Unten erwartet mich die coolste Baustelle der Welt. Ich war zwar noch nie in einem Ameisenbau, doch genau so stelle ich mir das vor. Hunderte von fleißigen Arbeitern sind in unzähligen Gängen unterwegs, verschwinden hier und tauchen dort wieder auf. Ein System ist nicht zu erkennen, und dennoch kann ich mir den fertigen Tunnel vor meinem inneren Auge schon vorstellen.

Was ich hier unten sehe, ist sonst nur den Ingenieuren, den Arbeitern und ein paar auserlesenen Journalisten vorbehalten. Ich bin tatsächlich der erste »offizielle« Tourist, der durch den Tunnel von Europa nach Asien reist. Noch dazu versorgen mich die Ingenieure mit spannenden Hintergrundinformationen. Mit leuchtenden Augen und voller Stolz nehmen sie mich mit durch »ihren« Tunnel. Mehr als zwei Stunden dauert die kurze Reise zu Fuß von Europa nach Asien, und ich weiß schließlich von der Größe der größten Dichtung bis zum kleinsten verwendeten Schraubendreher alles, was man über diesen Tunnel wissen muss und wissen kann.

Zwischendurch fällt hin und wieder das Licht aus, und es geht im Dunkeln mit Taschenlampen weiter. Ich schaue verwundert. »Das passiert ab und zu und steigert das Abenteuer«, erklärt Mike, einer der Ingenieure. Er erzählt, dass schon seit 2004 an dem Megaprojekt gebaut wird. Dabei gibt es sehr viele Gründe, warum sich der Fortgang immer wieder verzögert hat. So ist man kurz nach Baubeginn in viereinhalb Metern Tiefe auf archäologisch bedeutsame Spuren

## ÜBER DEN BOSPORUS

aus dem römischen Reich gestoßen, die erst sorgsam geborgen und gesichert werden mussten.

Nicht nur an Land, auch im Bosporus selbst wurde man fündig. Dort stieß man gleich auf eine Reihe mehrere hundert Jahre alter Schiffswracks. Und das Highlight sind ganz klar die Überreste eines etwa 800 Jahre alten Mannes. Aber die archäologischen Funde waren nicht der einzige Grund für die Verzögerung. Der Tunnel besteht aus elf Segmenten zu je 145 Metern. Diese wurden von Schiffen langsam auf den Grund in 70 Meter Tiefe abgelassen. Da die Strömung im Bosporus sehr stark sein kann, gab es immer wieder Probleme, die Segmente genau zu platzieren und zu verbinden. Außerdem ist die ganze Region seismisch aktiv. Daher sind so viele japanische Experten vor Ort und beraten die Ingenieure. Die Japaner kennen sich schließlich mit Erdbeben und Tunnelbau aus.

Die drei Ingenieure, mit denen ich durch die Tunnelröhre gehe, sind absolut in ihrem Element. Jeder von ihnen könnte stundenlang von den Bauarbeiten erzählen. Wenn der Tunnel irgendwann einmal fertiggestellt ist, könnten sie problemlos als Touristenführer arbeiten. Doch so gern ich ihren Geschichten auch zuhöre – ehe wir uns versehen, haben wir es geschafft. Der kurze Weg steht in keinem Verhältnis zu meinen vorangegangenen Sorgen, Ängsten und wochenlangen Bemühungen. Ich sehe Licht am Ende des Tunnels, und das kommt nicht von einem Zug. Denn bis hier die erste Eisenbahn fährt, wird noch einige Zeit vergehen. Der Bahnhof auf der asiatischen Seite ist aber bereits fertig und so gelangen wir ohne Fahrstuhl ans Tageslicht.

Ich habe es tatsächlich geschafft und das Brückenproblem gelöst. Und zwar ganz ohne Brücke – das ist der Clou daran. Wie so oft gibt es eine Lösung, nur sieht man sie nicht, da man zu sehr auf einen einzigen Lösungsweg fixiert ist. Ich hatte Glück und wurde mit der Nase auf einen anderen Weg gestoßen. Wieder eine Lektion fürs Leben.

Orientierung ist auf dem Jakobsweg sehr einfach: Es geht immer den gelben Pfeilen hinterher.

Der Jakobsweg war das erste Mal, dass ich dieses unbeschreiblich schöne Gefühl von Freiheit erlebt habe. Ohne Plan, einfach los.

Beim Abschied von meiner Mutter flossen viele Tränen.

Lange dachte ich, ich bin der Verrückteste. Bis ich Giacomo und James in Budapest traf.

In seinem Boot »Clodia« segelte und ruderte Giacomo 5.200km von London bis Istanbul.

Kurz vor dem Grenzübergang nach Rumänen.

Aus der Angst zu verhungern, wurde in Rumänen schnell die Gewissheit – zu platzen.

Ein stolzer Rumäne mit seinem Pferd. Pferde sind in vielen Gegenden die Hauptverkehrsmittel.

Ein typisches Bild in einem der unzähligen Dörfer in Rumänien.

Eine typische Straße in Rumänen.
Schnell wird mir klar, warum hier
Pferde absolut im Vorteil sind.

Oft habe ich in orthodoxen Klöstern übernachtet und war bei den Mönchen immer gern gesehener Gast.

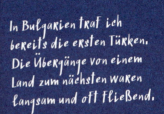

In Bulgarien traf ich bereits die ersten Türken. Die Übergänge von einem Land zum nächsten waren langsam und oft fließend.

Endlich am Schwarzen Meer angekommen. Zeit, die blassen Füße in den Sand zu stecken.

Nach über 2.700 gelaufenen Kilometern, erreiche ich den Bosporus und stehe vor einer Wand aus Wasser. Die Grenze Europas hätte beinahe auch eine persönliche Grenze werden können.

In Istanbul brauchte ich Geld und Unterkünfte. Beides bekam ich, indem ich Umarmungen für Geld anbot.

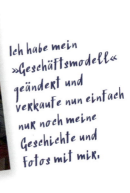

Ich habe mein »Geschäftsmodell« geändert und verkaufe nun einfach nur noch meine Geschichte und Fotos mit mir.

Der 30-kg-Rucksack fällt nicht so leicht um und dient während der Pause gut zum Anlehnen.

Ich habe in der Türkei die 3.000 km Marke erreicht.

Für die Schüler war mein Besuch immer eine willkommene Abwechslung.

»20 Millionen Schritte in die Freiheit« heißt eine der Überschriften der unzähligen Interviews, die ich in der Türkei machte.

Kemal, der 82-jährige Sattelbauer aus Bursa in seiner Werkstatt an der Seidenstraße.

Suchbild: Der Bürgermeister trägt ein Hemd und einen Schnauzbart.

Wenn ich mich auf der anatolischen Hochebene einmal verlief, kam immer jemand auf einem Esel daher und brachte mich wieder zurück auf den rechten Weg.

Das Kopftuch dient oft auch zum Schutz vor Sonne und Staub und wird nicht nur aus religiösen Gründen getragen.

Hier wird der Essensvorrat für den nächsten Winter aufgestockt.

Die 4.000 km machte ich am 445. Tag am Mittelmeer in der Nähe von Patara voll.

Die einzigartige Tuffsteinlandschaft Kappadokiens.

5.000 km – zusammengesetzt aus 529 Steinen. Ein Stein für jeden Tag der bisherigen Reise.

Trotz Querschnittslähmung ist Samir dankbar, am Leben zu sein und und freut sich über jeden Tag.

Viele Familien in Anatolien leben in einfachen Lehmhütten.

Staubtrockene Landschaft Anatoliens. Die meisten Menschen sind Schaf- oder Ziegenhirten.

Auf dem Weg nach Kappadokien. Vor mir tauchen bereits die ersten typischen Felsformationen auf.

Der Winter ist mir auf den Fersen. Ich habe nicht unendlich viel Zeit, wenn ich nicht bei -30°C hier festhängen will.

Sein Erkennungsmerkmal: Hemd und Schnauzbart. Wieder zu Gast bei einem Bürgermeister und seiner Familie.

Nach 604 Tagen auf Reisen erreiche ich Mitte November die 6.000 km Marke.

Hausfrauen in typisch türkischen Kleidern.

Moscheen haben mir sehr oft Schutz und einen Schlafplatz gewährt.

Fast 2 Stunden haben wir gebraucht, um ein ausgebüxtes Lamm wiederzufinden.

Viele Bauern sind auch Imker und stolz darauf, da ihnen die Bienenhaltung viel Geld einbringt.

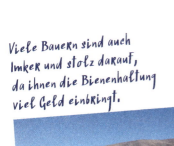

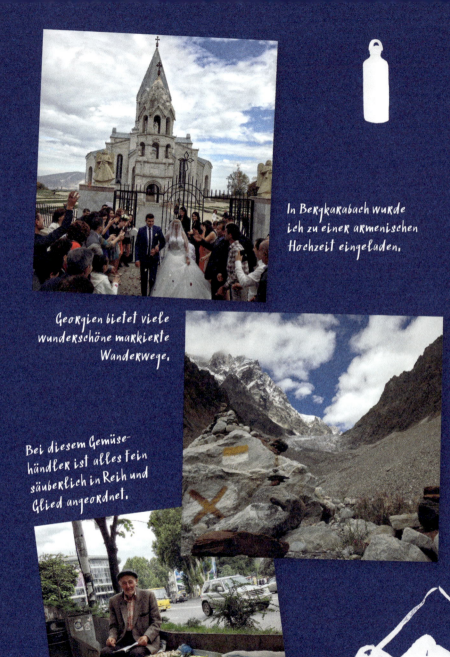

In Bergkarabach wurde ich zu einer armenischen Hochzeit eingeladen.

Georgien bietet viele wunderschöne markierte Wanderwege.

Bei diesem Gemüse-händler ist alles fein säuberlich in Reih und Glied angeordnet.

Beso hat mich in Khoni zu seiner Familie eingeladen.

Ein Schafhirte in Armenien.

Zu Gast bei Ivan dem Forstarbeiter, dicht an der Grenze zu Aserbaidschan.

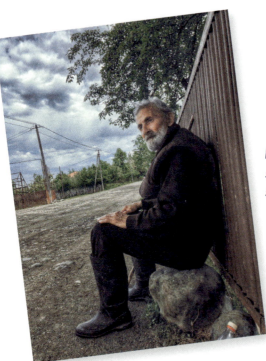

In vielen Dörfern scheint die Zeit stillzustehen.

Der letzte Pass, bevor ich Armenien verlasse und in den Iran gehe.

Orientierung ist durch die persische Schrift nicht immer einfach.

Das Umrühren mit dem großen Löffel bringt Glück.

Vater und Sohn bei der Ernte. Nach dem langen Sommer ist Mitte November in der Wüste nun die Zeit der Landwirtschaft.

Überall im Iran ist die Zensur zu spüren. Hier in einem Zeitschriftengeschäft: Eine harmlose Kussszene ist überklebt.

Die alte Karawanserei in Marvast. Windtürme prägen das Bild vieler Wüstendörfer.

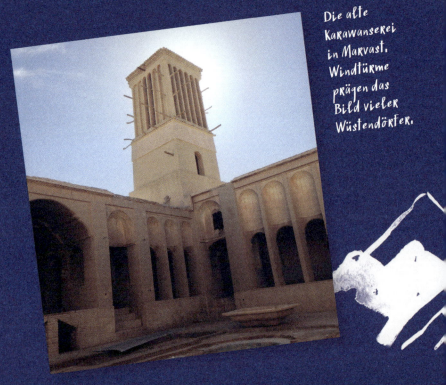

Da die Temperaturen in den Sommermonaten fast 40°C betragen, sind die meisten Straßen in den Wüstendörfern überdacht.

Dem atemberaubenden Sonnenuntergang entgegen. Gelegenheit, die unendliche Stille der Wüste zu genießen.

Die Wüste ist schwer zu beschreiben.
Hier gibts es nichts zu sehen.
Die Wüste kann man nur erleben.

Der Blick von der alten Burg in Marvast.
Das Dorf erstreckt sich bis zum Horizont.

Zu Fuß zurück Richtung Yazd. In 2 Stunden sehen wir 2 Autos vorbeifahren.

Der feine Wüstensand kriecht in jede noch so kleine Ritze.

Willkommen auf einem
anderen Planeten - Indien.
Wo bitte geht's zum Strand?

Das ganze Dorf hilft beim
Fischfang. Der Fisch wird
dann auch gerecht unter allen
Dorfbewohnern aufgeteilt.

Tagelang sitzen
die Fischer in
mühevoller Arbeit
daran, neue Netze
zu stricken.

Frauen in wunderschönen Saris, wie die traditionellen Kleider hier genannt werden — Symbole der indischen Kultur.

In Indien gibt es nichts, was es nicht gibt. Und ja — in Indien wachsen die Bäume mitten auf der Straße.

Einer der unzähligen Tempel in Indien: der goldene Tempel von Amritsar. Ein Ort des Friedens, um Energie und Kraft zu tanken.

Durch Zufall darf ich in der Stadt Agra einer indischen Feuerbestattung beiwohnen.

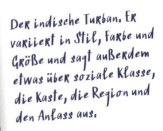

Der indische Turban. Er variiert in Stil, Farbe und Größe und sagt außerdem etwas über soziale Klasse, die Kaste, die Region und den Anlass aus.

Im hohen Norden Indiens.
Im Hintergrund sind
Ausläufer des
Himalayas zusehen.

Sadhus, Bettelmönche,
auf ewiger Pilgerfahrt
durch das Land.

Unterwegs auf dem
Manali-Leh Highway.
Da der über 5.000 m
hohe Pass sehr eng ist,
ist die Straße eine der
gefährlichsten der Welt.

Willkommen im grünen Nepal. Hier kann ich mich von dem Stress der letzten 4 Monate in Indien erholen.

Ramis und seine Familie. Bei ihr war ich 3 Tage zu Gast.

Wenn der Bus voll ist, gibt es auf dem Dach noch ausreichend Plätze.

Es war ein demütiger Moment, als ich die Elefanten im Chitwan Nationalpark gesehen habe.

Das leere Hotel am Rapti-Fluss in Sauraha.

Ein netter Nepalese. Der Goldene Zahn macht sein Lächeln sogar noch strahlender.

Auch in Nepal gibt es eine große buddhistische Gemeinschaft. Viele gehen die Kora und umschreiten dabei ein heiliges Objekt – hier Boudhanath in Kathmandu.

In Tibet wurde ich schon am Flughafen von der Polizei nicht aus den Augen gelassen.

Wenn ich schon die Touristentour in Tibet mitmache, dann auch richtig.

Kontakt war mir mit tibetischen Familien nicht möglich. Zum einen wegen des Sprachproblems, zum anderen, weil meine Reiseführerin es nicht zuließ.

Gebetsmühlen gibt es in Tibet seit über 1.000 Jahren. Viel Gelegenheit, die tibetische Kultur kennenzulernen, hatte ich in Tibet selbst leider nicht.

Per Anhalter geht's zurück nach Hause.

Nach 4 Jahren ist die Familie wieder vereint. Mama strahlt von einem Ohr zum anderen.

## ÜBER DEN BOSPORUS

Ich bin in Asien! Und das zu Fuß! Meine Freude kennt keine Grenzen. Was kann mich jetzt noch aufhalten? Meerengen jedenfalls nicht. Denn zwischen mir und Tibet gibt es keine mehr. Unfassbar, doch plötzlich erscheint alles einen Sinn zu ergeben: all die Verzögerungen, jeder ausgedehnte Aufenthalt, einfach jeder Tag länger auf meiner Reise, und selbst die drei zähen Wochen hier in Istanbul. Wäre ich, wie ich es eigentlich geplant hatte, schon vor zwei oder drei Monaten hier gewesen, hätte ich vielleicht nie von der Existenz des Tunnels erfahren. Und auch, wenn ich anfangs nur schnellstmöglich wieder aus Istanbul wegwollte, ergab, rückblickend, jeder Tag hier einen Sinn. Wehmütig denke ich an James. Wie schön wäre es gewesen, gemeinsam mit ihm durch den Tunnel zu gehen.

Ich bin durch das Nadelöhr hindurch – für mich geht das Abenteuer nun auf dem asiatischen Kontinent weiter. Endlich habe ich alle Probleme hinter mir und kann meine Reise nun noch mehr genießen.

Zum krönenden Abschluss des Tages werde ich von zwei Ingenieuren zum Essen eingeladen, und die Übernachtung ist auch gesichert, denn Mike wohnt auf der asiatischen Seite von Istanbul und lädt mich zu sich ein. Er und seine Frau Ann kommen aus England. Mike ist ein sehr gefragter Mann, er hat bereits in vielen Ländern dieser Welt gearbeitet: Irak, Pakistan, Sudan, Indonesien, Georgien und nun in der Türkei. Und wann immer er in ein anderes Land weiterzog, ging seine Frau mit. Seit 37 Jahren sind die zwei verheiratet und sind immer beieinandergeblieben. Ich finde den Zusammenhalt der beiden faszinierend. Das wäre auch mein Traum: Arbeit, reisen und Beziehung miteinander zu vereinen. Wir verbringen zu dritt einen wundervollen Abend bei einem cup of tea und lassen die unglaubliche Aussicht auf den Bosporus auf uns wirken. Ein gelungener Ausklang eines sehr bewegenden Tages.

Ich bin in Asien!

Zu Fuß!

# DURCH DIE TÜRKEI

Auf einen Tee an die Seidenstraße,
ein Waschgang beim Imam,
zum Lehren in die Schule.
Und Liebe? Sowieso!

## DURCH DIE TÜRKEI

# 14
# Ich werde endgültig Lehrer

Meine »Hugs for 1 TL«-Aktion hat mir viele Unterkünfte und Schlafplätze in Istanbul eingebracht, die ich sonst nicht bekommen hätte. Und bei vielen Familien hieß es: »Du, wir haben Freunde und Verwandte in İzmir, Antalya, Ankara, Sivas und anderen Städten und Dörfern. Wenn du dort angekommen bist, schreib uns eine kurze Nachricht, wir fragen an, und du kannst dort übernachten ...« Und es klappt tatsächlich, dass ich in der gesamten Türkei von Familie zu Familie weitergereicht werde und mein Quartier oft schon Monate im Voraus kenne. Die unglaubliche Gastfreundschaft in der Türkei macht mir die Entscheidung leicht, nicht gleich in Richtung Osten zu laufen, um möglichst schnell nach Tibet zu gelangen. Nein, ich will mehr von dem Land sehen, will mehr über die Menschen erfahren, will sie wirklich kennenlernen. Das wird immer deutlicher zum eigentlichen Ziel meiner Reise, auch wenn ich nach wie vor irgendwann in Tibet ankommen will. Aber der ursprüngliche Zweijahresplan? Der ist längst Vergangenheit und war es eigentlich schon ab dem Moment, als meine Freundin sich von mir getrennt hat. Jetzt habe ich keinen Zeitplan mehr. Wobei – zehn Jahre will ich auch nicht unbedingt unterwegs sein ...

Aufgrund der vielen Kontakte gehe ich zunächst in südliche Richtung. Diesmal plane ich keine Route, sondern die Route plant mich. Genauer gesagt, meine Gastfamilien geben meine Route vor. Dabei stellt sich schnell heraus, dass meine Etappen nur selten länger als 20 Kilometer sind. Das ist der Umkreis, in dem Menschen andere Menschen kennen. Jedenfalls so gut kennen, dass sie mich als Übernachtungsgast weiterempfehlen. Wenn ich auf die Frage, wo es als Nächstes hingeht, einen vagen Ort nenne, kommt es immer wieder

## DURCH DIE TÜRKEI

vor, dass meine Gastfamilie einen anderen Vorschlag macht und mich zur nächsten Familie weiterreicht. Und solange es grob in die richtige Richtung geht, bin ich damit einverstanden. Stellen sich mir Berge in den Weg, sind die Tagesetappen natürlich kürzer.

Bin ich anfangs oft sehr früh aufgebrochen, so lasse ich mir jetzt mehr Zeit – denn ich liebe die türkische Frühstückskultur. Es ist herrlich, wenn es am Morgen beim Aufstehen nach frisch gebackenem Brot riecht und man bis halb zwölf beim Frühstück sitzt. Das gleicht einem Indoor-Picknick, da man es sich auf dem Teppich gemütlich macht und meist von einem großen, runden Tablett isst.

In Kocaeli, unweit von Istanbul, kommt mir auf der Straße ein Mädchen entgegen und starrt mich an, als käme ich von einem anderen Stern. Aber Gamze, so heißt das Mädchen, wie ich später erfahre, ist zwar schüchtern, aber auch mutig. Sie kommt auf mich zu und sagt: »Wenn du mit dem großen Rucksack in die Schule willst, die ist dort hinten, da bist du gerade dran vorbei.« Wir versuchen, ein bisschen ins Gespräch zu kommen. Da ihr Englisch sie jedoch bald verlässt, sie aber noch mehr von mir erfahren möchte, nimmt sie mich schließlich einfach an die Hand und führt mich in die Schule. Überrascht, aber auch neugierig, folge ich ihr.

Der Schulhof ist voll von Schülern. Sie stehen in Gruppen zusammen und unterhalten sich. Wenn wir an ihnen vorbeigehen, folgen mir ihre Blicke. Dann stecken sie grinsend die Köpfe zusammen und tuscheln. Auch sie scheinen zu glauben, ich käme von einem anderen Stern. Gamze führt mich in den zweiten Stock ins Lehrerzimmer. Dort stellt sie mir ihre Englischlehrerin vor. Wieder einmal erzähle ich in Kurzfassung meine Geschichte. Die Lehrerin hört interessiert zu und sagt mit leuchtenden Augen: »Kannst du das morgen vor der ganzen Klasse erzählen?« Ich zögere kurz und antworte: »Ich würde gern. Doch noch weiß ich nicht, wo ich heute Nacht schlafen kann.« Als ob sie Gedanken lesen könnte, erwidert

## DURCH DIE TÜRKEI

sie: » Du kannst bei uns im Lehrerwohnheim schlafen. Dort gibt es noch genug freie Betten.«

Am nächsten Morgen bin ich etwas aufgeregt. Es ist schon eine Weile her, dass ich in einer Schule Vorträge gehalten habe. Das letzte Mal in Rumänien, und das war in deutscher Sprache. Heute werde ich zum ersten Mal auf Englisch von mir erzählen. Als ich den Schulhof betrete, verfolgen mich erneut unzählige Augen. Aus allen Fenstern schauen auf einmal Kinder heraus. Es hat sich natürlich längst herumgesprochen, dass heute ein Fremder in die Schule kommt. Meine Anspannung wächst. Nach einer kurzen Begrüßung im Lehrerzimmer geht es in die Klasse 10c. Die Lehrerin stellt mich kurz vor, und ich beginne mit meiner Geschichte. Das klappt ziemlich gut. Die Schüler stellen viele Fragen und die Lehrerin übersetzt. Die Nervosität lässt langsam nach.

Als ich fertig bin, steht eine Schülerin auf und fragt, ob sie uns etwas vorsingen darf. Klar, warum nicht. Alles wird still, gespannt warten wir auf den ersten Ton ihrer Stimme. Sie kann wunderschön singen. Ich glaube, sie ist die beste Sängerin in der Klasse und sich dessen vollkommen bewusst. Mit Stolz und Selbstbewusstsein trägt sie ihr Lied vor. Die ganze Klasse applaudiert. Ich natürlich auch. Dann ist die Stunde vorbei, und ich will mich schon verabschieden, als mich die Sängerin bittet, ebenfalls ein Lied zu singen. Jetzt sehe ich die Klasse an, als käme sie von einem anderen Stern. Wo ist das große schwarze Loch, durch das ich schnell und unauffällig verschwinden kann? Meine Unsicherheit, meine Anspannung kehrt schlagartig zurück. Natürlich versuche ich sofort, das zu überspielen, bin mir jedoch sicher, dass die Schüler diesen Versuch sofort bemerken. Die sind ja nicht blöd. Es ist leicht, in den Gesichtern anderer Menschen zu lesen, wenn man die Sprache und die Worte nicht versteht.

Es wird Zeit, die Frage der Sängerin zu beantworten. Mit einem Lächeln sage ich: »Nein«. Doch im Grunde nur, um überhaupt etwas zu sagen. Ich muss Zeit gewinnen. Denn mir ist absolut bewusst,

## DURCH DIE TÜRKEI

dass die Schüler mich nicht gehen lassen werden, ehe ich nicht ein Lied gesungen habe. Am liebsten würde ich mich in Luft auflösen. Irgendwo habe ich einmal gelesen, dass die Angst, sich vor anderen zu blamieren, größer ist als die Angst vor dem Tod. Ich bin über 2800 Kilometer gewandet. Durch Länder wie Rumänien und Bulgarien. Ich habe den Bosporus zu Fuß unterquert. Ich will nach Tibet. Und was soll ich hier tun? Vor einer Schulklasse singen. Allein. Erinnerungen an meine Schulzeit werden wach. An die unzähligen Male, die ich vor der Klasse stand und die Hausaufgabe an die Tafel schreiben oder ein Gedicht vor der Klasse aufsagen musste. Das ich natürlich nicht gelernt hatte.

Ich schaue zur Uhr, die über der Tür hängt, und setze auf die Pausenglocke. Die aber rührt sich nicht. 29 Schüler gucken mich mit großen Augen an und warten darauf, dass ich endlich zu singen beginne. Bevor ich noch einmal Nein sagen kann, fallen mir die Zeilen eines Liedes wieder ein: »Do one thing every day that scares you. Sing!« Ich habe keine Wahl, ich muss singen. Ich glaube, es sind nicht die Fehler, die wir in unserem Leben gemacht haben, die wir später bereuen. Es sind eher die Dinge, die wir nicht getan haben. Es muss ein schlimmes Gefühl sein, wenn man im hohen Alter im Schaukelstuhl sitzt, auf sein Leben zurückblickt und all die verpassten Chancen und Gelegenheiten sieht.

Der erste Ton kommt sehr zögerlich. Mein Mund ist trocken. Die Temperatur im Raum ist um gefühlte 30 Grad gestiegen. Schweißperlen bilden sich auf meiner Stirn. Mit sehr weichen Knien singe ich »Run« von Snow Patrol, eines der wenigen Lieder, dessen Text ich auswendig kann. Es gefällt mir, seit ich es das erste Mal in einer dieser Casting Shows gehört habe. Was dann passiert, entgeht mir komplett. Ich nehme es einfach nicht wahr. Ich beginne zu singen, dann ist Schluss. Und als ob die Pausenglocke während der ganzen Zeit geduldig zugehört hat, ertönt sie mit der letzten Note und holt mich ins Hier und Jetzt zurück.

Als ich nach ein paar Tagen meine Reise fortsetze und nachmittags die Schule verlasse, höre ich eine Stimme hinter mir: »Hey, warte doch!« Ich drehe mich um. Ein Mädchen läuft mir hinterher. Es ist Gamze, die mich zur Schule gelotst hat. Gar nicht mehr schüchtern, jedoch etwas aufgeregt, fragt sie mich, wohin ich jetzt gehen werde. Schulterzucken. Ich weiß es selbst noch nicht. Vielleicht nach Bursa. Kurzes Schweigen. Dann sagt sie in bestem Englisch: »Auf Wiedersehen, es war mir eine Freude, dich kennenzulernen, und ich wünsche dir eine gute weitere Reise.« Diese Sätze hat sie extra in den letzten beiden Tagen geübt. Sie schaut mich an: ein Fremder, der von weither gekommen ist und nun weiterziehen wird in eine Welt, die sie auch gern durchstreifen würde. In ihren Augen glaube ich zu sehen, dass sie gern so viel mehr sagen würde, aber sie kann es nicht. Sie lacht, dreht sich um, und läuft zurück in die Schule.

# 15
## Die Waschung meiner Füße

Wenn ich bei jemandem übernachte – oft ist es ja eine Familie –, biete ich natürlich an, Arbeiten zu übernehmen. Ich helfe in der Küche oder im Garten, hacke Holz oder packe beim Hausbau mit an. Da ich auch mal Elektriker war, biete ich das ebenfalls an. Aber ganz oft höre ich dann: »Auf keinen Fall. Du bist unser Gast. Setz dich hin.« Anfangs war mir das unangenehm, bis ich verstanden habe, dass mein Besuch als große Ehre empfunden wird. Ich musste lernen, das Bett und das Essen ohne Gegenleistung anzunehmen. In einem kleinen Dorf, irgendwo zwischen Kocaeli und Bursa, frage ich nach dem Imam. Wie ein Priester in der christlichen Welt kennt in der islamischen der Imam sein Dorf, kennt die Menschen und weiß sehr oft, wo es ein Quartier gibt. Und nicht selten ist dies dann die Moschee. Dort schlafe ich prächtig, es gibt einen tollen Teppich, ich

## DURCH DIE TÜRKEI

habe Platz und kann meine Isomatte ausbreiten. Ruhig und warm ist es auch. Noch dazu sprechen die Imame meist ein passables Englisch. Ich klopfe also auch in diesem Dorf beim Imam. Zu meiner Überraschung begrüßt er mich mit den Worten: »Hallo, ich habe dich bereits erwartet. Ich habe davon geträumt, dass ein Gast zu mir kommt und bei mir übernachten möchte. Komm bitte herein, du kannst bei mir schlafen.« Ich habe mich mittlerweile zwar schon daran gewöhnt, dass mir unterwegs außergewöhnliche Dinge passieren. Und ich habe bereits nach drei Wochen auf dieser Reise aufgehört, an Zufälle zu glauben, als mir eine Frau in Österreich sagte: »Das ist ja komisch, dass du jetzt gerade vor der Tür stehst. Weißt du, ich mache jeden Tag zwei Knödel – einen für meinen Mann und einen für mich. Aus irgendeinem Grund, den ich nicht weiß, habe ich heute drei Knödel gemacht. Und jetzt stehst du vor der Tür. Komm rein!« Aber das jemand von mir und meinem Erscheinen träumt, ist mir bis heute noch nicht passiert.

Ich folge dem Imam also in sein Wohnzimmer und setze mich auf die Couch. Während seine Frau das Abendessen vorbereitet, unterhalten wir uns. Er stellt sich als sehr netter Gastgeber heraus. Und als außerordentlich achtsamer. Er reißt sich fast ein Bein aus, um mich bestmöglich zu umsorgen. Ich selbst darf hingegen keinen Finger rühren. Jeglicher Versuch von meiner Seite, irgendwie zu helfen, wird sofort abgeblockt. Ich darf nach dem Essen nicht einmal die dreckigen Teller auf das Tablett stellen. Geschweige denn das Tablett in die Küche tragen. Alles, was ich darf, ist dasitzen und mich bedienen lassen. Wieder einmal muss ich mit mir kämpfen, um diese überschwängliche Gastfreundschaft annehmen zu können.

Nach dem Abendessen verlässt der Imam das Zimmer und kehrt mit einer großen Schüssel voll heißem Wasser zurück. Kurz denke ich an den Abwasch, aber weit gefehlt. Er stellt die Schüssel vor mir auf den Boden und kniet sich hin. Was hat er vor? Er nimmt meine Füße und zieht mir die Socken aus – um mir die Füße zu waschen! Nun bin ich kurz vorm Verzweifeln, und ich weiß zunächst nicht, was ich sagen soll, erkläre dann aber: »Nee, nee, jetzt ist wirklich Schluss! Die Füße kann ich mir schon allein waschen. Steh bitte wieder auf.« Er aber weist mich zurück: »Nein, es ist mir eine große Ehre, du bist mein Gast. Ich habe von dir geräumt, als ob Allah dich persönlich geschickt hätte. Lass mich bitte deine Füße waschen.« Da stimme ich schließlich zu und nehme die Geste an, auch wenn es mir unwahrscheinlich schwerfällt. Ich verstehe seine Motive nicht, denn wer bin ich, dass mir ein Imam die Füße wäscht? Ablehnen kommt aber nicht infrage, denn damit würde ich ihn beleidigen, was ich auf keinen Fall will. Während er nochmals die große Ehre betont, die er empfindet, fühle ich Scham und eine große Demut. Habe ich gedacht, ich hätte annehmen inzwischen gelernt? Es gibt eben doch immer noch eine Steigerung ...

Seine Frau sitzt am Tisch und verfolgt die Szene. Als der Imam fertig ist, fragt er, ob er noch etwas für mich tun könne. Ich überlege kurz. Mir fällt meine Hose ein, die mir am Tag zuvor gerissen ist. Im Schritt. Mehr aus Spaß sage ich also: »Meine Hose müsste genäht werden. Da ist ein Riss drin.« Der Imam schaut verwundert und antwortet: »Das übernimmt meine Frau.« In diesem Augenblick scheint seine Frau um zehn Meter zu wachsen. »Immer her mit der Hose«, sagt sie. »Das übernehme ich.«

Ohne viel Ahnung davon zu haben — und da stehen wir uns in nichts nach —, schaut der Imam seiner Frau skeptisch beim Arbeiten zu. Er will, dass ich, als Gast, nur das Beste bekomme. Sie hingegen ist in ihrem Element. Ihr Gesichtsausdruck ist zufrieden, als würde sie denken: Schau her, wie gut ich das kann. Auch ich bin wichtig für unseren Gast. Während er ein wenig schrumpft, wird sie zur Heldin und flickt meine Hose. Sie genießt ihre Rolle, er hingegen wirkt nicht wirklich glücklich. Ein Rollentausch, der mich fasziniert. Als ich am nächsten Morgen um mein übliches Abschiedsfoto bitte, stellt sich nur der Imam zu mir. Er möchte nicht, dass seine Frau mit aufs Foto kommt.

## DURCH DIE TÜRKEI

Die nächste große Stadt, die ich besuche, ist nun Bursa. Sie liegt etwa 90 Kilometer südlich von Istanbul in der Nähe des Marmarameers. Das Uludağ-Gebirge ist auch nicht weit. Bursa war von 1335 bis 1365 Hauptstadt des Osmanischen Reiches, und immer wieder hatte ich den Tipp gehört: »Bursa darfst du nicht verpassen. Eine tolle Stadt und das Ende der alten Seidenstraße.« Schon das Wort »Seidenstraße« übt einen großen Reiz auf mich auf.

Ich wandere durch Bursa. Die Souvenirhändler bauen ihre Stände auf, die vielen Juweliere legen ihren Schmuck in die Schaufenster. Menschen hasten mit gesenktem Blick durch die Straßen und drängen sich in überfüllte Busse und Bahnen. Schon nach den ersten Eindrücken scheint die Stadt, ganz ähnlich wie Istanbul, zu mir zu sprechen: »Ich bin teuer. Wenn du hier leben willst, dann musst du hart arbeiten.« Und wie in Istanbul fällt mir München ein. Warum auch nicht? Abgesehen von der Architektur und anderen Details könnte Bursa auch in jedem anderen Land liegen. Ich meide also die großen, hektischen Hauptstraßen und gehe in den kleinen Seitenstraßen auf Erkundungstour. Statt über Teer laufe ich nun über altes Kopfsteinpflaster. In einer dieser schmalen, alten Straßen entdecke ich einen ebenso alten Laden. Von der Wand blättert längst die Farbe ab. Das Schild über der Tür besagt, dass hier ein Semerçi arbeitet, ein Sattelmacher. Durch das geöffnete Fenster sehe ich einen alten Mann auf einem Stuhl sitzen, umgeben von Sägespänen, Leder und Werkzeugen. Es riecht nach frischem Holz und Geschichte.

Als ich noch dichter ans Fenster herantrete, erblickt mich der alte Mann. Ich glaube, seine alten und erfahrenen Augen erkennen sofort, dass ich bestimmt keinen Sattel für einen Esel kaufen will. Dennoch gibt er mir ein Zeichen und winkt mich zu sich herein. Unter meinen Schuhen knacken Holzreste. Der Geruch nach Leder konkurriert jetzt mit dem des frischen Holzes. Der alte Handwerker thront gelassen in einem Berg von Sattelgestellen. Die Hektik von Bursas Hauptstraßen hat in dieser kleinen Werkstatt keine Macht. Es ist, als

## DURCH DIE TÜRKEI

würde ich eine andere Welt betreten. Eine Welt, die aus der Zeit gefallen ist. Vielleicht, geht es mir durch den Kopf, gab es diesen Laden schon, als Bursa noch die westliche Endstation der Seidenstraße war. Ich setze mich zu dem Mann auf einen Hocker. Er lächelt und bestellt Tee – per Telefon. Das wundert mich inzwischen schon nicht mehr, denn ich habe es in den letzten Monaten oft erlebt. Man nimmt in der Türkei einfach den Hörer ab, ruft eine der unzähligen Teestuben an, und fünf Minuten später bringt jemand die dampfenden Gläser herein. So geschieht es auch hier.

Dann erzählt mir Kemal, 82 Jahre alt, von seiner Arbeit. Das Handwerk des Sattelmachers hat er von seinem Großvater gelernt. Insgesamt stellt seine Familie seit rund 600 Jahren Sättel für Esel her. Die wurden immer gebraucht. Kemals Gedanken reisen zurück in die Zeit, als die Straße vor seinem Geschäft ein beliebter Handelsweg war, da sie direkt in die Berge führte. Über diese kamen Kaufleute und Händler von fernen Orten, brachten Pfirsiche, Seide, Kastanien und andere Waren in die Stadt, die Bursa über die Jahrhunderte so bekannt machten. Auf Kamelen, Pferden und Eseln zogen sie an seinem Geschäft vorbei. Esel waren dabei die günstigsten und daher beliebtesten Lastentiere und am weitesten verbreitet. Kemals Familie war sehr gefragt. Ständig kamen Kunden in ihr Geschäft und kauften neue Sättel oder wollten beschädigte reparieren lassen. Aber es gab auch andere Gründe, warum Kemals Familie so erfolgreich wurde. Vor allem nach schweren Erdbeben, wie dem von 1855, in dem Bursa zu großen Teilen zerstört wurde. Eine gigantische Katastrophe – nur nicht für Kemals Familie, denn der Bedarf an Sätteln stieg schlagartig an. Das Baumaterial für den Wiederaufbau wurde nämlich von Eseln herangeschafft, und das auf besonderen Lastensätteln. Heute ist die Nachfrage nach Sätteln natürlich nicht mehr sonderlich groß. Aber ein paar Kunden hat Kemal noch. Nach dem Tee kehrt der alte Mann zu seiner Arbeit zurück, in der er völlig aufgeht. Er klemmt sich ein Stück Holz zwischen die Beine

## DURCH DIE TÜRKEI

und beginnt zu sägen. Jeder Bewegung sieht man an, dass er sie schon unzählige Male ausgeübt hat. Er braucht nicht mehr darüber nachzudenken. Seine Hände wissen von allein was zu tun ist.

Ich bleibe noch eine Weile und versuche, mich in die Vergangenheit zurückzuversetzen, was keine große Herausforderung darstellt. Nicht in Kemals Werkstatt. Hier ist ein Stück der Seidenstraße noch hautnah zu erleben und zu spüren. Diese alte Straße hat scheinbar nicht nur die Jahrhunderte, sondern auch all den Fortschritt und die großen Veränderungen in der Stadt und in den Menschen überdauert. Mittlerweile ist Kemal jedoch der Letzte, der dieses uralte Handwerk in Bursa ausübt, was bedeutet, dass es in dieser Stadt mit ihm aussterben wird, wenn er nicht doch noch jemanden findet, der seine Tätigkeit in die nächste Generation trägt. Ich bin froh, dass ich Kemal kennenlernen darf. Vorher war diese Stadt eine von so vielen, die es auf der Welt gibt. Doch Menschen wie Kemal machen sie für mich zu etwas Besonderem.

Schließlich ist auch meine Tasse leer, und ich ziehe weiter. Zurück auf die Straße, in den Stress und die Hektik. Zwar bin ich ohne Esel unterwegs, dafür ist der Kopf voll mit schönen Erinnerungen.

Mein nächstes Ziel ist Soma, östlich von Izmir. Auch hier schlendere ich durch die Straßen und beobachte die Menschen. Vor einem Reifenhandel bleibe ich kurz stehen. Der Inhaber sieht mich und winkt mich heran, wie ich es inzwischen schon gewohnt bin. Wieder einmal werde ich zum Tee eingeladen. Zu meiner Freude spricht der Mann ganz passabel Englisch. Als er meine Geschichte hört, greift er zum Telefon und ruft einen Freund an, der Journalist ist. Der findet die Story so spannend, dass er sich nach kurzer Zeit zu uns gesellt und direkt eine Fernsehsendung mit mir organisiert. Außerdem hat der nette Journalist auch noch einen alten Studienfreund, der Direktor an einer Schule ist. Das trifft sich gut, verfügt die Schule doch über eigene Unterkünfte für ihre Schüler, und da ein Zimmer frei ist, kann ich dort einziehen.

## DURCH DIE TÜRKEI

Eigentlich will ich nur für eine Nacht bleiben, aber dann bittet mich der Direktor, seinen Schülern etwas über meine Reise zu erzählen. Dabei hat er natürlich auch die Verbesserung von deren Sprachkenntnissen im Sinn. Das kommt mir bekannt vor. Die Englischlehrer der Schule sind begeistert, halten aber einen einzigen Vortrag von mir für zu wenig. Sie wünschen sich, dass ich ein paar Tage bleibe und mehrere Klassen besuche. Für die Schüler ist der Unterricht natürlich viel interessanter, wenn jemand von außen kommt und spannende Geschichten erzählt. Noch dazu sind sie bei mir gezwungen, ihre Fragen auf Englisch zu stellen. Erfahrungen habe ich inzwischen genug, also nehme ich das Angebot an.

Nach den ersten Vorträgen kommen ein paar Kinder mit einer Frage auf mich zu: »Gibst du eigentlich auch Einzelunterricht?« Und schon bin ich wenige Tage später, ohne mich beworben zu haben, Privatlehrer. Diese Arbeit wird selbstverständlich von den Eltern bezahlt, und zwar mit umgerechnet zehn Euro pro Stunde. »Was kostet die Welt?!«, denke ich nach meiner ersten Stunde. Ich habe gerade zehn Euro verdient und bin so stolz auf mich. Zehn Euro!!! Und das als Englischlehrer.

Mit erhobenem Haupt und einem breiten Grinsen gehe ich durch die Stadt. Ich fühle mich so gut. Zum einen weil ich überhaupt wieder etwas Geld habe, zum anderen weil ich es durch Arbeit verdient, und nicht einfach geschenkt bekommen habe. Obwohl ich die Tätigkeit kaum als Arbeit bezeichnen würde. Ich habe mich mit dem Jungen unterhalten, aus meinem Leben erzählt, Fragen beantwortet und auch ihm Fragen gestellt. Er hat mir von seinen Hobbys erzählt, mir erklärt, wie man eine Gitarre stimmt und auf ihr spielt. Und ganz nebenbei, fast ohne es zu merken, haben wir Englisch geredet, und er hat spielerisch seine Fähigkeiten in der Fremdsprache verbessert. Ich habe als sprachlicher Sparringspartner fungiert. Kein Lehrbuch, keine Grammatik, sondern pure Konversation.

Diese Art des Unterrichtens ist für mich der reine Spaß, aber einer, der dazu noch einen Sinn hat. Das spricht sich dann auch schnell herum. Eine Schülerin kommt auf mich zu und sagt mir, dass noch eine andere Studentin Interesse an Privatunterricht hat. Da ich die Gelegenheit nicht ungenutzt lassen möchte, bleibe ich eben etwas länger in der Stadt.

Zudem wird mir bewusst, dass mich der Job auch unabhängiger macht. Die zehn Euro haben noch eine andere, viel größere Bedeutung für mich: Freiheit. Ich fühle mich ein bisschen wie der moderne Schafhirte. Ein Schafhirte zieht mit seiner Herde durchs Land, von einem Ort zum nächsten, lässt seine Tiere hier und da grasen und lebt von der Wolle, die er unterwegs verkauft. Mit meinem Englisch- oder Deutschunterricht kann ich ebenso überall auf der Welt arbeiten. Ich bin nicht an einen Ort gebunden. Muss also auch nicht irgendwann nach Deutschland zurück, um Arbeit zu suchen, sondern kann einfach weiterziehen und auf Reisen, in jedem Land, Geld verdienen.

Ganze fünf Wochen bleibe ich in der Schule in Soma, die mir für die Zeit auch meine Unterkunft stellt, und unterrichte Deutsch, Englisch und Sport. Ich gebe Volleyballunterricht, gehe mit den Kindern in den Bergen wandern – und immer wird Englisch gesprochen. Die Schüler freuen sich über die Abwechslung und lernen dabei ganz natürlich eine neue Sprache, ohne das Gefühl, sich dafür anstrengen zu müssen. Ich genieße die Zeit sehr. Viele junge Menschen um mich herum, junge Ideen, viele Fragen. Kinder stellen die besten Fragen. Sie haben das Fragenstellen noch nicht verlernt. Je älter man wird, desto leichter denkt man, auf alles bereits eine Antwort zu haben: »Ist halt so. War schon immer so.« Doch Kinder fragen: »Warum gibt es Kriege? Wieso rotten wir alle Tierarten aus? Woher kommt das Geld, und wie hast du es geschafft, eine Zeit lang ohne Geld zu reisen?« Eine großartige Gelegenheit für mich, um mal wieder über die scheinbar unveränderlichen Dinge nachzudenken. Und natürlich kommen immer wieder Fragen über meine Reise: »Du schläfst bei fremden Leuten? Ist denn das erlaubt? Wie schwer ist dein Rucksack? Hast du viele Bücher dabei?« Das Unterrichten gefällt mir so gut, dass ich mir vornehme, von jetzt an immer wieder in Schulen vorzusprechen und meine Dienste anzubieten. Ich gehe einfach hin und sage: »Ich bin Englischlehrer.« Das ist natürlich ein wenig übertrieben, aber es funktioniert. Eine Stunde muss ich zur Probe unterrichten, und schon werde ich engagiert. Die Unterkunft wird gestellt, und Geld gibt es natürlich auch. In bar. Das wandert nicht auf ein Konto, sondern in meinen Rucksack. Ausgeben muss ich es nicht, denn ich habe ja keine Unkosten. Wohnen und Essen sind frei. Und ich verdiene nicht nur Geld mit meiner Arbeit, ich kann auch etwas an die Menschen zurückgeben. Meine Erfahrungen, meine Einstellung zu den Menschen, meinen Respekt vor ihnen. Der auch darin zum Ausdruck kommt, dass ich nicht nur Englisch und Deutsch unterrichte, sondern mich auch intensiv darum bemühe, Türkisch zu lernen. Ich weiß mittlerweile, wie schwer es ist, mit einer neuen Sprache klarzukommen. Immer wenn ich in ein neues Land komme, geht es von vorn los.

Wenn mir vor fünf oder zehn Jahren jemand gesagt hätte, dass ich mal als Lehrer arbeiten werde, hätte ich ihn wahrscheinlich für verrückt erklärt. Ich beginne, daran zu glauben, dass meine Talente und Fähigkeiten mir immer irgendwie einen Platz in dieser Welt verschaffen. Das ist das Faszinierende an der Reise: Ich weiß nie, was hinter der nächsten Ecke auf mich wartet. Und womit ich mich selbst überraschen werde.

# 16

## Zahl aus Steinen

Nach vielen Dörfern und Städten, nach vielen Moscheen und Familien, nach mehreren Lehrtätigkeiten erreiche ich Ende August

## DURCH DIE TÜRKEI

2013 Kappadokien in Zentralanatolien. Die Gemeinde Göreme ist touristisch gut erschlossen und gehört zum UNESCO-Weltnaturerbe. Ich sitze auf einem Hügel, mein Wanderstab lehnt an meinem Rucksack. Vor mir liegt die aus vielen Büchern und Zeitschriften bekannte Landschaft aus Tuffgestein. Der Himmel ist tiefblau, die Farben des vulkanischen Gesteins sind atemberaubend. Es ist eine der schönsten Naturlandschaften, die ich je in meinem jungen Leben sehen durfte. Neben mir liegt eine Zahl auf dem Boden. Eigentlich haben Zahlen nichts Besonderes an sich. Doch diese Zahl ist besonders. Es steckt so viel dahinter. Auf dem Boden steht geschrieben: 5000 Kilometer. Zusammengesetzt aus 529 Steinen. Ein Stein für jeden Tag dieser Reise. Meiner Reise.

Erinnerungen, vergangene, aber nicht vergessene Gefühle und Bilder kehren zurück, aus denen sich diese Zahl zusammensetzt. Wie im Zeitraffer erlebe ich die bisherige Reise ein zweites Mal. Ich sehe die guten Momente und die weniger guten. Als ich mich auf den Weg gemacht habe, hatte ich keine Ahnung, wie diese Reise verlaufen würde. Ich hatte keinen wirklichen Plan. Den habe ich noch immer nicht. Und das ist großartig. Hätte ich einen Plan, würde das bedeuten, ich wüsste – zumindest grob –, was möglich ist und was nicht. Doch wenn ich im Vorhinein nicht weiß, dass etwas unmöglich ist, sind die Dinge für mich oft viel einfacher. Ich bin bei diesem Abenteuer schlicht meinen Träumen gefolgt. Das ist schon alles – und doch sehr viel.

Ich weiß jetzt, dass ich keine geeignetere Fortbewegung hätte wählen können als das Laufen. In gewohnter Umgebung bin ich langsam in diese Reise hineingewachsen. Herausforderungen kamen zu dem Zeitpunkt, an dem ich bereit dafür war und ich sie auch bewältigen konnte. Ich ging hinaus in die Welt. Und je weiter ich ging, desto mehr lernte ich und desto besser wurde ich in dem, was ich tat.

Ich lernte das Reisen durch das Reisen.

5000 Kilometer liegen neben mir auf dem Boden und hinter mir. Und ich bin stolz. Ich durfte besondere Situationen erleben, neue Dinge lernen und mich als Mensch weiterentwickeln. Das ist für mich die größte Belohnung. Ich reise nicht, damit die Welt mich sieht, ich reise, weil ich die Welt sehen möchte. Meine anfänglichen Sorgen und Ängste sind verflogen, sie haben sich als unbegründet erwiesen. Denn die Angst vor dem Fremden ist unbegründet. Wenn man auf fremde Menschen zugeht, sind sie sehr schnell keine Fremden mehr. Und wenn man Glück hat, werden sie zu Freunden. Das ist meine Erfahrung. Ich möchte keinen Tag missen.

Dennoch bin ich nicht naiv. Auch mit all der Erfahrung, die ich bisher gesammelt habe, kann ich nicht vorhersagen, was noch alles auf mich zukommen wird. 5000 wunderbare Kilometer sind keine Garantie für weitere 5000 wunderbare Kilometer. Das Ungewisse bleibt ungewiss. Wenn alles berechenbar wäre, würde das bedeuten, dass die Zukunft bereits feststeht. Doch dann wären wir nicht frei. Freiheit gibt es nur für den Preis der Unberechenbarkeit. Die Zukunft ist offen.

Ich sitze auf einem Hügel, neben mir eine Zahl.

Die Sonne geht langsam unter.

Es ist schwer, die Zahl hier so zurückzulassen. Nach all der Arbeit, die drinsteckt.

Ein Stein für jeden Tag dieser Reise.

# 17

## Eine neue Liebe

Anfang Dezember 2013 treffe ich wieder am Schwarzen Meer ein, in Trabzon. Wie Bursa war auch Trabzon einst eine wichtige Station auf der alten Seidenstraße. Heute ist sie eine der bedeutendsten Hafenstädte der Türkei. Ich bin erleichtert, die Stadt zu erreichen,

## DURCH DIE TÜRKEI

denn auf dem Weg dorthin hatte ich einen hartnäckigen Verfolger: den Winter. Ihm wollte ich in Anatolien auf keinen Fall begegnen, denn minus 30 Grad sind dort keine Seltenheit. Außerdem kann man im Schnee nicht gut wandern. Trotz aller Gemütlichkeit habe ich den nahenden Wintereinbruch bei meinem Weg durch die Türkei immer im Auge behalten.

Dabei war das Wandern über die letzten Wochen mühsam. Anatolien ist eher karg, trocken und meist so flach wie ein Brett. Ich bin über die sandige Ebene gelaufen und konnte am Horizont schon erahnen, wo ich wahrscheinlich in fünf oder zehn Tagen sein werde. Einmal habe ich mich auf einen weit entfernten Berg zubewegt, der einfach nicht näher kommen wollte. Tagelang. Wenn ich mich am Morgen wieder einmal von einer Gastfamilie verabschiedete und aus dem Haus ging, war der Berg immer noch da. Ich habe diesen Berg verflucht. Hinzu kam, dass die Eintönigkeit der tristen, wüstenartigen Landschaft mich auf Dauer ermüdet haben. Der Tag, an dem ich den Berg endlich hinter mir gelassen habe, war ein Festtag für mich.

Während ich mich jetzt dem Schwarzen Meer nähere, kehren die Farben zurück. Die Landschaft wird immer grüner. Irgendwie empfinde ich die Ankunft in der Stadt als eine Art Heimkehr. Ich bin nach dem großen Türkei-Schlenker wieder zurück an der Schwarzmeerküste. Hier war ich schon mal, vor eineinhalb Jahren. Vor eineinhalb Jahren? So lange war ich in der Türkei? Mittlerweile habe ich die 6.000-Kilometer-Marke überschritten – 3.700 Kilometer davon habe ich hier in der Türkei zurückgelegt. Ich kann selbst kaum glauben, wie relativ Zeit doch ist. Denn irgendwie habe ich das Gefühl, gerade von einem Wochenendausflug zurückzukehren. Und noch ein Gefühl meldet sich: Heimweh. Für einen Moment stelle ich mir vor, wie es wäre, in einen Zug zu steigen und nach Hause zu fahren. Wie es wäre, dort in einem Café zu sitzen, Latte Macchiato zu trinken und alten Freunden von der Reise zu erzählen. Doch das

## DURCH DIE TÜRKEI

Fernweh und die Neugier überwiegen. Wie schon einige Male zuvor. Ich will wissen, wie es weitergeht.

Kaum bin ich in der Stadt, fallen Schneeflocken. Aber der Winter ist hier sehr milde. Um mich weiter auf Tibet zuzubewegen, müsste ich jetzt der Schwarzmeerküste bis nach Georgien folgen. Dort ist der Winter allerdings zu streng, um weiterlaufen zu können. Ich beschließe daher, in Trabzon zu überwintern. Nachdem ich mir ein günstiges Zimmer genommen habe, gehe ich durch die Stadt und werde schnell fündig. Das Schild einer Sprachschule sticht mir sofort ins Auge. Ich frage nach, ob sie einen erfahrenen Lehrer gebrauchen können, und sie können. Nach einer Probestunde kann ich gleich am nächsten Tag anfangen, und ich darf gern bis Ende März bleiben.

Ein Zimmer brauche ich auch nicht weiter zu mieten, denn Fatih, einer meiner Lehrerkollegen, bietet mir an, bei ihm zu wohnen. Die 20 TL, die ich pro Stunde bekomme, kann ich also komplett sparen beziehungsweise anderweitig investieren: Ich kaufe mir tatsächlich ein paar Möbel! Ein gut erhaltenes gebrauchtes Klappsofa, einen kleinen Teppich und einen »mobilen Kleiderschrank«. Damit richte ich es mir in Fatihs Gästezimmer gemütlich ein, immerhin werde ich für knapp vier Monate hier sein. Ein eigenes Zimmer und ein fast »normales« Leben mit sechs Arbeitstagen pro Woche – das hatte ich zuletzt in Deutschland.

Der Unterricht läuft gut an, ich kann mich auf meine inzwischen gesammelte Erfahrung verlassen. Die Unsicherheit der ersten Schulstunden weicht schnell einem selbstbewussten Auftreten. Ich weiß, was ich tue und wie sinnvoll meine Tätigkeit ist.

Die Sprachschule hat ein breites Angebot, sodass ich Kinder ebenso unterrichte wie Erwachsene. In einer Erwachsenengruppe fällt mir eine Frau auf, Bahar. Auch sie scheint sich für mich zu interessieren. Wir tauschen Blicke. Als wir an einem Abend nach dem Englischunterricht mit einer kleinen Gruppe noch einen Kaffee

## DURCH DIE TÜRKEI

trinken gehen, ist Bahar auch dabei. Schnell verlieren wir uns in guten Gesprächen und kommen uns näher. Ein paarmal bin ich mit ihr und ihrer Freundin unterwegs, bis wir irgendwann allein ausgehen und schließlich ein Paar werden.

Bahar ist eine moderne, aufgeschlossene und freiheitsliebende Frau, ihre Familie jedoch sehr konservativ. Während ihr Freundeskreis sehr bald weiß, dass etwas zwischen uns läuft, darf Bahars Familie auf keinen Fall davon erfahren. Eine uneheliche Beziehung, so wie ich sie kenne, ist für ihre Familie undenkbar. Jeglicher Austausch von Zärtlichkeiten ist erst nach der Hochzeit erlaubt. Eine schwierige Situation, zumal ihre Familie mich kennt. Ich bin Stephan, der deutsche Englischlehrer, der, wie es üblich ist, auch mal nach Hause eingeladen wird. Eigentlich ist das ja meine liebste Beschäftigung auf der Reise: Menschen, ihr Leben und ihren Alltag kennenlernen. Diesmal ist es jedoch kompliziert, da Bahars Familie eben nicht den geringsten Verdacht schöpfen darf. Als ich zum Bayram-Fest eingeladen bin, ist die gesamte Familie anwesend. Im Gespräch mit Bahars Brüdern erfahre ich von der großen Haselnussplantage, die die Familie besitzt, und dass demnächst die Ernte ansteht. Spontan biete ich meine Mithilfe an. Das kommt sehr gut an: ein deutscher Englischlehrer, der bei der Ernte zupackt! Wahrscheinlich würden sie mich als Schwiegersohn sogar akzeptieren. Ich müsste nur ein Eheversprechen abgeben. Und Bahar dann nach ein paar Monaten heiraten. Ach ja, und Muslim werden, sprich, zum Islam konvertieren. Einerseits stimmt mich die Situation sehr traurig, da ich in der Öffentlichkeit und vor der Familie meine Zuneigung nicht zeigen kann. Andererseits weiß ich, dass ich im Frühjahr meine Reise fortsetzen will. Auch Bahar und ihren Freunden ist das bewusst. Sie alle kennen derartige Situationen und kurzzeitige Bindungen ohne Heiratsversprechen. Und so gelingt es mir, die Zeit in Trabzon dennoch zu genießen. Es fühlt sich an wie Urlaub – Urlaub von meiner Reise. Ich brauche nicht jeden Tag ein Quartier zu suchen, brauche nicht

## DURCH DIE TÜRKEI

jeden Tag meine Geschichte zu erzählen. Bahars Freunde werden auch meine Freunde, wir verbringen viel Freizeit zusammen, gehen in Bars, Gokart fahren, zum Bowling oder Billard spielen. Ich treffe dieselben Menschen immer wieder, es kommt zu Gesprächen, die über das normale »Hallo, wie geht's dir, wo kommst du her?«, hinausgehen. Tiefe Freundschaftsbeziehungen bauen sich auf. Für ein paar Monate werde ich sesshaft und habe so etwas wie eine temporäre Heimat. Ich lebe ein normales Leben, habe ein Zuhause, einen guten Job, eine Freundin und Freunde. Ich lebe nach einer Routine, habe die Möglichkeit, anzukommen und die letzten zwei Jahre einmal zu reflektieren. Nach meinem langen Nomadenleben ist das eine echte Erholung.

Und eine Frage kommt in mir auf: Soll ich hierbleiben?
Auch meine neuen Freunde und Kollegen konfrontieren mich damit: »Stephan, warum willst du eigentlich weitergehen? Hier hast du doch alles, was ein gutes Leben ausmacht. Bleib einfach in Trabzon. Scheiß auf Tibet! Heirate Bahar und lass dich hier nieder. Was spricht dagegen?«
Ja, was spricht eigentlich dagegen? Die Frage ist berechtigt, und ich denke intensiv darüber nach.
Ich liebe Bahar sehr und fühle mich an der Schule und in der Stadt wohl. Wieder einmal wird mein Wille getestet. Wieder einmal muss ich mich zwischen hier bleiben und meinem Traum, nach Tibet zu gehen entscheiden. Ich gerate ins Schwanken und spiele die Möglichkeit zu bleiben in Gedanken durch.
Ich könnte meine gesamte Kraft dafür einsetzen, hier sesshaft zu werden.
Ich könnte Weiterbildungen machen und ein noch besserer Englischlehrer werden. Ich könnte irgendwann in der Schule kündigen, nur noch privat Englischunterricht anbieten oder selbst eine Schule eröffnen. Ich würde genug Geld verdienen, um ein Haus zu kaufen,

## DURCH DIE TÜRKEI

Bahar und ich würden heiraten, und wir würden sehr glücklich sein. Ich würde die Türkei immer mehr lieben lernen, das Land und die Kultur immer besser kennen, die türkische Sprache immer besser verstehen lernen.

Und meine Reise nach Tibet könnte ich ja jederzeit, irgendwann später, in ein paar Jahren, fortsetzen. Dann, wenn mein Traum nach Abenteuer wieder durchbricht und der Wunsch, meine Reise nach Tibet fortzusetzen, wieder in mir aufkeimt.

Bei diesen Gedanken kommt jedoch eine Angst in mir auf, dass es dann zu spät sein könnte, meinen Traum zu realisieren, weil mich Verpflichtungen in Trabzon festhalten oder meine Gesundheit nicht mehr mitspielt. Eine Angst, dass es dann vielleicht unmöglich ist, meine Reise nach Tibet fortzusetzen.

Wenn das passiert, werde ich vielleicht beginnen, meinen Traum zu verraten, und anfangen, mir einzureden, dass es gar nicht wichtig ist, die Reise abzuschließen. Ich werde versuchen, die Gedanken an die Reise zu unterdrücken, und viel Energie dafür verwenden, mich abzulenken, um ihnen keine Beachtung zu schenken. Und ich werde immerzu hoffen, dass mich die Gedanken, nach Tibet zu gehen, eines Tages ganz verlassen.

Ich werde unglücklich und ruhelos durch die Stadt streifen, viele Nächte an Bars, Restaurants und Geschäften vorbeiwandern und mir wünschen, dass ich damals doch den Mut und das Vertrauen gehabt hätte, um weiterzuziehen.

Gleichzeitig wird Bahar traurig sein, weil sie denkt, der Grund zu sein, warum ich einst meine Reise unterbrochen habe. Dann werde ich sie und mich daran erinnern, dass sie mich niemals gebeten hat zu bleiben und sie keine Verantwortung dafür trägt. Aber das wird uns nicht trösten. Und ich bekomme Angst, mich wirklich tief in die Beziehung mit Bahar einzulassen. Angst, dass meine Gefühle zu ihr so stark werden und mich daran hindern könnten, meinem Traum zu folgen. Angst, Bahar eines Tages doch für

## DURCH DIE TÜRKEI

mein Unglücklichsein verantwortlich zu machen, weil ich nicht den Mut hatte weiterzugehen.

Letztendlich komme ich zu demselben Ergebnis wie damals bei den Mönchen. Wenn ich in Trabzon bleibe, wäre das die Aufgabe meines Projekts, meines Traums und auch eines Teils meines Lebens. Die Reise wäre nicht komplett. Ich würde der zweiten Hälfte immer nachtrauern. Mein Leben lang. Ich würde nie erfahren, ob ich es tatsächlich geschafft hätte, Tibet zu erreichen. Es ist wie mit einem spannenden Buch. Da ist es unmöglich, mittendrin mit dem Lesen aufzuhören. Genauso kann ich nicht mittendrin mit dem Reisen aufhören. Ich muss einfach wissen, wie die Geschichte, wie meine Geschichte weitergeht.

Bald kann ich die Tage zählen, mein Aufbruch rückt näher, meine Zeit hier geht zu Ende. Auch meine Zeit mit Bahar. Ich verkaufe meinen Kram und packe meinen Rucksack. Dann, am 24. März, ist es so weit. Und es ist wie ein Déjà-vu, denn dieser Abschied fühlt sich fast genauso an wie der in München. Wieder breche ich ins Ungewisse auf, wieder lasse ich meine Freundin zurück, Freunde, ein Zuhause. Erst jetzt, mit dem Rucksack auf der Schulter, wird mir vollends klar, wie schnell meine Wurzeln hier gewachsen sind. Der Abschied von Bahar ist kein abrupter, da sie Krankenschwester im Außendienst ist. Sie betreut ausgerechnet die Region am Schwarzen Meer, durch die ich in den nächsten Tagen laufe. So wird der Abschied von ihr ein Abschied auf Raten. Und ein immer wieder tränenreicher. Das letzte Mal sehen wir uns in Batumi, der ersten Stadt in Georgien, die ich erreiche. In dieser großen Hafenstadt am Schwarzen Meer, rund 200 Kilometer von Trabzon entfernt, verbringen wir ein letztes Wochenende zusammen. Mein Weg führt mich von nun an weiter durch Georgien und immer weiter weg von Bahar.

# DER KLEINE KAUKASUS

Mit dem Scheinradreisenden in den vergessenen Krieg, zu dritt bin ich weniger allein und das gefährlichstes Wort aller Zeiten: Gagimardschos! Prost!

## DER KLEINE KAUKASUS

# 18
# Deutsche Weggefährten

Für die Einreise nach Georgien reicht der deutsche Pass, ein Visum ist nicht erforderlich. Das Gleiche gilt für Armenien. Für die anschließende Einreise in den Iran aber werde ich zusätzlich zu einem Visum auch eine Einladung eines iranischen Bürgers benötigen. Da ich mich nicht lange im Kaukasus aufhalten will, muss ich mich zügig darum kümmern. Ein lösbares Problem, denke ich. Doch meine Bemühungen werden zu einer kleinen Odyssee. Ich suche mehrere iranische Konsulate in Georgien und Armenien auf, werde aber überall ohne Begründung abgewiesen. Auf einschlägigen Internetseiten und in Foren, die sich mit Langzeitreisen befassen, erfahre ich, dass das Konsulat in Batumi die beste Adresse sein soll, um ein Iran-Visum zu bekommen. Also wieder zurück an die Schwarzmeerküste. Mies gelaunt verlasse ich jedoch die Botschaft in Batumi wieder. Der einzige Angestellte dort spricht leider nur sehr schlecht Englisch, und alles, was ich von ihm bekomme, ist ein Zettel mit der Anschrift einer Reiseagentur, an die ich mich wenden soll. Dort erfahre ich, dass das Konsulat in Trabzon die richtige Adresse ist. Also zurück in die Türkei. Inzwischen ist es August, und ich bin wieder dort, wo ich vor fünf Monaten aufgebrochen bin. Aber ein Visum bekomme ich auch hier nicht. Lediglich einen Tipp: Ich kann mein Visum über ein Reisebüro in Jerewan in Armenien bekommen. War ich da nicht kürzlich erst?

Immerhin gelingt es in der Zwischenzeit, das Problem mit der Einladung zu lösen. In der Sprachschule in Izmir, wo ich einmal unterrichtet habe, gibt es einen Iraner. Er vermittelt mir den Kontakt zu einer iranischen Familie, die mich dann tatsächlich zu sich in den Iran einlädt.

## DER KLEINE KAUKASUS

In Trabzon treffe ich mich außerdem mit André, der ebenfalls hier ist, um ein Visum für den Iran zu bekommen. Wir kannten uns bisher nur über Facebook. André ist später aufgebrochen als ich und hat in Rumänien in einem Café von mir erfahren. Der Besitzer hat ihm berichtet, dass vor ein paar Monaten schon mal jemand mit so einem großen Rucksack vorbeigekommen sei, auf dem Weg nach Tibet. André hat mich auf Facebook gesucht und gefunden, mich angeschrieben, und ist dann im Großen und Ganzen meiner Route gefolgt. In Trabzon lernen wir uns kennen. Ich staune nicht schlecht, denn sein Rucksack ist total abgewetzt und gleich an mehreren Stellen getapt. Der schlechteste und billigste Rucksack, den ich je gesehen habe. Kaum zu glauben, dass er es damit so weit geschafft hat. Nun aber ist das Endstadium erreicht. Ich hingegen habe gerade von einem Mitarbeiter von Globetrotter – der auf einer Auto-Rallye zufällig in Trabzon Station gemacht hat – einen neuen Rucksack bekommen. Zwei Hosen hatte er auch für mich im Gepäck. Zum Glück habe ich meinen alten Rucksack noch nicht entsorgt. Den bekommt jetzt André – denn der ist immer noch wesentlich besser als sein geflicktes Wrack.

Wir beschließen, später einen Teil des Wegs gemeinsam zu gehen. Da jeder noch etwas zu erledigen hat, verabreden wir uns in einem Hostel in Georgien. Dort treffen wir einen weiteren Deutschen, Thomas, der allerdings mit dem Fahrrad unterwegs ist. Für ihn präge ich den Begriff des Scheinradreisenden. Er hat zwar ein Rad dabei und benutzt es auch hier und da, meist aber lässt er es stehen und fährt mit dem Bus, um sich eine Attraktion anzusehen. Nur ein einziges Mal sehe ich ihn tatsächlich auf dem Sattel sitzen. Dafür entdecke ich auf der Weiterreise in verschiedenen Hostels immer mal wieder sein Rad, das irgendwo steht, während er die Gegend mit öffentlichen Verkehrsmitteln erkundet. Ein gemütlicher Mensch mit Bauchansatz, den man eher nicht als Langstreckenradler identifiziert.

154

## DER KLEINE KAUKASUS

Mit André und Thomas erlebe ich viele tolle Stunden. Das hat auch etwas damit zu tun, dass sie Deutsche sind. Nach langer Zeit kann ich mich mal wieder in meiner Muttersprache unterhalten. Natürlich tauschen wir unsere Erlebnisse aus, die nicht wenige sind. Und wir reisen zusammen, dabei aber nicht jeden Kilometer gemeinsam. Stattdessen behält jeder sein individuelles Tempo bei, und wir treffen uns regelmäßig in Hostels oder anderen Orten wieder. Per WhatsApp sind die Verabredungen kein Problem. Ich entdecke damit eine neue Form des Reisens. Es ist schön, mich einfach mal den beiden anzuvertrauen, ihnen zu folgen und nicht immer selbst planen zu müssen. Sich kurz abzusprechen und zu wissen: In drei, vier Tagen treffen wir uns in Tiflis und verbringen wieder Zeit zusammen. Und dazwischen geht oder fährt jeder, wie er es mag, ohne Diskussionen, ohne Anpassungsleistungen.

Eine Anpassungsleistung muss ich dennoch erbringen. In Georgien wird sehr viel Alkohol getrunken. Und ich meine seeeeeeeeehr viel! Sobald man irgendwo auftaucht, winkt jemand, und man ist eingeladen. Selbst sich nur irgendwo kurz hinzusetzen und ungestört Pause zu machen, ist unmöglich. Egal zu welcher Tageszeit. Ein Beispiel: Ich bin in Kobuleti und habe eigentlich eine normale Tagesstrecke geplant. Um neun Uhr stehe ich auf und gehe nach einem kurzen Kaffee mit Lascha, der mich heute Nacht beherbergt hat, in die Kirche, wo er im Gottesdienst singen wird. Das höre ich mir an und will danach zu meiner heutigen Etappe aufbrechen. Da ich noch nicht gefrühstückt habe, kaufe ich mir ein Brot, das ich ein paar Meter weiter auf einer Bank esse. Und hier wird meine Reise nach weniger als zwei Kilometern heute auch schon enden.

Gegenüber der Bank ist eine Autowerkstatt. Die Männer, die dort arbeiten, winken mich auf einen Kaffee heran. Den nehme ich gern. Als ich danach weitergehen will, lädt mich David auf Wein ein. Nicht ein Glas, wie ich denke, nein, eine ganze Karaffe. Dazu tischt er herrlich leckeres Essen auf. Nach dem tollen Mahl geht es rüber zu den Nachbarn – wo es hochprozentigen ChaCha zu trinken gibt. Auch damit geht es mir noch ganz gut. Aber noch ist der Tag nicht gelaufen. Mit dem Auto fahren wir zur Schwester (ja, die Georgier fahren auch betrunken Auto). Hier folgt dann die richtige Herausforderung: Es wird Wein aus einem großen Trinkhorn getrunken. Ein halber Liter – und zwar auf Ex! Ich muss mich kurz darauf übergeben. Zweimal. Danach schlafe ich erst einmal vier Stunden. Das hilft, ich fühle mich deutlich besser. Ich kann aufstehen und auch gerade laufen. Wenig später spiele ich sogar mit den Kindern Volleyball. Essen, Trinken, Übergeben und Volleyball spielen – kommt mir vor, als wäre das die georgische Olympiade. Zurück in Kobuleti trinke ich erst einmal nichts mehr. Dafür esse ich reichlich – und finde heraus, dass ich alles mit allem kombinieren kann, ein Stück Käse, ein Stück Kuchen ... ich esse alles, und wirklich viel, um all den Alkohol, den ich den ganzen Tag über getrunken habe, irgendwie zu kompensieren. Am Abend tanzen wir. Da ich während meiner Zeit in der Türkei fast keinen Alkohol getrunken habe, trifft diese kulturelle Umstellung meine Leber völlig unvorbereitet. Andererseits haben André, Thomas und ich immer wieder tolle Abende. Und oft spielt dabei das Trinkhorn eine Rolle: ein großes Horn von einem Schaf, gefüllt mit einem halben Liter hochprozentigem Wein. Es kommt häufig in gemütlichen Runden zum Einsatz. Zunächst steht jemand auf und spricht einen Toast aus. Auf irgendetwas. In Georgien gibt es immer einen Grund zum Feiern. Nach dem Trinkspruch wird jemand aus der Runde aufgefordert, das Trinkhorn zu leeren. In einem Zug. Für einen trinkfesten Georgier mit gestählter Leber ist das keine Herausforderung. Für mich schon. Nicht selten gehen irgendwann von jetzt auf gleich bei mir die Lichter aus. Später bekomme ich dann ein Foto gezeigt, wie ich auf einer Couch liege mit einer Schüssel in Spuckweite. Nach wenigen Abenden in solch netten Runden bei netten Familien, die sich über meinen Besuch sehr freuen, ist mir klar, dass ich

## DER KLEINE KAUKASUS

das Ritual mit dem Trinkhorn nicht lange durchhalten werde. Außerdem gibt es ja zwischendurch auch noch andere Darreichungsformen alkoholischer Getränke. Ich wundere mich, dass der hochprozentige Schnaps die Plastikflaschen, in denen er üblicherweise gelagert wird, nicht durchätzt. Mehrmals komme ich erst um vier Uhr morgens ins Bett. Der nächste Tag ist dann natürlich gelaufen, ohne dass ich laufe. Und abends trinkt man dort weiter, wo man in den frühen Morgenstunden aufgehört hat. Wenn man also erst einmal bei einer Familie untergekommen ist, dann ist das für länger. Immer wieder heißt es: »Bleib doch noch einen Tag. So schnell kannst du nicht wieder gehen. Morgen kommt noch der Nachbar. Ach ja, und übermorgen ist eine kleine Feier bei uns.« Und ehe man sich versieht, ist man eine Woche in dieser Familie und keinen Tag nüchtern.

»In Georgien ist jeden Tag Silvester«, ist einer der Trinksprüche, die ich zu hören bekomme. Und an Silvester wird besonders viel getrunken. Es gibt einfach immer einen Grund zum Feiern. Und wenn es gerade keinen Grund gibt, ist der Grund zum Feiern der, dass es gerade keinen Grund gibt. Nach drei Monaten dieser Lebensart mache ich mir ernsthafte Sorgen um meine Leber und mein Reiseziel. Wenn ich nicht aufhöre zu trinken, vergesse ich es womöglich eines Tages ...

Aber wie kann ich dieser promilleträchtigen Gastfreundschaft entkommen? Sobald ich mich auf die Straße begebe, werde ich eingeladen. Selbst das vorzeitige Erkennen einer drohenden Einladung und ein schnelles Wechseln der Straßenseite bringen nichts. Mir bleibt nur die Flucht. Ich verschwinde in den Wald, suche mir ein passendes Plätzchen und baue mein Zelt auf. Ja, in Georgien muss ich mich tatsächlich vor der überwältigenden Gastfreundschaft im Wald verstecken.

Nichts anderes gilt für André und Thomas. Wir fragen uns natürlich, wie die Georgier das durchhalten. Immerhin haben die Männer eine durchschnittliche Lebenserwartung von 72 Jahren. Vielleicht, weil sie so gut konserviert sind. Und wie machen sie das beruflich? Viele Familienmitglieder meiner Gastfamilien sind selbstständig. Sie haben einen kleinen Hof und verkaufen auf dem Markt Eier, Gemüse und Obst. Andere backen Brot, das sie verkaufen. Oder sie brennen Schnaps. Wieder andere reparieren Autos und alle möglichen Geräte. So oder so, sie schlagen sich durchs Leben. Und ich mich in die Büsche, die sich in meinem Fall im Nachbarland Armenien befinden.

# 17

# Gebirgiger, schwarzer Garten: Bergkarabach

Ich verlasse Georgien im Ort Sadakhlo. Der Grenzübertritt bereitet keinerlei Probleme. Ich bekomme einen weiteren Stempel in meinen Reisepass und frage den Grenzpolizisten, wie lange ich in Armenien bleiben darf: 60 Tage. Ich hatte mit mehr gerechnet und überschlage grob im Kopf: Durch Armenien sind es rund 700 Kilometer. Ich muss pro Tag also etwa 12 Kilometer schaffen. Das ist mühelos machbar. Beruhigt überschreite ich die Grenze und betrete das neunte Land meiner Reise. Doch in Armenien erwarten mich keine völlig neue Kultur und Lebensart, sondern solche, die jenen in Georgien sehr ähnlich sind. Zwei Dinge fallen mir jedoch sofort auf. Erstens: Die Sprache und das Alphabet sind anders. Waren die georgischen Buchstaben sehr geschwungen, so sind die armenischen deutlich gradliniger, schlichter. Trinken die hier vielleicht auch weniger, denke ich mit einem Lächeln. Sehr schnell finde ich heraus: Nein, auch hier wird leidenschaftlich gern und viel getrunken. Meine Leber ist also weiterhin in Gefahr.

Gleich hinter der Grenze sprechen mich Taxifahrer an, die mich anscheinend schon sehnsüchtig erwartet haben. Endlich ein Kunde!

## DER KLEINE KAUKASUS

Ich aber winke ab, gehe weiter und ernte viel Kopfschütteln, als ich fast jedem Taxifahrer in der langen Schlange einzeln erkläre, dass ich gern die elf Kilometer bis zum nächsten Ort zu Fuß laufe. Wahrscheinlich halten sie mich für einen Boykotteur. Oder für einen Spinner. Oder beides.

Die Taxis sind bereits ein Faktor des zweiten Unterschieds zwischen Georgien und Armenien: Ich habe hier nicht nur Angst um meine Leber, sondern auch um mein Leben. Bedroht wird es nicht von wilden Bären oder kriminellen Banden, sondern von Autofahrern. Deren Motto könnte in Armenien lauten: Bremsen ist was für Schwächlinge. Wenn alle anderen bremsen, geben Armenier offenbar Gas. Und auf einer zweispurigen Straße wird ohne Vorwarnung bei Bedarf jederzeit eine dritte Spur in der Mitte aufgemacht, die offiziell gar nicht existiert. Unglücklicherweise muss ich die ersten Kilometer auf einer Bundesstraße zurücklegen. Mehrmals kommen mir zwei Autos nebeneinander entgegen, während sich ein weiteres Auto von hinten nähert. Beim ersten Mal denke ich mir noch: So ein Verrückter! Zum Glück ein Einzelfall, kommt nicht wieder vor, vergiss es einfach. Doch dann wiederholt sich der Vorfall. Und dann noch mal. Und noch mal. Hätte ich doch besser das Taxi nehmen sollen?! Aber ich hatte ja keine Ahnung, worauf ich mich da in Armenien eingelassen habe.

Weitere Unterschiede zur georgischen Kultur fallen mir nicht auf. Auch hier ist es leicht, eine Unterkunft zu finden, auch hier sind die Familien ausgesprochen gastfreundlich. Als ich in Ayrum der Familie, die mich beherbergt, von meinem gefährlichen Fußmarsch von der Grenze bis zu ihnen erzähle, ist die Reaktion ein Schulterzucken. Sie schauen mich ahnungslos an und verstehen nicht, warum das armenische Fahrverhalten etwas Sonderbares sein soll. So fahren doch alle, oder?

Ich sehe also zu, dass ich am nächsten Tag die große Bundesstraße meide. Auf schmaleren und ungefährlicheren Straßen gelange

## DER KLEINE KAUKASUS

ich über viele kleinere Ortschaften nach mehreren Tagen nach Sevan. Hier gibt es einen großen See und ein wunderschönes Kloster auf einem Hügel. Die Stimmung ist unbeschreiblich friedlich, die Atmosphäre ruhig und entspannt. Und die uralten russischen Wolgas, die hier immer noch durch diese traumhafte Landschaft fahren, komplettieren das Bild. Man könnte meinen, ich wäre in den 1960ern unterwegs. Wieder mal überkommt mich dieses wunderbare Gefühl, auch eine Art Zeitreisender zu sein. Ich denke: Es ist Dienstag, der 7. Oktober 2014, 14 Uhr, und ich stehe mitten in der armenischen Natur – wie irre schön ist das? So viele Menschen gehen gerade irgendwo auf der Welt einem Job nach, den sie höchstwahrscheinlich nicht einmal gern ausüben. Ich bin dankbar dafür, dass ich diesen Moment erleben darf. Wem oder was ich dankbar bin? Den Umständen, dass ich gesund bin, dass ich keine Verpflichtungen habe, dass ich frei bin und reisen kann.
Was für ein Geschenk.

Auf dem Weg nach Sevan begegne ich immer wieder Männern, die am Straßenrand stehen und beide Arme seitlich von sich strecken, sobald ein Auto vorbeifährt. Es sieht aus, als wollten sie fliegen. Zuerst denke ich: Komische Art, per Anhalter zu fahren. Aber okay, in Armenien fahren sie ja auch anders Auto. Es dauert eine Weile, bevor ich die Geste verstehe. Autos anhalten wollen die Männer schon, aber nicht mitfahren. Sie wollen Fisch verkaufen. Das machen sie illegal, da ihnen die nötige Erlaubnis fehlt, Fisch zu angeln und zu verkaufen. Aber die meisten der Straßenhändler haben die Polizei sozusagen »mit im Boot«. Den Zusammenhang zwischen den ausgebreiteten Armen und dem Fisch verstehe ich allerdings nicht. Später mache ich mir einen großen Spaß daraus, die Fischmänner zu imitieren und mit ausgebreiteten Armen auf sie zuzugehen. Einen der Männer frage ich dabei laut: »How much is the fish?« – und lache herzlich, denn ich kann mir diesen Witz einfach

## DER KLEINE KAUKASUS

nicht verkneifen. Danach gehen mir noch weitere Scooter-Song-texte durch den Kopf. »It's nice to be important, but it's more important to be nice.« Vielleicht versteht den Witz nur jemand, der die Neunziger mitgemacht hat.

Von Sevan laufe ich nach Jerewan, die Hauptstadt von Armenien. Dort finde ich ein hübsches, kleines Hostel, in dem ich mich einquartiere. Kostenpunkt: 4.000 pro Nacht inklusive Frühstück. 4.000?! Die Währung heißt Dram (Armenischer Dram, abgekürzt AMD), und mit ihr ist es relativ einfach, Millionär zu sein: eine Million AMD sind 1790€ wert. Für die Nacht zahle ich also umgerechnet 7,16€.

In Jerewan spaziere ich kreuz und quer durch die Stadt, die im Osten von zwei markanten Bergen überragt wird, dem Kleinen und dem Großen Ararat. Beide liegen in der Türkei. Der Bibel nach ist Noah mit seiner Arche auf dem Großen Ararat gestrandet. Bei einem dieser Spaziergänge – ich bin schon auf dem Rückweg zum Hostel – komme ich an Tischtennisplatten vorbei, die im Freien aufgestellt sind. Das gibt es überall in der Stadt, Tischtennis scheint ein sehr beliebter Sport hier zu sein. Mir fällt ein älterer Mann auf, der mit Schläger und Ball einige Tricks vorführt. Nicht schlecht. Ich sehe ihm eine Weile zu – und er winkt mich schließlich zu sich herüber. Eine Einladung zu einem Match. Warum nicht? Tischtennis spielen kann ich ja. Schon nach den ersten Schlägen ist klar: Der Typ ist gut. Richtig gut. Er ist 58 Jahre alt und fit wie ein Turnschuh. Der trinkt bestimmt keinen Alkohol, so sportlich wie der ist, und so scharf, wie er schießt. Ich habe keine Chance gegen ihn. Wir spielen über eine Stunde lang und haben viel Spaß. Er spricht sogar ein wenig Deutsch. Und als ich mich völlig fertig verabschiede, verrät er mir noch seinen Namen: Ashot Hayrapetyan.

Zurück im Hostel erzähle ich von meinem Erlebnis und meiner grandiosen Niederlage. Sofort fangen die ersten Gäste an, über mich zu lachen. Sie alle waren ebenfalls schon einmal »Opfer«

## DER KLEINE KAUKASUS

dieses Mannes. Auch der Leiter des Hostels hat mitgehört und klärt mich dann schließlich auf. Gegen Ashot Hayrapetyan hat niemand eine Chance. Er hat früher lange Zeit in einer Art Nationalmannschaft gespielt. Ich suche nach seinem Namen und finde einige Videos von ihm im Internet. Ich brauche mich also nicht zu schämen, gegen ihn verloren zu haben. Wieder eine dieser spannenden Begegnungen mit ungewöhnlichen Menschen, die einen Großteil des Reizes dieser Reise ausmachen.

Apropos ungewöhnliche Menschen: In dem Hostel treffe ich auch Thomas, den Scheinradreisenden, und André wieder. Ungeplant – aber in einem kleinen Land wie Armenien kann man sich nicht verfehlen und läuft sich früher oder später zwangsläufig über den Weg. Ein tolles Zusammentreffen! Wir quatschen erst einmal, was das Zeug hält, über die letzten Tage und Wochen. Ich habe die beiden Spinner wirklich vermisst!

Unser Gespräch dreht sich auch um Bergkarabach, das zwischen Armenien und Aserbaidschan liegt und schon seit mehr als hundert Jahren ein Zankapfel zwischen den beiden Nachbarstaaten ist. Lange Zeit herrschte Ruhe, doch im Zuge der Auflösung der Sowjetunion flammte der alte Streit wieder auf. Massaker und militärische Operationen von verschiedenen Seiten waren die Folge. 1994 wurde endlich ein Waffenstillstand vereinbart, der bis heute gilt. Ein Ende des Konflikts ist allerdings nicht abzusehen. Abenteuerlich wie wir sind, wollen wir uns den Zankapfel mit eigenen Augen ansehen.

Da Armenien einen Großteil des »gebirgigen, schwarzen Gartens« – denn das bedeutet der Name Bergkarabach – besetzt hat, ist Armenien die beste Ausgangsposition. Kein Land der Welt erkennt Bergkarabach als unabhängigen Staat an, eine Art Grenze gibt es trotzdem. Die Einreise ist einfach, allerdings braucht man ein besonderes Visum. Wir melden uns zunächst im Zollhäuschen

## DER KLEINE KAUKASUS

an der Grenze. Die Beamten schauen lediglich kurz in unsere Pässe, machen eine Kopie, vermerken unsere Daten und fordern uns auf, im »Ministry of foreign affairs« – dem Auslandsamt – in der Hauptstadt Stepanakert ein Visum abzuholen, das in den Reisepass eingeklebt wird. Sieben Tage dürfen wir uns umsehen, wir bleiben jedoch nur vier. Das Auswärtige Amt in Deutschland warnt dringend vor Reisen nach Bergkarabach. Wie gefährlich dieser kleine Trip ist, können wir nur schwer beurteilen, machen uns aber trotzdem auf den Weg. Die Neugier ist zu groß.

In Stepanakert nehmen wir uns ein bescheidenes Zimmer in einer kleinen Pension. Unsere Herbergsmutter ist Lehrerin und spricht recht gutes Englisch. Sie erzählt uns, dass sie sich eine Stelle mit einer Kollegin teilt. Nach dem Ende der Sowjetunion ist das Bildungssystem komplett zusammengebrochen. Lehrer werden sehr schlecht bezahlt. Ihr Monatslohn beträgt umgerechnet etwa 200 Dollar. Da das touristische Interesse an Bergkarabach ganz langsam wieder zunimmt, versucht sie, mit der Zimmervermietung etwas dazuzuverdienen. Aber viele Touristen haben nach wie vor Angst, diese Gegend zu bereisen.

Das Gebiet, das wir betreten, sieht aus, als sei gerade ein Weltkrieg zu Ende gegangen. Hier steht das Wrack eines abgeschossenen Panzers am Straßenrand, dort ein verrostetes Geschütz. Reihenweise zerstörte Häuser, ganze Dörfer und Städte liegen in Schutt und Asche. Es graust mich, wenn ich daran denke, was 1992 bis 1994 hier passiert sein muss. Die Intensität, mit der dieser Krieg geführt worden ist, überrascht uns. Mit etwas Fantasie können wir uns dennoch vorstellen, wie schön es einst in der Region gewesen sein muss. Eine traumhafte Landschaft im Kaukasus, in der das Leben bestimmt nicht schlecht gewesen ist. Jetzt ist Bergkarabach kaum mehr bewohnbar.

Kopfschüttelnd gehen wir durch die Zerstörungen und fragen uns nach dem Sinn des Konflikts. So naiv es klingen mag, aber es sieht

## DER KLEINE KAUKASUS

schlicht danach aus, als sei es darum gegangen, ein friedliches und gutes Leben zu verhindern. Das Ergebnis des zweijährigen Krieges war der Waffenstillstand. Ein Wort fällt uns ein: krank. Das alles ist krank. Keine Grenzlinie hat sich verschoben, es gibt keinen Sieger, nur Leid, Tod und Zerstörung. Warum? Wegen ein paar Quadratmetern Land? Damit eine Region zu dieser oder jener Nation gehört? Damit hier eine bestimmte Flagge gehisst wird und nicht eine andere?

Wir fragen uns, ob wir mitten in dieser Zerstörung eine Schlafgelegenheit suchen sollen. Das haben wir eigentlich nicht vor. Doch wir haben Glück. Neben uns hält plötzlich ein Auto. Ein Mann, der in Grenznähe ein paar Forstarbeiten erledigt hat, nimmt uns mit zu sich nach Hause und lädt uns ein, bei ihm zu übernachten. Zusammen fahren wir etwa 15 Minuten durch Ağdam, eine weitere vom Krieg völlig zerstörte Großstadt. Wieder fassungsloses Schweigen. Thomas, André und ich schauen uns ratlos an und suchen vergeblich nach einem Sinn in dem, was wir sehen. In unseren Gesichtern steht immer wieder die Frage geschrieben: Warum?

Je weiter wir uns dann von der zerstörten Stadt entfernen und ländliche Gebiete mit kleinen Dörfern erreichen, umso öfter tauchen zwischen den vielen Ruinen einige Häuser auf, die bewohnt sind. Und es werden sogar neue Häuser gebaut. Wir freuen uns über jedes intakte Haus – etwas, das wir bislang für selbstverständlich gehalten haben. Das Gesehene hat unseren Blick verändert.

In seinem Dorf angekommen, führt uns der Holzfäller in sein Haus. Als Erstes macht er den Ofen an und serviert uns etwas zu trinken. Wenig später kommen seine Frau, sein Sohn, seine Tochter und ihr Freund hinzu, und kurz darauf sitzen wir alle beim Abendessen und lassen es uns gemeinsam schmecken. Unser Gastgeber heißt Ivan und ist Armenien-Russe. Er erzählt, dass er fast zehn Jahre lang bei der Armee gewesen ist und überall gekämpft hat.

## DER KLEINE KAUKASUS

Auch direkt vor Ort, um sein Dorf zu verteidigen. Die aserbeid-
schanische Grenze ist nur wenige Meter entfernt. Er hat die Grau-
samkeit des Krieges erlebt und ist froh, dass diese Zeit vorbei ist.
Am nächsten Tag sehen wir uns das Museum der gefallenen Soldaten in Stepanakert an, in dem wir viel über die Vergangenheit
des Landes erfahren. In dem Museum sind tausende Fotos von
gefallenen Soldaten ausgestellt. Es ist sehr bewegend, durch den
endlos scheinenden Gang zu gehen und sich die bedrückenden Bilder anzusehen. Ich habe einen Riesenkloß in meinem Hals und das
Gefühl, dass mich jeder einzelne tote Soldat anschaut. Es folgen
weitere Gänge. Und noch ein Gang. Und noch einer.
Wir beobachten die anderen Besucher und sprechen mit ihnen, so-
weit das möglich ist. Einige von ihnen sind Angehörige. Wir erwarten Trauer, stoßen aber immer wieder auf Stolz. Eine Mutter
sagt: »Das ist mein Sohn. Er hat tapfer gekämpft. Für uns.« Aber
nun ist er tot und das Land eine künstliche Wüste. Keiner von uns
kann den Stolz nachvollziehen. »Schuld sind die anderen. Die aus
Aserbaidschan«, hören wir von netten Menschen, die uns bei sich
übernachten lassen und uns mit Essen und Schnaps versorgen.
Zu keinem Zeitpunkt empfinde ich Bergkarabach als gefährlich.
Die Lage ist überall ruhig. Wir sehen zwar den einen oder anderen
Soldaten und auch mal ein Militärfahrzeug, jedoch ohne schwere
Waffen. Checkpoints gibt es auch nicht. Dafür haben wir immer
wieder schöne Begegnungen. Als wir eine große Schafherde passie-
ren, gönnen wir uns eine Pause mit dem Schäfer, drei große Gläser Wodka inklusive. Als wir durch Shushikent spazieren und an
einer Kirche vorbeigehen, werden wir zufällig Zeugen einer Hochzeit – umgehend lädt uns das sehr nette Paar zur Feier mit ein.
Und überall sprechen uns Menschen an, bieten uns Unterkunft und
gemeinsames Abendessen an. Der Krieg ist nun 20 Jahre her. Das
Leben geht weiter. Und ich könnte wetten: Wenn wir jetzt nach
Aserbaidschan gehen würden, würden wir dort genauso nette und

## DER KLEINE KAUKASUS

gastfreundliche Menschen treffen, die sich nicht von den Menschen hier unterscheiden, aber stock und steif behaupten, die Armenier seien böse und an allem schuld. Umso unverständlicher wird mir dieser Krieg.

Nach dem Abstecher nach Bergkarabach gehen wir zurück nach Jerewan. Das Erlebte der letzten Tage, vor allem der Museumsbesuch, sitzt tief. Ich nehme mir Zeit, um die Eindrücke zu verarbeiten, um zur Ruhe kommen und Kraft für die Weiterreise sammeln zu können. Ich bin froh, dass ich André und Thomas bei mir habe. Die Gespräche mit ihnen helfen mir dabei, das Erlebte zu verdauen. Allein hätte ich Bergkarabach höchstwahrscheinlich nicht besucht. Und wenn doch, hätte ich viel mehr damit zu kämpfen gehabt. Ich stelle fest, wie sehr ich mich an das Reisen mit Gleichgesinnten gewöhnt habe. Am liebsten würde ich das bis Tibet so fortführen. Aber am nächsten Morgen verabschiedet sich André. Er hat seinen Rucksack gepackt und ist abmarschbereit. Er will so schnell wie möglich weiter – aus dem Land raus, in den Iran und in den warmen Süden. Wir machen noch ein gemeinsames Foto. Dann zieht er los. Als er das Hostel verlässt, schaue ich ihm eine ganze Weile hinterher. Vielleicht verabschieden wir uns von Freunden nur deshalb, damit wir lernen, wie wertvoll die Freundschaft für uns ist. Wehmütig gehe ich zum Essen – ein »Russisches Frühstück«, bestehend aus einem sehr öligen Omelett, Cola und Kaffee.

Thomas und ich bleiben noch ein paar Tage in der Stadt. Als wir gemeinsam unterwegs sind, hält ein Auto neben uns, ein paar Armenier winken uns zu sich ran. Nach den vielen guten Erfahrungen haben wir keine Angst. Wir steigen zu ihnen ins Auto und fahren alle zusammen in eine Bar, wo wir von den drei Männern zum Bier eingeladen werden. Ein lustiger Abend nimmt seinen Lauf, die Stimmung steigt und steigt. Schließlich muss ich sogar mit den Jungs tanzen. Das Tanzen beschränkt sich zum Glück darauf, die Arme weit auszubreiten, als ob man fliegen will – oder Fisch verkaufen. Dabei dreht

## DER KLEINE KAUKASUS

man sich mit dem Tanzpartner gegenüber im Kreis. Thomas und ich wären nach dem Abend auch zurück zum Hostel gelaufen. Da es aber sehr stark regnet, bringen uns die drei bis vors Hostel. Super nett, die Jungs! Und betrunken Auto fahren können sie auch.

Dann bekomme ich endlich von der Reiseagentur in Jerewan das Visum für den Iran. 30 Tage darf ich mich nun dort aufhalten. Also packe ich meine Sachen. Thomas steigt auf sein Fahrrad und bricht ebenfalls Richtung Süden auf. So sehe ich ihn endlich einmal auf seinem Rad fahren. Er kann es also tatsächlich. Und ich bin wieder allein – was mir schwerfällt.

Ich mache mich auf den Weg zur Grenzstadt Meghri. Es ist schon spät, als ich den kleinen Ort erreiche, und ich möchte die Grenze lieber erst am nächsten Tag überqueren. Zum Glück finde ich eine Unterkunft und verbringe den Abend auf der Veranda meiner Gastfamilie. Draußen ist es kalt geworden, und ich kuschle mit der Hauskatze. Es ist eine stille, eine friedliche Nacht. Ich schaue nach oben. Die Straßen im Ort sind größtenteils unbeleuchtet – und der Sternenhimmel ist gigantisch! Ich sehe sogar eine Sternschnuppe. Ich lächle und denke: Wie schön, dass in diesem Land seit 20 Jahren Frieden herrscht. Ich genieße diesen Frieden, der nicht selbstverständlich ist. Warum vergessen wir so schnell, wie grausam der Krieg und wie kostbar der Frieden ist? Warum muss sich die Geschichte immer wiederholen?

Am nächsten Tag treffe ich auf den Grenzfluss: den Aras. Eine Brücke stellt die Verbindung zwischen beiden Ländern her, die Grenzkontrolle findet mitten darauf statt. Zwei Monate war ich in Armenien. Jetzt kommt der Iran, mein zehntes Land. Wie immer gehe ich langsam auf die Grenzposten zu, die mir gleich eine wohlbekannte Frage stellen werden: »Wo ist denn dein Auto?« Bingo, es passiert auch hier. Gelassen antworte ich ihnen, obwohl mich die Männer skeptisch betrachten. Es folgt die Frage, woher ich denn komme. »München«, antworte ich ordnungsgemäß. »Aha. Und wohin willst du?« Wieder verschweige ich die Wahrheit nicht: »Nach Tibet.« Wieder ein skeptisches »Aha«. Dann aber heißt es: »Rucksack auspacken!« Das ist immer eine lästige und zeitraubende Prozedur. Vor allem bei den kleinen Taschen mit Medikamenten. Als ich fertig bin, liegt der Inhalt auf drei Tischen ausgebreitet, und ich muss erklären, welchem Zweck jeder Gegenstand dient. Mir ist natürlich klar, dass ich für die Grenzposten eine willkommene Abwechslung bin. Für sie ist die Rucksackkontrolle Unterhaltung pur. An dieser Grenzstation kommt täglich eine Handvoll Autos vorbei, die in der Regel durchgewunken werden. Vermutlich sind die Fahrer den Grenzern persönlich bekannt. Und dann kommt ein Fußgänger aus München. Welch eine Gelegenheit! In gutem Englisch stellen sie wieder und wieder die Frage: »Und wozu dient dieses Ding? Und dieses?« Irgendwann heißt es dann: »Okay. Du kannst alles wieder einpacken.« Selbstverständlich finden sie nichts, denn ich habe nichts Verdächtiges dabei. Und meine Papiere sind auch in Ordnung. Das wissen sie. Für sie ist es ein großer Spaß!

# 90 TAGE IRAN

In vier Stunden zur ersten Million,
für drei Tage ins Gefängnis
und 170 Kilometer tanzend
durch die Wüste.

## 10
## Schneller Reisen

Erleichtert laufe ich über die Grenze und betrete iranischen Boden. Es ist ein großer Moment für mich. Nun ist meine Leber endlich in Sicherheit. Nicht, dass es im Iran überhaupt keinen Alkohol gibt, aber im Gegensatz zu Georgien oder Armenien herrscht hier natürlich Abstinenz. Wunderbar. Weniger schön sind die 30 Tage, die mir das Visum lediglich erlaubt. Für einen Autofahrer ist das kein Thema, wohl aber für einen überzeugten Fußgänger. Ab jetzt kann ich mich nicht mehr für ein paar Tage oder sogar Wochen bei einer Familie einquartieren. Nach zweieinhalb Jahren gemächlichen Wanderns ohne Druck muss ich nun auf meine Zeit achten. Die wird knapp, selbst wenn ich das Visum verlängere. Zweimal ist das möglich und wird in jeder Polizeistation erledigt. Es reicht aus, wurde mir erzählt, den Beamten zu versichern, wie gut man den Iran finde und dass man gern noch viel länger bleiben möchte. Aber 90 Tage sind auch nicht die Welt. Und danach ist definitiv Schluss.

Am zweiten Tag erreiche ich ein kleines Dorf. Kurz vor Einbruch der Dunkelheit komme ich an, und da gerade Gebetszeit ist, gehe ich direkt zur Moschee. Ich warte, bis das Gebet zu Ende ist, und frage, ob ich in der Moschee übernachten darf. Der Imam willigt ein. Ich fühle mich in Moscheen immer sofort wohl. Nach der langen Zeit in Georgien und Armenien ist es das erste Mal, dass ich wieder in einer Moschee schlafe. Zuletzt war dies in der Türkei der Fall. Viele schöne Erinnerungen an die dortigen Moscheen kommen mir in den Sinn, denn sie sind für mich ideale Nachtquartiere. Der Imam und seine Mitarbeiter kümmern sich um mich. Ich bekomme eine heiße Suppe mit Brot, die wärmt mich von innen und ist sehr lecker. Selten war ich so froh, in der Moschee schlafen zu dürfen, wie heute. Draußen ist es eisig kalt, hier drinnen angenehm warm. Ich lege meine Isomatte auf den Teppich und mache es mir gemütlich. Wenig später kommt noch einmal ein junger Mann vorbei und bringt mir eine weitere Tasse mit heißer Suppe. Dann bin ich allein. In der Stille der Moschee treffe ich eine gravierende Entscheidung. Wenn ich mehr von dem großen Land sehen will – der Iran ist fast fünfmal so groß wie Deutschland –, muss ich mein selbstgegebenes Versprechen, die gesamte Strecke zu Fuß zu gehen, aufgeben. Es ist eine Entscheidung, die mir nicht leicht fällt. Vor allem, wenn ich an Istanbul und das Brückenproblem denke. Wenn ich aber so konsequent bleibe wie dort, müsste ich auf viele Begegnungen im Iran verzichten. Und längst stehen die Begegnungen, stehen die Menschen bei dieser Reise im Vordergrund. Für sie will ich Zeit haben.

Wieder überschlage ich grob im Kopf: 90 Tage Zeit für rund 3.000 Kilometer durch den Iran. Jetzt geht die Rechnung gar nicht mehr auf. Wenn ich zwischendurch wenigstens ein paar freie Tage haben will, komme ich auf 40 Kilometer pro Tag. Nein! Ich will nicht durch das Land rennen müssen. Ich will und kann nicht jeden Tag 40 Kilometer gehen, am Abend völlig fertig irgendwo ankommen und am nächsten Tag früh aufbrechen, um die nächsten 40 Kilometer zu schaffen. Ausgeschlossen. Ich will bei netten Menschen ankommen, zwei, drei Tage oder länger bleiben, die Kultur kennenlernen, sehen wie der Alltag bei diesen Menschen aussieht, mit ihnen leben und von ihnen lernen. Ich muss eine Entscheidung treffen, die mir alles andere als leicht fällt. Welche Erfahrung will ich machen? Will ich den ganzen Weg zu Fuß gehen oder die Kultur der Länder kennenlernen? Nach reiflicher Überlegung entscheide ich mich für die Menschen. Von nun an werde ich nicht mehr jeden Meter konsequent zu Fuß gehen, sondern mich per Anhalter fortbewegen.

Mit diesem Entschluss im Gepäck stelle ich mich am nächsten Tag an die große Bundesstraße, strecke den Arm aus und richte meinen Daumen nach oben.

Minuten um Minuten vergehen, ohne dass jemand anhält. Die Autos fahren an mir vorbei. Es bleibt nicht einmal jemand stehen, um mich zu fragen, wohin ich will. Ich schaue nicht genau auf die Uhr, bin aber sicher, schon mindestens eine Stunde in der Kälte gewartet zu haben. Dann hält Kamran an, lässt die Scheibe runter, lacht über mich und sagt, dass es keine gute Idee sei, mit ausgestrecktem Daumen am Straßenrand zu stehen. Denn im Iran hat das Handzeichen eine ganz andere Bedeutung als bei uns. Die Geste ist vergleichbar mit dem ausgetreckten Mittelfinger. Hier winkt man stattdessen mit der Handfläche nach unten und signalisiert so, dass man mitgenommen werden möchte. Ich hätte also noch viele Stunden an der Straße stehen können ...

Kamran fährt nach Tabriz und nimmt mich mit. Da wir uns sehr gut verstehen, bietet er mir auch gleich an, bei ihm zu übernachten. Während der zweistündigen Fahrt weiht er mich ein wenig in die iranische Kultur ein. Wir hören im Auto laute und fröhliche Musik. Ich frage ihn, ob das iranische Musik ist. Ja – aber aus der Zeit vor der Revolution. Jetzt ist sie illegal. Musik von vor 1979 ist verboten, genauso wie englische oder westliche Musik. Und das ist erst der Anfang einer scheinbar endlosen Liste von Verboten. Lachen an traurigen Feiertagen, wie zurzeit an Aschura (dem Gedenktag für den Märtyrertod von Imam Hussein) ist verboten. Alkohol ist natürlich verboten. Das Internet ist ebenfalls sehr eingeschränkt. Hunde sind verboten, Brettspiele sind verboten, Tanzschulen sind verboten ... Kamran meint, 90 Prozent der Dinge, die im Westen völlig normal sind, sind hier illegal. Bei so vielen Verboten fällt es gar nicht weiter auf, dass für uns »normale« Dinge, wie Fahren ohne Gurt oder Telefonieren beim Autofahren, natürlich auch verboten sind.

Ich erzähle Kamran, dass ich Englisch- und Deutschlehrer bin. Das trifft sich gut, meint er, denn viele Leute im Iran sprechen sehr gutes Englisch und Deutsch oder wollen es lernen. Der Grund: 80 Prozent

der jungen Menschen wollen den Iran verlassen. Nicht zuletzt wegen
der unzähligen Verbote. Sie fühlen sich von der Regierung in ihrer
Freiheit umfassend eingeschränkt. Vor allem ein Verbot macht sie
sehr unglücklich: Es ist nicht erlaubt, einen Freund oder eine Freundin zu haben. Man muss heiraten und bekommt dann das entsprechende »Zertifikat«. Wenn ein junges Paar auf der Straße läuft, muss
es damit rechnen, von der Ordnungspolizei angehalten und gefragt
zu werden, wie ihre Beziehung zueinander ist. Die »Ausrede«, die
Kamran in so einem Fall vorbringt: »Ich kenne die Frau nicht. Sie hat
mich nach einer bestimmten Adresse gefragt, und ich zeige ihr nur
den Weg.«
Die Zeit vergeht schnell, schon erreichen wir Tabriz. Auf den ersten Blick unterscheidet sich der Iran nicht groß von der Türkei.
Abgesehen von der Sprache und dem Alphabet. Die Architektur
der Häuser, der Geschäfte und Moscheen ist genauso wie in der
Türkei. Heute Nacht schlafe ich also bei Kamran, genauer gesagt
im Haus seiner Eltern, da diese verreist sind. Die Wohnung ist herrlich warm. Wir sitzen bis Mitternacht bei Tee zusammen und unterhalten uns. Für ihn ist es eine gute Gelegenheit, sein Englisch zu
verbessern. Denn auch er gehört zu den 80 Prozent Unzufriedenen
und will wissen, wie viel Geld er bräuchte, um in die USA auszuwandern. Kamran ist 27 Jahre alt und Elektriker. Sein Verdienst im
Iran ist sehr gering. Er bekommt umgerechnet 300 Dollar im Monat. Zwar kenne ich die genaue Summe nicht, die benötigt wird, um
in die USA auszuwandern, aber allein die Tatsache, dass Kamran
kaum Geld sparen kann, lässt die Erfüllung seines Traums in weite
Ferne rücken.

Als ich am nächsten Morgen aufwache, ist es draußen außerge-
wöhnlich hell. Ein Blick aus dem Fenster liefert die Erklärung: Es
hat über Nacht geschneit. Wie kalt es im Iran werden kann, war mir
vor meiner Reise gar nicht bewusst. Der Winter ist allerdings früh

in diesem Jahr. Ich ziehe dennoch weiter und verlasse Kamran, der mir zu einem tollen Einstieg in dieses Land verholfen hat. Sehr weit komme ich jedoch nicht. Heute gibt es zum Anlass des Aschura-Feiertages überall kostenlos Essen und Tee. Kaum habe ich das Haus verlassen, finde ich mich nach wenigen Schritten in einer Menschenschlange wieder und warte wie die anderen auf eine warme Mahlzeit. Eigentlich wollte ich das gar nicht. Doch ein freundlicher Mann hat mich herangewunken. Warum also nicht? Ich gehe zu ihm und muss mich so nicht einmal am Ende der Schlange anstellen. Während des Wartens kommen wir schnell ins Gespräch, er hat viele Fragen. Die Neugier der Iraner überrascht mich und wird es im Verlauf meiner Reise noch häufiger tun. »Wie groß sind die Schulklassen in Deutschland?« – »Was kostet ein Hamburger in der Türkei?« – »Was kostet ein gutes gebrauchtes Auto in Deutschland?« Beim gemeinsamen Essen geht das Frage-Antwort-Spiel natürlich weiter. Doch nicht einmal die Zeit reicht aus, um den Wissensdurst zu befriedigen. Wir ziehen ins nahe gelegene Teehaus um.

Nach einigen weiteren Begegnungen und Gesprächen steht fest, dass tatsächlich viele Menschen, vor allem die jungen, sehr gut Englisch oder Deutsch sprechen. Und nicht etwa, weil sie längere Zeit im Ausland gelebt haben, sondern weil sie die Sprachen bewusst lernen, um eines Tages das Land verlassen zu können. Lieber früher als später. Die Unzufriedenheit mit dem Regime ist in kaum einem Gespräch zu überhören. Auch in meinen Gastfamilien kreisen die Gespräche immer wieder um dieses Thema.

Schnell lerne ich, dass es zwei Leben im Iran gibt: das auf der Straße und das in den eigenen vier Wänden. Auf der Straße muss alles korrekt sein und den Vorgaben des Staates folgen. Kein Alkohol, keine westliche Musik, die Frauen müssen ordnungsgemäß verschleiert sein, und tausend andere Regelungen sind einzuhalten. Die Liste von Verboten wird jeden Tag länger. Aber dieses Leben existiert nur in der Öffentlichkeit. Hinter der geschlossenen Haustür ist alles anders. Da kommen die Kopftücher runter, dann wird auch Alkohol getrunken, und man tut das, wozu man Lust hat. Und wir wissen alle: Wenn etwas verboten ist, macht es umso mehr Spaß.

Während ich in den anderen Ländern meiner Reise bisher immer einen guten Zugang zum Internet hatte, ist dies im Iran nicht der Fall. Zwar gibt es überall WLAN – die Auswahl an Webseiten ist aber sehr eingeschränkt. Es gibt kein Facebook, kein YouTube, kein Twitter. Und das ist noch das geringste Problem. Alles, was irgendwie westlich aussieht, ist ebenfalls gesperrt. Seiten mit westlichen Nachrichten, Seiten, auf denen man westliche Songtexte nachlesen kann, Blogs, Onlineshops und vieles mehr ist nicht zugänglich. Die iranische Regierung hat das Internet derart gut abgeblockt, dass selbst mit einem VPN-Programm, das zur Umgehung von Zensurmaßnahmen genutzt wird, kein reibungsloser Zugang möglich ist. Es braucht also wirkungsvollere Methoden. Viele Technikfreaks verschaffen sich mittels Proxy und anderen Tricks vollständigen Zugang zum Netz und umgehen so die staatliche Zensur. Und wer dies selbst nicht kann, der kennt jemanden, der es kann. Die Iraner halten da sehr zusammen. Und so schaffe ich es tatsächlich auch, einen Proxy zu bekommen, den ein Iraner auf meinem Handy einrichtet.

Die Zensur der Medien führt natürlich dazu, dass viele Menschen wenig vom Leben außerhalb des Irans erfahren. Dies wiederum führt zu einem starken Interesse an Reisenden wie mir, da die Iraner möglichst viel von Ausländern erfahren wollen.

Wie ich bald merke, ist schon das ein Grund, mich zu sich einzuladen. Ich werde somit selbst zum Medium. Immer wieder tauchen in den Gesprächen Geldfragen auf: »Du hast doch als Elektriker gearbeitet? Wie viel Geld verdient man denn da? Und wo kann man sich in Deutschland bewerben?« Hinter jeder solchen Frage verbirgt sich die Hoffnung, eines Tages das Land verlassen zu können.

Aber das ist natürlich nicht der einzige Grund, mich zu beherbergen. Es ist wieder einmal die unglaubliche Gastfreundschaft in diesem Land. Noch dazu gibt es im Iran die größte Couchsurfing-Community der Welt. Und das, obwohl die Webseite natürlich gesperrt und es offiziell verboten ist, Ausländer aufzunehmen. Dies kommt mir zugute, als ich mich auf Teheran zubewege. Da mir dort Kontakte fehlen, stelle ich eine öffentliche Anfrage. Man kann auf der Internetseite Leute direkt anschreiben oder eben eine öffentliche Anfrage starten, in meinem Fall für Teheran. Lange muss ich nicht warten. Eine Frau namens Arezou meldet sich bei mir: »Meine Schwester ist gerade auf Reisen. Ihr Zimmer steht also leer. Ich habe mit ihr gesprochen. Solange sie unterwegs ist, kannst du ihr Zimmer haben.« Natürlich wundere ich mich über dieses Angebot, denn offiziell ist es einer unverheirateten iranischen Frau natürlich verboten, einen fremden Mann bei sich übernachten zu lassen. Andererseits denke ich an die zwei Leben, die zwei Welten, die ich kennengelernt habe. Das Leben auf der Straße und das Leben hinter verschlossenen Türen. Also sage ich zu.

Am nächsten Tag mache ich mich auf den Weg nach Teheran. Auf der Karte suche ich mir eine Autobahnauffahrt in der Nähe heraus. Etwa drei Kilometer muss ich durch die Stadt gehen, um dorthin zu gelangen. Schon nach wenigen Metern werde ich von einem Mann zu einem kleinen Frühstück eingeladen. Er nimmt mich einfach an die Hand und zieht mich hinter sich her in sein kleines Geschäft. Dort bin ich dann für einen Moment der Chef, denn der Besitzer dreht sich um und verlässt den Laden, um Tee zu holen. Während dieser Zeit bin ich die einzige Person im Laden und werde sogar auf dem Chefsessel platziert. Nach dem Frühstück will ich wieder los und erzähle ihm, dass ich per Anhalter nach Teheran will. Der Mann schüttelt den Kopf: »Zu gefährlich und zu umständlich!« Er greift zum Telefon und bestellt ein Taxi zum Busterminal. Und nicht nur das. Er besteht auch noch darauf, das Taxi und das Busticket bis nach Teheran für mich zu bezahlen.

# 90 TAGE IRAN

Sofort, als ich den Bus betrete, werde ich daran erinnert, dass ich im Iran bin. Der Bus ist mit einer Glasscheibe in einen Männer- und einen Frauenbereich eingeteilt. Die Busfahrt von Tabriz nach Teheran dauert etwa sieben Stunden und führt vorbei an schneebedeckten Bergen. In Teheran angekommen, treffe ich mich als Erstes mit Hamid. Dieser nette Mann, der hier in einer Sprachschule arbeitet, hat es mir überhaupt erst ermöglicht, dass ich im Iran sein kann, denn er ist derjenige, der mir die für das Visum nötige Einladung geschickt hat. Wir treffen uns mit einigen seiner Kollegen, die ebenfalls Englischlehrer sind, und verbringen einen lustigen Abend zusammen. Es gibt sehr gutes Essen, viel Tee, und zum Abschluss rauchen wir noch Shisha.

Teheran ist das absolute Zentrum des Iran. Hier leben fast neun Millionen Menschen, also etwa so viele wie in London. In der gesamten Metropolregion sind es 15 Millionen. Die Stadt hat eine gewaltige Ausdehnung und eine verblüffend westlich wirkende Skyline mit Hochhäusern und Türmen. Im Norden wird Teheran vom 3975 Meter hohen Berg Totschāl überragt. Auffällig ist die merkwürde Hanglange, innerhalb derer es einen Höhenunterschied von rund 600 Metern gibt. Teheran ist also wortwörtlich eine ziemlich schräge Stadt.

Ich übernachte bei Hamid und bin überwältigt, wie modern sein noch sehr neues Haus eingerichtet ist. Nach dem Mittagessen am nächsten Tag fahre ich mit dem Taxi zu Arezou, meiner Couchsurfing-Gastgeberin. Sehr schnell merke ich: Ich bin wieder in der Großstadt – stundenlang stehen wir im Stau. Dabei habe ich gerade angefangen, die Stadt zu mögen. Doch der Verkehr treibt mich zum Wahnsinn! Der Taxifahrer ist dafür sehr gesprächig und erzählt mir eine überraschende Geschichte. Eigentlich ist er nämlich Regisseur von Beruf. Doch sein aktueller Film wurde von der Regierung zensiert und nicht zur Aufführung freigegeben. Daher muss er seinen Lebensunterhalt mit Taxifahren verdienen. Er kennt die Stadt von

oben bis unten und versichert mir: »Hier gibt es alles.« Alkohol?
Bier ist auf dem Schwarzmarkt für zehn Dollar pro Flasche zu
haben. Unzensierte Zeitschriften und Magazine? Kein Problem.
Selbst Prostitution gibt es in der Stadt. Alles nur eine Frage der
richtigen Kontakte und des Geldes.

Während der Taxifahrt geht mir außerdem immer wieder durch
den Kopf, wie erstaunlich es ist, dass mich im Iran eine Frau eingeladen hat, bei ihr zu übernachten. Ich habe noch andere Ange-
bote bekommen, Arezou aber bewusst ausgewählt, weil ich bisher
ausschließlich mit Männern Kontakt hatte und wissen will, wie die
Frauen im Iran denken und wie ihr Leben in diesem Land aussieht.
Ich habe großes Glück, die Gelegenheit zu bekommen, denn jetzt
offenbart sich für mich die andere Seite.

# 21

## Verbotene Liebe

Als sich die Tür öffnet, stehen zu meiner Überraschung vier Frauen
vor mir, drei junge und eine ältere. Vier Hände fliegen mir entgegen, um mich zu begrüßen. Zögerlich reiche ich meine Hand, denn
Frauen ist es hier eigentlich nicht erlaubt, Männer zu berühren. Das
beinhaltet auch den Händedruck. Noch dazu trägt keine der Frauen
ein Kopftuch. Lächelnd führen sie mich in die Wohnung, als sei
dies ein ganz normaler Vorgang im Iran.

Meine Überraschung hält an: Sie sprechen alle sehr gut Englisch und
eröffnen ohne Umschweife das Gespräch. Ich staune und freue mich
über ihre Offenheit. Zwei der drei jungen Frauen – es sind Freundinnen von Arezou, die ältere Frau ist Arezous Mutter – erzählen mir,
dass sie »boyfriends« haben und dass sie ihre Kopftücher auf der
Straße sehr locker und weit tragen. Sie wollen rebellieren, sich gegen
das Regime stellen, aber gerade noch im erlaubten Rahmen bleiben.

## 90 TAGE IRAN

Ein Drahtseilakt. Wird eine Frau ohne Kopftuch von der Ordnungspolizei erwischt, sind eine Geldstrafe und eine Verwarnung fällig. Passiert es öfter, ist auch mit Gefängnis zu rechnen. Deshalb: Kopftuch
ja, aber eben sehr offen getragen – eine Art des stillen Protests.
Wir sitzen bis zum Abend zusammen und reden. Dann verabschieden sich die beiden Freundinnen und die Mutter. Ich bin mit Arezou allein. Ihre Mutter ist also informiert und mit meinem Aufenthalt einverstanden. Sie ist sehr tolerant und gibt so Arezou die
Möglichkeit, auch mal Dinge zu tun, die nicht erlaubt sind. Und
diese Freiheit nutzt die Tochter, verwendet mehr Makeup, als vom
Regime erwünscht ist, und hat ab und zu auch einen Freund. Ihre
guten Englischkenntnisse nutzt sie ebenfalls und arbeitet hier und
da als Englischlehrerin.
Ich habe in der Wohnung meinen eigenen Bereich, wo ich auf einer
kleinen Ausziehcouch schlafen kann. Drei Tage, vereinbaren wir,
kann ich bei Arezou bleiben. Drei Tage, in denen sie mir die Stadt
zeigen will. Ein großer Glücksfall für mich, denn so laufe ich nicht
ziellos herum.

Am zweiten Abend steht eine Party an. Arezou nimmt mich mit zur
Geburtstagsfeier einer Freundin, die auch Arezou heißt – ein häufi-
ger Name im Iran, wie sie mir erklärt. Und das Fest ist wirklich eine
Party, es wird getanzt, gut gegessen und auch Alkohol getrunken.
Iranischer Wein, der eigentlich der armenischen Minderheit im Land
vorbehalten ist. Armenier dürfen im Iran offiziell Alkohol trinken,
und auch zur Herstellung von Rosinen darf Wein angebaut werden.
Die häufigste Rebsorte ist der Shiraz, der aus der gleichnamigen Region kommt, und dem die Stadt Shiraz im Süden des Iran auch ihren
Namen verdankt. Arezou – die, die Geburstag feiert – hat eine tolle
Stereoanlage, und jeder hat einen USB-Stick dabei. Außerdem hat
jemand für einen YouTube-Zugang gesorgt, das Musikangebot ist
entsprechend global. Die Stimmung ist ausgelassen, ich fühle mich

sauwohl. Besser kann man in Teheran wahrscheinlich nicht ankommen. Außerdem ist mir Arezou – die, bei der ich übernachte – überaus sympathisch. Vielleicht sogar mehr als das. Immer wieder fällt mein Blick auf sie.

Irgendwann ist die Party aus, und wir gehen zurück zu ihr, sagen einander artig gute Nacht, und jeder verschwindet in sein Zimmer, jeder in sein Bett. Wie es sich gehört. Noch nicht wirklich müde, greife ich zum Handy und schicke ihr eine WhatsApp-Nachricht. Was mir irgendwie komisch vorkommt, da sie sich ja nur wenige Meter entfernt befindet und wir uns gerade erst verabschiedet haben. Sie antwortet sofort. Sätze fliegen hin und her, ein offener Flirt entwickelt sich. Ihr sei kalt, mailt sie, weshalb sie nicht einschlafen könne. Eine Umarmung könne in diesem Fall Abhilfe schaffen. Ich bin also gefragt und gehe in ihr Zimmer. Statt mir in der Tür entgegenzukommen, wie ich es erwartet hatte, liegt sie im Bett, rutscht etwas zur Seite und fordert mich auf, mich neben sie zu legen. Ich zögere, folge dann aber doch der Aufforderung. Kaum liege ich neben ihr, legt sie ihren Arm um mich. Wenig später lege ich meinen Arm auch um sie. Unsere Köpfe berühren sich, wir küssen uns. Am nächsten Morgen sind wir ein Paar, obwohl uns bewusst ist, das dies im Iran nicht möglich ist. Zumindest nicht offiziell. Arezou sieht das weniger problematisch. Sie weiß, was tatsächlich möglich ist und was nicht. Als eine Art Beweis zeigt sie mir Fotos von sich in modernen, westlichen Kleidern, die sie nur im Haus oder auf den verbotenen Partys tragen kann. Selbst kurze Röcke und schulterfreie Kleider sind dabei. Ebenso hat sie viele Reisen durch das Land unternommen und zeigt mir auch davon Fotos. Sie erzählt und erzählt, und dank ihrer guten Englischkenntnisse erfahre ich sehr viel über den Iran.

Doch das ist erst der Anfang. Ich reise natürlich nicht nach drei Tagen wieder ab – sondern wir reisen zusammen! Als Studentin hat Arezou die Möglichkeit, sich für eine gewisse Zeit beurlauben zu lassen. Das nutzen wir umgehend. Da Arezou aber noch etwas für die Uni zu erledigen hat und es deshalb nicht sofort losgehen kann, nehme ich einen Job in einer Sprachschule an und unterrichte Englisch. Mein Stundenlohn beträgt umgerechnet 8 Dollar. Nach vier Stunden habe ich 32 Dollar verdient und bin im Iran Millionär. 32 Dollar sind ziemlich genau 1 Million Rial. So einfach habe ich mir das schon immer gewünscht.

Offiziell wird Arezou meine Reiseführerin. Sie spricht Farsi – die Sprache im Iran – und Englisch, und kennt natürlich die iranische Kultur. Wenn wir bei einer Familie eingeladen werden, kann sie die Gespräche übersetzen. Was für ein großes Glück, dass ich sie habe. Näher kann ich diesem Land und seinen Menschen kaum kommen. Zum anderen kann ich die Reise mit ihr teilen und bin nicht länger allein unterwegs.

Natürlich müssen wir sehr aufpassen, nicht als Paar erkannt zu werden. Diese Undercover-Aktion ist eine Herausforderung, denn wir behalten meinen Reisestil bei, übernachten also vorwiegend bei Familien oder nutzen Couchsurfing. Der Unterschied zum Alleinreisen ist groß. Als einzelner Mann werde ich ausschließlich von Männern angesprochen und eingeladen. Zusammen mit Arezou sprechen uns auch Frauen an, das heißt, die Frauen sprechen Arezou an und laden uns dann ein. So besuchen wir auch Familien, die ich allein wahrscheinlich nie kennengelernt hätte. Arezou ist für mich ein echter Türöffner und sie zeigt mir die schönsten Gegenden des Iran. Sie kennt nicht nur das ganze Land sehr gut, sondern hat auch viele Geheimtipps zu bieten. Manchmal gehen wir zusammen zu Fuß, dann fahren wir wieder per Anhalter. So kommen wir ganz gut voran. Ich muss ja immer an meine maximal 90 Tage denken.

Und es gibt auch einige wenige Zugstrecken im Iran. Arezou kennt eine besonders schöne davon: von Dorud nach Dezful. Bahnfahren ist im Iran ein besonderes Erlebnis. Ich fühle mich in eine Zeit zurückversetzt, die ich nie erlebt habe. Die Waggons stammen von der Deutschen Bahn, sind mir also auf eine gewisse Weise vertraut. Nur dass sie gut 40 Jahre alt sind. Die deutschen Aufkleber, Warnhinweise und Werbetafeln sind auch noch da. An einer Tür hängt ein Schild: Ingolstadt Nord – München. Es bietet sich mir ein surreales Bild: ein deutscher Zug voller Iraner.

Die Strecke ist wirklich traumhaft. Ich blicke aus dem Fenster, und während ich so nach draußen schaue, überkommt mich die Sehnsucht, wieder zu wandern. Alle fünf bis zehn Kilometer fahren wir an kleinen Dörfern vorbei, von denen ich keines besuchen werde. Ich komme mir vor wie im Kino. Draußen zieht die schöne Landschaft vorbei, und ich würde in dem Film gern mitspielen. Nur passiver Beobachter zu sein, ist nicht mein Ding. Leider sind die Scheiben zu dreckig, um gute Fotos machen zu können.

Abteile gibt es in den Zügen nicht, also auch keine Möglichkeit, für sich zu sein. Die Iraner haben dafür jedoch eine interessante Lösung gefunden, zumal fast alle im Familienverbund unterwegs sind. In der Öffentlichkeit tragen sehr viele Frauen über ihrer Kleidung einen Tschador, einen meist schwarzen Umhang, der Kopf und Körper bedeckt. In den Waggons sieht man regelmäßig, wie Familien einen Tschador zwischen zwei Bänke gespannt haben. Sie schaffen sich so ihr eigenes Abteil. Arezou erklärt mir, das Tschador eigentlich Zelt bedeutet. Als solcher wird er im Zug perfekt eingesetzt. Arezou trägt keinen Tschador – Privatsphäre haben wir daher nicht.

Im Zug spricht es sich wie ein Lauffeuer herum, dass ein westlicher Tourist mitfährt. Kaum haben wir einen Sitzplatz, erscheint eine iranische Familie und stellt Fragen. Wieder einmal mutiere ich zum Medium und erzähle aus meinem Leben, von meiner Reise und berichte aus Deutschland. Die Familie ist zufrieden – und macht Platz für die nächste. Das Spiel beginnt von vorn. Ich fühle mich wie bei einem Speed-Dating. In diesem Augenblick hätte ich Arezou am

## 90 TAGE IRAN

liebsten nicht dabei gehabt. Dann hätte ich mich darauf berufen, allenfalls ein bisschen Englisch zu können. Aber sie sitzt neben mir und übersetzt eifrig jedes Wort. Dass ich eine Dolmetscherin dabei habe, verstärkt das Lauffeuer sogar noch. »Den kann man alles fragen«, heißt es im Zug. »Der hat eine Übersetzerin dabei.« Am Ende der Fahrt habe ich das Gefühl, mit jedem einzelnen Passagier im Zug persönlich gesprochen zu haben.

Von vielen Familien, die sich zu uns setzen, werden uns – in der Schale geröstete und gesalzene – Sonnenblumenkerne angeboten. Diese Knabberei ist im ganzen Land unendlich beliebt. Ich gebe mir größte Mühe mit meinen leeren Schalen und packe sie ordentlich in eine Mülltüte, alle anderen schauen mich nur verständnislos an und belächeln mich. Sie schmeißen ihre Schalen einfach auf die Erde. Wie sie es überall tun. In einigen Waggons sieht es aus wie in einer spanischen Bar. Und ich denke mir nur: Es gibt eben kein besseres Mittel eine Kultur kennenzulernen, als mittendrin zu sein.

Ein überraschendes Gesprächsthema auf der langen Zugfahrt sind Geldwährungen, die den meisten Passagieren unbekannt sind. Neben türkischer Lira, georgischen Lari und armenischen Dramen, finde ich noch eine Euro-Münze in meinem Fundus. Damit könnte ich die sechsstündige Zugfahrt zweimal bezahlen, denn der Preis dafür beträgt 20.000 Rial, umgerechnet also 50 Cent. Waren das die Preise in Deutschland vor 40 Jahren?

Mein deutscher Reisepass stößt ebenfalls auf großes Interesse bei allen Mitreisenden. Neugierig bewundern sie die schönen Stempel von Georgien, Armenien, Bergkarabach und Iran. Dabei fällt mir ein, dass meine 30 Tage bald abgelaufen sind und die erste Verlängerung ansteht. Also fahren wir weiter nach Isfahan. Dort gehe ich zum Ausländeramt, fülle die entsprechenden Formulare aus und reiche die Papiere ein.

Mir wird ein Abholschein überreicht und die Info gegeben, dass ich morgen um neun Uhr wiederkommen soll. Hoffentlich klappt alles, und ich kann weitere 30 Tage im Iran bleiben. Ich muss zugeben, dass ich sehr angespannt bin, denn ich weiß nicht, was alles schiefgehen könnte und ob das mit der Verlängerung wirklich so einfach ist, wie es im Internet beschrieben wird. Mit leichtem Herzklopfen suche ich am nächsten Tag erneut das Ausländeramt auf. Zu meiner Überraschung läuft alles reibungslos. Ich zeige den Abholschein, und zwei Minuten später bekomme ich meinen Pass zurück, 30 weitere Tage inklusive. Der zuständige Polizist wünscht mir sogar noch eine gute Reise! Mir fällt ein Stein vom Herzen, so erleichtert bin ich. Mein Weg durch den Iran geht also weiter. Es bedeutet allerdings auch 30 weitere Tage schlechtes Internet. Das schlechteste und langsamste, das ich bisher unterwegs erlebt habe.

# 11

## Die Wüstendörfer

Yazd ist für mich eine der schönsten Städte im Iran, vor allem die Altstadt. Es gibt viele alte Moscheen, deren Minarette und Kuppeln eine außergewöhnliche Skyline bilden. Nachts werden die Moscheen wunderschön beleuchtet, und es sieht aus, als wollten sie mit den Sternen am Himmel um die Wette strahlen.

Zwischen den Minaretten fallen uns noch andere Türme auf. Es sind Badgire – Windtürme –, die mich sofort begeistern. Ganz ohne Strom oder moderne Technologie sind sie allein aufgrund ihrer Bauweise in der Lage, ein Gebäude zu kühlen. Weht kein Wind, sorgt der Kamineffekt dafür, dass warme Luft aus dem Gebäude im Turm aufsteigt und kühle Bodenluft ins Haus gelangt. Ein Badgir besitzt zwei bis vier Lüftungskanäle, die geöffnet und verschlossen werden können, um den Kamineffekt zu steuern. Die Türme dienen auch dazu, das in unterirdischen Zisternen gesammelte Wasser zu kühlen. Selbst im Sommer bleibt es dank der Nutzung der Verdunstungskälte so kalt wie in einem Kühlschrank. Badgire wurden schon in der Antike gebaut. Natürlich sehen wir uns einen dieser Türme an und bewundern das Wissen der alten Baumeister. Billiger und nachhaltiger kann man ein Haus nicht kühlen. Warum moderne Häuser stromfressende Klimaanlagen benötigen, ist uns mit einem Mal rätselhaft.

Yazd ist umgeben von Wüste. Auch dort leben Menschen, in Wüstendörfern. Diese will ich kennenlernen. Wir verlassen die Stadt in südlicher Richtung und haben Glück, dass wir bald jemanden finden, der uns per Anhalter ein großes Stück mitnimmt. Er selbst ist gerade auf dem Weg nach Shiraz, fährt also genau in die Richtung, in die wir wollen, und hat noch genug Platz für uns und unsere großen Rucksäcke. Nach 170 Kilometern lässt er uns genau an dem Ort aussteigen, den wir für diesen Trip ausgewählt haben: mitten in der Wüste, mitten im Nichts, etwa zehn Kilometer von der nächsten Ortschaft entfernt. Diese laufen wir querfeldein – die Landstraße zur Orientierung immer im Blick.

Das Wetter ist traumhaft, sonnig, aber nicht zu heiß. Ideal zum Wandern. Nach wenigen Kilometern machen wir eine Pause und lassen uns unser mitgenommenes Picknick schmecken: leckeres Nan – das typische iranische Brot – mit Honig und Käse.

Fast zwei Stunden sitzen wir in der Wüstenlandschaft, essen, lachen, tanzen und lassen uns die Sonne ins Gesicht scheinen. Es ist herrlich. Das hatte ich schon lange nicht mehr, und ich habe es so vermisst. Einfach loslaufen, Pause machen, wann wir wollen, sorgenfrei weiterlaufen, und es ist völlig egal, wann wir am Zielort ankommen.

Erst am späten Nachmittag, kurz bevor die Sonne hinter einem Berg verschwindet, machen wir uns wieder auf den Weg. Schließlich wollen wir das noch etwa sechs Kilometer entfernte Dorf vor Einbruch der Dunkelheit erreichen. Ich fühle mich leicht, fast so als schwebte ich über dem Boden. Ich genieße die unbeschreibliche Ruhe in der Wüste. Nur unsere Schritte knirschen ein wenig.

## 90 TAGE IRAN

Wir bleiben stehen und hören ... nichts. Es ist unglaublich still. Ich habe schon viele besondere Orte auf meiner Reise besucht. Schöne Gebäude, Sehenswürdigkeiten und vieles mehr bewundert. Die Wüste ist einzigartig. Sie scheint unendlich groß und weit zu sein. Zu sehen gibt es hier nicht viel. Nur die unendliche Weite. Die Wüste muss man erleben. Wir laufen in einen unglaublichen Sonnenuntergang. Diese Stimmung, die Stille der Wüste, all das ist schwer in Worte zu fassen. Atemberaubend und wunderschön. Es macht mich glücklich, dieses Erlebnis mit Arezou zu teilen.

In der Dunkelheit ist die Gefahr, sich in der Wüste zu verlaufen, sehr groß. Daher gehen wir zur Landstraße zurück und folgen dieser. Die Strecke ist ideal, es geht schnurstracks geradeaus. Und es ist kaum Verkehr. In den zwei Stunden, die wir noch laufen, kommen uns gerade einmal drei Autos entgegen. Nachdem die Sonne untergegangen ist, wird es schnell kalt. Es ist erstaunlich, wie groß der Temperaturunterschied zwischen Tag und Nacht ist: von angenehm warmen 18 Grad bis zu lausig kalten minus 5.
Kurz nach Einbruch der Dunkelheit kommen wir in Marvast an. Es ist lange her, dass ich in einem Ort zu Fuß ankomme, und es ist ein richtig gutes Gefühl. Kaum erreichen wir das Dorf, laufen uns Menschen entgegen, und eine Familie lädt uns zu sich ein. Wie immer ist die Gastfreundschaft überwältigend. Wir bekommen nicht nur reichhaltiges, köstliches Essen, sondern dürfen auch das erst fünf Monate alte Baby auf den Arm nehmen. Wir werden von der Familie so herzlich aufgenommen, als würden wir schon immer dazugehören. Mit Arezou als Übersetzerin gibt es wieder sehr gute Gespräche, und wir erfahren viel über das Leben in der Wüste, das sich von dem in den Städten doch sehr unterscheidet. Trotz der Kargheit ist es hier absolut lebenswert. Badgire gibt es auch, allein dank der Windtürme können hier verderbliche Lebensmittel gekühlt werden. Wie alt sie sind, lässt sich nur erahnen.

## 90 TAGE IRAN

Neben den alltäglichen, für uns jedoch sehr spannenden Momenten, gibt es auch einige ziemlich lustige, die Sache mit dem Turban, der Kopfbedeckung vieler Männer in den Wüsten des Irans. Der Sand hier ist so fein, dass er seinen Weg in jede kleine Ritze findet. Daher verschleiern die Männer oft ihren Kopf, sodass nur die Augen zu sehen sind. Unser Gastgeber zeigt mir, wie man ihn anlegt. Aber es geht nicht. Ich schaffe es nicht, den um den Kopf gewickelten Turban am Ende zu befestigen. Trotz aller Knoten und Windungen schaut mein kahler Kopf oben raus. Das Ding sitzt einfach nicht richtig, denn mir fehlt die Erfahrung. Ich bin ein Mensch aus dem Westen, der die einfachsten Handgriffe nicht beherrscht. Die Familienmitglieder schmunzeln natürlich. Als ich in den Spiegel blicke, sehe ich den Grund. Mit dem Kranz oben drauf schaue ich irgendwie aus wie ein Mönch, der einen misslungenen Ausflug in die Wüste gemacht hat. Uns kommen die Tränen, und wir lachen, bis es wehtut.

Am nächsten Tag wollen wir eigentlich weiter, unser Plan ist, bis zum nächsten Ort zu wandern, der 18 Kilometer entfernt ist. Es wäre ein schöner Weg durch die Wüste gewesen. Aber es kommt alles anders. Wir fühlen uns in unserer Gastfamilie so wohl, dass wir es ihnen überlassen, die Pläne für uns zu machen. Nach dem Frühstück werden wir über zwei Stunden lang im Ort herumgeführt. Rachman, unser Gastgeber, wird zu unserem stolzen Tourguide. Es macht uns riesigen Spaß, durch die Ruinen zu wandern. Der Ort war vor vielen hundert Jahren einmal eine Oase, die Reisenden und Händlern Schutz und Wasser gab. Heute ist davon nicht mehr viel übrig. Es gibt eine alte Karawanserei, und die Palmen erinnern noch ein wenig daran. Außerdem gibt es in Marvast eine große Burg. Diese ist jedoch verschlossen, was Rachman ziemlich die Laune verdirbt. Er lässt nichts unversucht, um an die Schlüssel heranzukommen.

Am Nachmittag hat er die verantwortliche Person gefunden, die uns tatsächlich die Schlüssel aushändigt: der Bürgermeister. Dieser kommt sogar selbst zur Burg, um uns zu begrüßen. Vom Dach der Burg haben wir einen wunderbaren Rundumblick. Die Dimension dieses Dorfes ist gigantisch. Flache Lehmhäuser, so weit ich sehen kann. Sie sind sehr eng aneinander gebaut, damit möglichst wenig Sonnenlicht in die schmalen Gassen fällt. Im Sommer sind die Temperaturen unerträglich heiß, und Schatten ist rar.

Am Abend spazieren Arezou und ich noch etwas allein durch den Ort. An der Moschee gibt es kostenfrei Suppe für alle. Der Zusammenhalt der Menschen in diesen Dörfern ist beeindruckend. Eine der fünf Säulen des Islam ist die Zakāt, also die Unterstützung bedürftiger Menschen durch Almosen. Natürlich ist das Befolgen dieser Pflicht aus religiösen Gründen sehr wichtig. Aber in den Wüstendörfern gewinne ich den Eindruck, dass ärmere Menschen nicht nur deshalb versorgt werden. In verschiedenen Dörfern, die wir besuchen, sehen wir mehrmals einige Männer an einer Feuerstelle, sie haben einen großen Topf darauf gestellt und kochen. Neugierig wie wir sind, gehen wir näher und werden eingeladen, auch einmal mit dem großen Löffel umzurühren. Der Glaube besagt, dass Wünsche in Erfüllung gehen, wenn man den Topf rührt. Sobald das Essen fertig ist, kommen Kinder und Erwachsene aus den umliegenden Häusern und holen sich eine Schüssel zu essen ab. Ich habe nicht den Eindruck, dass die Männer an der Feuerstelle das nur machen, weil die fünf Säulen des Koran es vorschreiben. Nach meiner Auffassung machen sie es aus freiem Herzen. Es ist für sie selbstverständlich. Sie sind dankbar und spüren, dass sie alles haben, was sie brauchen, und sehen, dass es Bedürftige gibt, denen es weniger gut geht.

Ob ich zu den Menschen in den Wüstendörfern einen so guten Kontakt bekommen hätte, wäre Arezou nicht dabei, ist fraglich. Ich genieße es sehr und wünschte, ich hätte mehr Zeit, um die Kultur und Gastfreundschaft noch näher kennenlernen zu können. Für mich ist es ein großes Geschenk, das erleben zu dürfen. Und auch für Arezou ist es etwas Besonderes, denn sie lernt ihr eigenes Land auf wunderbare Art als Touristin kennen.

Am nächsten Tag geht es zurück nach Yazd. Wir hatten eigentlich geplant, dass wir nur eine Stunde die Landstraße entlanglaufen und uns dann wieder per Anhalter mitnehmen lassen. Doch im Laufe von zwei Stunden braust lediglich ein LKW vorbei, dessen Fahrer uns keine Beachtung schenkt. Eine weitere Stunde später nähert sich erneut ein großes Fahrzeug. Es schimmert in der Ferne über dem heißen Asphalt und sieht aus wie ein weiterer Lastwagen, aber als das Gefährt näher kommt, erkennen wir, dass es ein Reisebus ist. Ich winke mit der Hand, und er hält tatsächlich neben uns an. Wir betreten den Bus. Die Vorhänge sind zugezogen, und ich wundere mich über die Stille. Von der Zugfahrt ein paar Wochen zuvor weiß ich, dass Iraner auf Reisen alles andere als ruhig sind. Aus dem Dämmerlicht heraus starren uns 40 Passagiere mit großen Augen an. Es sind jüngere Menschen, so viel kann ich erkennen. Der Bus fährt unglaublicherweise nach Teheran, und der Busfahrer bietet an, uns mit zurück nach Yazd zu nehmen, das direkt auf dem Weg liegt. Wie aus dem Nichts geht es los. Kaum ist die Tür geschlossen und der Bus losgefahren, reißen sich die Frauen ihre Kopftücher herunter, der Busfahrer dreht die Musik auf und der Reiseleiter macht Stimmung. Krasser könnte der Kontrast zwischen der Stille der Wüste und der menschlichen Kultur nicht sein. Der harmlose Reisebus entpuppt sich als Partybus – und es wird die genialste Party, die ich seit Langem erlebt habe! Mehrere Leute im hinteren Teil des Busses stehen auf und beginnen, im schmalen Gang zu tanzen. Bald werde auch ich aufgefordert. Die Musik ist spitze – natürlich die verbotene Musik aus der Zeit vor 1979. Ich hätte nie gedacht, dass iranische Musik so super zum Tanzen geeignet ist. Einige der Partygäste haben Musikinstrumente dabei und spielen die Musik mit, andere singen laut dazu. Es ist eine unglaublich ausgelassene Stimmung, und ich finde es einfach toll, zu sehen, wie die Menschen Spaß haben. Richtigen, ehrlichen Spaß. Nichts Verstelltes, nichts Vorgespieltes. Spaß ohne Sorgen darüber, was morgen sein wird.

Die Fahrt dauert recht lange – bis nach Yazd sind es 170 Kilometer. Plötzlich gibt der Fahrer eine Warnung über die Lautsprecher durch. Ich verstehe kein Wort. Alle setzen sich sofort hin, wie auf ein Kommando werden die Kopftücher wieder aufgesetzt, die Vorhänge aufgezogen, das Licht und natürlich die Musik ausgemacht. Dann verstehe ich. Ein Polizeifahrzeug nähert sich. Ich setze mich auf einen anderen Platz, denn neben Arezou darf ich nicht sitzen. Auch alle anderen nicht verheirateten Pärchen setzen sich um. Frauen dürfen nur neben anderen Frauen sitzen, Männer neben Männern. Die Polizisten halten den Bus an und kontrollieren stichprobenartig die Ausweise. Meinen Reisepass wollen sie natürlich auch sehen. Alles in Ordnung. Kaum ist die Polizei von Bord und der Bus losgefahren, dreht der Reiseleiter die Musik wieder auf, und es wird getanzt. The party goes on. Dinge machen noch mehr Spaß, wenn sie verboten sind, und diesmal geht alles gut.

# 23

## Zu viel riskiert

Auch für Arezou und mich geht bislang alles gut. Natürlich wissen wir beide, dass unser gemeinsames Reisen, geschweige denn unser Zusammensein generell, nicht erlaubt ist. Auch wenn ihre Mutter davon weiß und ihr Einverständnis gegeben hat – das letzte Wort hat die Regierung. Wir können nur hoffen, dass es auch weiterhin keine Probleme geben wird. Aber wer hat schon immer Glück? Wieder einmal treffen wir in einem Dorf ein. Wieder einmal werden wir von einer Familie eingeladen. Das Ehepaar hat zwei kleine Kinder, einen

Sohn und eine Tochter, und ist sehr nett. Wir essen zusammen und unterhalten uns gut. Dann gehen wir ins Bett. In einem Gästezimmer liegen zwei Matratzen. Wir ziehen uns dorthin zurück, und ich beginne gerade, mein Tagebuch zu schreiben, als es an der Haustür klingelt. Es ist elf Uhr und schon ziemlich spät für einen Besuch, doch wir denken an nichts Böses. Wird wohl Besuch sein, der noch kurz auf einen Tee vorbeischaut.

Wir hören Wortfetzen. Arezou versteht und schaut mich erschrocken an – es ist die Polizei. Schon klopft es an die Tür. Mehrmals. Kräftig. Solche Angst hatte ich schon lange nicht mehr. Nicht einmal vor Rumänien und auch nicht in Bergkarabach. Sofort bin ich mir sicher: Das gibt großen Ärger! Dabei betrifft meine Angst weniger mich. Ich komme aus der Situation schon irgendwie raus. Das hat bis jetzt immer geklappt. Vielmehr mache ich mir Sorgen um unsere Gastfamilie und um Arezou und ihre Familie. Ich will nicht, dass ihnen etwas zustößt oder sie mit Repressalien zu rechnen haben. Haben wir doch zu viel riskiert? Ich gebe mir die Schuld, dass wir uns auf dieses gefährliche Spiel eingelassen haben. Es war doch nur eine Frage der Zeit, bis sie uns erwischen würden. In diesem Moment wünsche ich mir von ganzem Herzen, dass es sich nur um einen bösen Traum handelt. Es klopft ein weiteres Mal, noch lauter, und ich zucke zusammen. Ich gehe langsam zur Tür, schließe meine Augen und atme tief durch. Dann öffne ich meine Augen wieder, schaue Arezou noch einmal an, greife zur Türklinke und mache auf. Ich gehe nach draußen und schließe die Tür hinter mir. Arezou bleibt liegen und verhält sich ruhig. Drei Männer sitzen mit ernster Miene vor mir auf dem Teppich. Sie stellen sich als Polizisten vor. Oh nein, es stimmt also! Sie prüfen meinen Reisepass. Alles okay, ich hatte ihn auch das zweite Mal ordnungsgemäß verlängert. Aber deshalb sind sie nicht gekommen. Sie fordern mich auf, Arezou aus dem Zimmer zu holen. Sie wissen von ihr, ohne dass unsere Gastfamilie sie erwähnt hat. Ganz klar, die Polizei ist nicht von allein auf uns gekommen.

Jemand muss uns verraten haben. Unsere nette Gastfamilie scheidet aus, denn die hat uns ja eingeladen und uns auch das Zimmer gegeben. Wäre sie moralisch streng und konservativ, hätte sie das nie getan. Jemand aus dem Dorf muss beobachtet haben, wie wir ins Haus gegangen sind. »Aufpasser« gab und gibt es schon immer und überall auf der Welt. Ob es im Iran auch so etwas wie ein Kopfgeld gibt, weiß ich nicht. Aber das ist jetzt kein Trost.

Mit erhöhtem Puls sehe ich die Polizisten an. Was soll ich tun? Ich überlege lange. Aber ich habe keine Wahl und hole Arezou. Gemeinsam stellen wir uns den Polizisten. Auch sie muss ihren Pass zeigen, der natürlich ein iranischer ist. Und das böse Spiel nimmt seinen Lauf. Der Blick des Polizisten wird noch ernster. Eine iranische Frau und ein ausländischer Mann übernachten in einem Zimmer? Und sind nicht verheiratet? Darauf kennt er nur eine Antwort: »Mitkommen!« Wir packen also unsere Sachen und steigen mit flauem Magen in den Polizeiwagen.

Auf der Polizeiwache werden wir sofort verhört, und das fünf Stunden lang – mitten in der Nacht. Selbstverständlich müssen wir beide unsere Rucksäcke auspacken und den Inhalt auf drei Tischen verteilen. Für mich fast schon ein vertrautes Ritual. Die Polizisten machen große Augen, was da alles in meinem Rucksack ist. Viele Dinge werden uns abgenommen: unsere Telefone und Tablets, die USB-Sticks und Speicherkarten und natürlich unsere Reisepässe. Während des Verhörs sage ich kaum ein Wort, wobei mir die Sprachbarriere hilft. Arezou aber kann sich nicht entziehen. Von dem Gespräch zwischen ihr und den Polizisten erfahre ich nichts, da es uns verboten ist, miteinander zu sprechen. Gegen vier Uhr werden wir in ein nahegelegenes Hotel verfrachtet, das als eine Art Gefängnis dient, jedoch bequemer ist. Jedem von uns wird ein Einzelzimmer zugewiesen. Die Übernachtungskosten müssen wir tragen. An Flucht ist nicht zu denken, da sie uns ja die Pässe abgenommen haben. Jeglicher Kontakt ist uns weiterhin verboten. Der Hotelmanager wurde natürlich über seine besonderen Gäste informiert, und wir wissen nicht, wie das hier in dem Hotel mit der Kontrolle aussieht. Ich bin zwar sehr müde, aber gleichzeitig so aufgeregt, dass an Schlaf nicht zu denken ist. Morgen früh werden die Polizisten zum Hotel kommen, um uns abzuholen. Ich habe keine Ahnung, was sie dann mit uns vorhaben.

Am nächsten Tag stehen sie um zehn Uhr vor der Tür. Sie bringen uns zuerst wieder auf das nicht weit entfernte, kleine Revier, wo wir gestern Abend waren. Dort bekommen wir überraschenderweise unsere Sachen wieder. Ich hoffe schon, die Sache sei damit erledigt, aber dann werden wir auf ein anderes Revier in der Nähe gebracht und dem dortigen Polizeichef vorgeführt.

Arezou spricht etwa fünf Minuten mit ihm. Der Polizeichef entscheidet, dass das Ganze nicht in sein Aufgabengebiet fällt und er sich nicht zuständig fühlt. Er befiehlt »unseren« beiden Polizisten, uns zur Hauptwache in die 50 Kilometer entfernte Stadt Hamedan zu bringen. Mir wird immer unwohler, denn die Sache wird immer größer.

Auf der Polizeistation in Hamedan angekommen, werden wir den ganzen Tag getrennt voneinander verhört. Die Fragen zielen natürlich darauf ab, ob wir ein Verhältnis miteinander haben. Schon zu Beginn unserer Reise haben wir vereinbart, immer darauf zu beharren, dass Arezou nichts weiter ist als meine Reiseführerin und Dolmetscherin. Und ich? Ich bin schlicht ein neugieriger, deutscher Tourist. Die Sache mit dem Zimmer? Ganz einfach: Es gab nur das eine. Also haben wir dort auch geschlafen, jeder in einer Ecke. Sonst nichts. Getrennte Zimmer gibt es eben nicht überall, wo wir eingeladen werden. Am dritten Tag wird das Verhör noch intensiviert. Man führt mich in einen kleinen Raum und befragt mich durch eine verspiegelte Glasscheibe hindurch auf Deutsch. Jetzt kann ich mich nicht mehr hinter der Sprachbarriere verstecken. Das Unheimliche daran ist, dass ich mein Gegenüber nicht sehen kann. Die Fragen von vorher wiederholen sich erneut: Wann ich in den Iran eingereist bin, wie lange ich schon hier bin und was ich hier genau mache. Welcher Religion ich angehöre, warum ich so lange im Iran bleibe, welche Länder ich schon bereist habe ...

Und dann kommen wieder die unangenehmen Fragen: Wo ich während der ganzen Zeit im Iran gewohnt habe, wo ich derzeit wohne, woher ich Arezou kenne und wie genau meine Beziehung zu Arezou ist. Natürlich muss ich lügen. Ich darf auf keinen Fall zugeben, dass ich seit über zwei Monaten mit Arezou zusammen bin. Ich darf auf keinen Fall zugeben, dass ich sie über Couchsurfing kennengelernt und sogar bei ihr gewohnt habe. Während der ganzen Befragung bin ich ausgesprochen nervös. Das Schlimmste ist die Stille zwischen den Befragungen. Einmal lassen sie mich 30 Minuten allein in dem Verhörraum warten. Ich kann mein Gegenüber weder sehen noch hören, bin aber sicher, dass ich die ganze Zeit durch die verspiegelte Scheibe beobachtet werde. Ich gebe alles, um meine Unsicherheit nicht zu zeigen. Ruhe bewahren, unschuldig wirken, gelassen bleiben.

Es ist nicht schwer zu erraten, dass die Polizisten unsere Aussagen der letzten Tage vergleichen und darauf hoffen, Abweichungen zu finden. Aber wir bleiben standhaft. Drei Tage lang. Allerdings können wir nichts dagegen tun, dass sie gemeinsam mit uns unsere Tablets und Handys durchsuchen und auf pikante Fotos von Arezou und mir stoßen. Fotos, die den Schluss zulassen, dass wir uns doch näher stehen. Richtig unangenehm wird es bei den Fotos mit den Kussszenen. Die sind schwer zu erklären. Es geht aber auch um andere Fotos, auf denen Familien zu sehen sind, bei denen wir übernachtet haben. »Wer sind diese Leute?«, lautet die immer wieder dazu gestellte Frage. »Wie heißt diese Familie? Wo ist das? An welchem Ort?« Ich weiß die Namen tatsächlich nicht mehr und kann die Fragen nicht beantworten. Manchmal erfinde ich einfach Namen. Irgendwann lässt das Interesse nach.

Was bleibt, sind die Fotos, auf denen wir uns küssen. Fragen dazu wiederholen sich, ich schweige. Ich sage einfach nichts. Arezou muss schließlich Namen und Adresse ihrer Familie preisgeben. Umgehend ruft die Polizei in Teheran an und befragt ihre Mutter. Zum Glück weiß sie ja Bescheid und erklärt, dass ihre Tochter eigens ihr Studium unterbrochen hat, um mir den Iran zu zeigen. »Alles in Ordnung, alles abgesprochen«, versichert sie. »Da ist nichts.« Die Polizisten beraten sich und wissen offenbar nicht, was sie noch tun sollen. Nach drei Tagen lassen sie uns völlig überraschend frei. Man gibt uns unsere Pässe und all unsere Sachen zurück. Die Polizisten entschuldigen sich sogar, dass wir aufgehalten wurden, und wünschen uns eine gute Weiterreise. Keine Geldstrafe, keine Gefängnisstrafe. Nur eine eindringliche Warnung: »Tut das nie wieder!« Plötzlich stehen wir vor der Polizeistation und sind natürlich maßlos erleichtert, denn uns ist klar, dass diese Episode auch ganz anders hätte ausgehen können. Es hätte schon gereicht, wenn die Polizisten andere gewesen wären. Was bleibt, ist die Sorge um unsere letzte Gastfamilie, um Arezous Familie und um ihre beiden Brüder, die beim Militär sind. Doch ihnen passiert nichts. Der Vorfall hat keine Folgen.

Einziger Wermutstropfen: Mein Visum ist nicht länger gültig, ich muss das Land innerhalb der nächsten fünf Tagen verlassen.

# 24
# Über die Türkei nach Indien

Wir sind also noch einmal davongekommen und das erste Mal seit drei Tagen wieder unter uns. Viel Zeit bleibt uns aber nicht. Zurück in Teheran, gibt es gleich ein neues Problem. Ich hatte vor, nach dem Iran weiter nach Indien zu reisen. In der indischen Botschaft in Teheran erfahre ich, dass ich sofort für sechs Monate ein Visum für Indien erhalten kann. Ich könnte also gleich losfahren. Meine Lage hat sich jedoch geändert, denn Arezou würde gern mitfahren. Bei ihr wackeln die Inder jedoch mit dem Kopf. Einen Monat und keinen Tag länger. Mehr geht nicht.

Wir überlegen und googeln. In der Türkei könnte sie ein Visum für einen längeren Aufenthalt bekommen. Auf dem indischen Konsulat in Istanbul. Was also tun? Natürlich, wir fahren per Anhalter nach Istanbul. In die Türkei zu reisen, ist für Iraner kein Problem. Wir trampen zunächst nach Bazargan. Während der vier Tage sind wir sehr vorsichtig, ziehen die konservative Nummer durch und lassen uns bei unseren Gastfamilien in getrennten Zimmern unterbringen. Bazargan ist die letzte Stadt vor der türkischen Grenze, dort kommt die Stunde der Wahrheit. Werden wir beide es schaffen, das Land gemeinsam zu verlassen? Unsere Befürchtung ist, dass die Behörden informiert sind und uns aufhalten, sobald wir irgendwo gemeinsam auftauchen. Daher haben wir uns entschlossen, getrennt über die Grenze zu gehen. Unser Glück ist, dass der Grenzübergang an dem Tag recht belebt ist. Arezou steht vor mir in der Schlange. 15 Personen trennen uns. Gespannt warte ich auf den Moment, als sie an der Reihe ist und ihren Pass zeigen muss. Mir stockt der Atem. Bei ihr dauert die Passkontrolle ungewöhnlich lang, jedenfalls länger als bei den Leuten vor ihr. Dann sehe ich, wie sie ihren Pass zurückbekommt und das Tor sich öffnet. Sie ist durch. Erste Erleichterung. Als ich zwanzig Minuten später an der Reihe bin, schaut der Grenzbeamte mich an und fragt mich, ob ich allein unterwegs sei. Ich bejahe und bekomme den Ausreisestempel. Dann öffnet sich das Tor auch für mich, und ich bin in der Türkei. Mein Herz springt vor Freude. Was für ein herrliches Gefühl. Arezou und ich fallen uns in die Arme. Sie reißt ihr Kopftuch herunter, wir halten uns lange und küssen uns, nachdem wir »drüben« sind. Hier müssen wir unsere Gefühle nicht länger verstecken.

Nach einer langen Anreise auf staubigen Straßen werden wir im Konsulat in Istanbul vorstellig. Die Vertreter Indiens sehen uns an und lachen. Wie wir denn auf derartige Ideen gekommen wären? Ich solle gefälligst nach Deutschland zurück und dort in Berlin zur indischen Botschaft. Und Arezou in Teheran. Unser Besuch im Konsulat dauert nur wenige Minuten. Eine böse Enttäuschung. Damit hatten wir nicht gerechnet.

Wir googeln erneut. Das Internet schlägt nach einiger Suche Ankara vor, die Hauptstadt der Türkei. Dort ist wahrscheinlich eine kompetentere indische Botschaft zu finden. Wieder stehen wir an der Straße und fahren per Anhalter. Und tatsächlich haben wir in Ankara mehr Glück. Arezou darf vier Monate nach Indien. Wir fahren aber nicht gleich los. Stattdessen spiele ich jetzt den Reiseführer und zeige ihr drei Monate lang die Türkei, wo sie noch nie war. Wir fahren an all die Orte, die ich so gut kenne. Wir fahren nach Izmir, nach Kappadokien und Konya. Ich nutze diese Gelegenheit natürlich, die Familien, die ich dort kennengelernt habe, zu besuchen, Wiedersehensfeier inklusive.


Zwischendrin beschäftigt mich immer mal wieder die Frage, ob ich auch Pakistan durchwandern soll oder nicht. Das Land würde ich schon gern sehen, doch die Reisebedingungen sind alles andere als angenehm und auch nicht ganz ungefährlich. Wenn man ein Visum bekommt, kriegt man einen Guide gestellt, der einem nicht von der Seite weicht und gleichzeitig ein Bodyguard ist. Mit ihm reist man dann von Polizeistation zu Polizeistation. Ein völlig anderes Reisen als in der Türkei oder im Iran. Mich stört aber nicht nur, dass ich die Menschen so nicht richtig kennenlernen kann. Ich habe ein schlechtes Gewissen bei dem Gedanken, dass der Guide sein Leben riskiert, um meines zu beschützen. Also entschließen wir uns dazu, Pakistan zu überspringen, genauer gesagt, zu überfliegen. Das Geld für den Flug von Istanbul nach Mumbai haben wir – ich dank meiner Arbeit als Lehrer, Arezou dank ihrer Mutter. Diese ist froh, dass ihre Tochter etwas von der Welt sieht und dabei nicht allein reisen muss.

# AUF ZUM HIMALAYA

Zwischen Tod und Schönheit,
zwischen Durchfall und Rikschas,
zwischen Chaos und Akzeptanz.

## AUF ZUM HIMALAYA

# 15
# Indische Impressionen

Vier Monate für Indien? Das ist nicht viel Zeit. Für unsere Art zu reisen ist der Subkontinent viel zu groß. Egal, wir wollen trotzdem versuchen, so viel wie möglich von Indien zu sehen – und dafür bin ich sogar bereit, Strecken mit dem Flugzeug zurückzulegen. Um nicht irgendwo lange auf Quartiersuche gehen zu müssen, schalten wir rechtzeitig über Couchsurfing eine Anfrage. Und wir haben mal wieder Glück und erhalten eine Einladung aus Mumbai. Wir starten also in Istanbul, ohne uns Gedanken in dieser Hinsicht machen zu müssen. Während des Flugs rufe ich alle möglichen Bilder in meinem Kopf auf, die ich von Indien habe. Es sind sehr romantische Vorstellungen. Ich sehe singende und tanzende Menschen in bunten Gewändern, alle sind fröhlich und bestens gelaunt. Tablas und Sitarsaiten werden angeschlagen, knallgelbe Currygerichte serviert. Geschmückte Elefanten winken mit ihren Rüsseln ... Bollywood-Klischees, ich weiß. Aber diese Bilder habe ich nun einmal im Kopf. *India, the Mystic East*, stand in irgendeinem Prospekt.

Als sich in Mumbai die Flugzeugtür öffnet, erschlägt uns fast die Hitze. Gefühlt mindestens 90 Grad, und die Luftfeuchtigkeit ist unerträglich hoch. Ein grässlicher Gestank kriecht in unsere Nasen, eine großstädtische Geräuschkulisse baut sich auf. Statt gelassener, heiterer Menschen sehen wir nur Hektik. Es ist laut, und alle sind irgendwie auf der Flucht. Unser Gastgeber holt uns vom Flughafen ab, und wir fahren mit einer Rikscha zu seiner Wohnung. Die liegt am anderen Ende der Stadt, und die Fahrt scheint endlos. Es kommt mir vor, als würde er uns ans andere Ende des Landes bringen. Ich habe noch nie eine so große Stadt gesehen. Mumbai-City hat 12,5 Millionen Einwohner, die Mumbai Metropolitan Region gut 28 Millionen. Es ist die sechstgrößte Metropolregion der Welt und liegt, zusammen mit der Millionenstadt Thane, auf der Insel Salsette. Bis 1996 hieß Mumbai Bombay.

Je länger unsere Fahrt dauert, desto kleiner kommt mir Istanbul vor. Von dort komme ich gerade und kenne die türkische Stadt inzwischen gut. Ich war in Teheran und habe einiges von der Welt gesehen. Aber Mumbai ist etwas ganz anderes. Wie in einer Art Schockstarre fahre ich durch diese Stadt, durch den Gestank, den Krach, die Hektik, den Verkehr, der unbekannten Regeln folgt. Alle fahren, wie es in England heißt, auf der richtigen Seite, also links. Das ist aber auch schon alles, was ich verstehe. Es gibt Straßenschilder, doch die beachtet niemand. Rote Ampeln? Auch die gibt es, aber niemand hält an. Jeder sucht seinen Fluss, von dem er sich zu seinem Ziel treiben lässt. Scheinbar mühelos gelingt es unserem Rikschafahrer, in diesen endlosen Strömen mitzuschwimmen und sie nach Belieben zu wechseln.

Zum Straßenbild gehören nicht nur Busse, Lastwagen, Autos, Rikschas und Fahrräder. Wir sehen auch viele Menschen, die offenbar auf der Straße leben. Und wir sehen sogar Tote, die am Straßenrand oder auf Verkehrsinseln liegen. Indien ist wirklich anders, denke ich. Vielleicht liegt der extreme Schock auch an meinen romantischen Vorstellungen und Erwartungen. Ich weiß es nicht. Ich dachte, ich habe nach drei Jahren mittlerweile einiges gesehen und erlebt und bin bereit für Indien. Ich hätte nie für möglich gehalten, dass ich mich so täuschen könnte, denn Indien kommt mir nicht wie ein anderes Land, sondern wie ein anderer Planet vor. Und ich glaube, auch wenn ich zuvor zehn Jahre gereist wäre, hätte es nicht gereicht. Auf Indien kann man sich nicht vorbereiten.

Pritesh, unser Gastgeber entpuppt sich als sehr netter Software-Designer, der perfekt Englisch spricht. Drei, vier Tage können wir bei ihm bleiben, worüber wir uns riesig freuen. Denn so gibt er uns

Gelegenheit, uns langsam an das Land zu gewöhnen. Hätten wir uns gleich nach der Ankunft selbst eine Unterkunft suchen müssen – ich wäre verrückt geworden. Doch so wird unser Einstieg in Indien nicht ganz so hart. Bereitwillig beantwortet er die vielen Fragen, die wir haben. Über die Kultur des Landes, über die Menschen und das Leben hier.

Das Abendessen, das unser Gastgeber für uns gekocht hat, ist für mich schon fast zu scharf gewürzt. Er wiederum meint, dass es ihm zu süß ist. Einer der ersten Sätze, die wir lernen, lautet: »Tikha kam« oder »Tikha kam chahiye« – was so viel heißt wie: Bitte nicht zu würzig. Ich ahne schon bei diesem ersten Essen, dass der Satz für mich in Indien sehr wichtig werden wird. Eifrig bringe ich ihn daraufhin an, wann immer ich Essen bestelle – und denke zunächst, dass ich den Satz falsch ausspreche, denn ich bekomme weiterhin das scharfe Essen. Was ich später herausfinde: Dieser Satz bringt in indischen Restaurants gar nichts, da alle Gerichte in einem großen Topf gekocht werden. Extrawürste für Westeuropäer gibt es nicht, alle bekommen dasselbe.

Wenigstens sehen die indischen Currys in etwa so aus, wie ich sie mir vorgestellt habe. Sie sind gelb, braun und rot und bestehen wie erwartet meist aus Linsen, Zwiebeln, Kartoffeln und Huhn. Vor allem aber eben auch aus Chili. Schon nach dem ersten Bissen kommen mir die Tränen. Das Essen als scharf zu bezeichnen, ist eine glatte Untertreibung und der Griff zur Cola völlig sinnlos. So viel Cola gibt es in ganz Indien nicht, und Cola nutzt ohnehin nichts, da die scharfe Substanz, das Capsaicin, nicht wasser-, sondern fettlöslich ist. Milch würde helfen, die gibt es in Indien aber nur morgens und auch nicht überall. Fast immer bekommt man sie in Plastiktüten und sollte sie schnell verbrauchen, denn schon nach wenigen Stunden wird sie bei der Hitze schlecht.

Das scharfe Essen wird zu einem Problem, denn ich vertrage es nicht, Arezou geht es ähnlich. Oft haben wir Hunger und bestellen

## AUF ZUM HIMALAYA

uns etwas in einem Restaurant, das wir dann nicht essen können, weil es einfach zu scharf ist. Dann lassen wir es uns einpacken und geben es jemandem auf der Straße. Als ich mein erstes Masala Chicken aufgegessen habe, habe ich Tränen in den Augen. Und ein weiteres Mal weine ich, als ich wenig später auf dem Klo sitze. Wäre eigentlich saukomisch, wenn es nicht so ernst wäre und es mir dabei nicht so schlecht gehen würde.

Mit Pritesh sprechen wir auch über den Wahnsinn auf Mumbais Straßen. Er bestätigt, dass es tatsächlich Leichen gewesen sind, die wir während unserer Fahrt gesehen haben. Und dass diese da oft liegen bleiben. Niemand kümmert sich um sie. Das ist für uns schwer zu verstehen. Wie kann das sein? Die Widersprüche und Gegensätze in dieser Stadt sind für uns kaum fassbar. Auf der einen Seite ein enormer Reichtum, auf der anderen bitterste Armut. Ein Teil der Menschen lebt sehr westlich orientiert, wie unser Gastgeber, ein anderer Teil ist uralten Traditionen verhaftet. Dazwischen gibt es alle nur denkbaren Abstufungen.

In den ersten drei Wochen bemühe ich mich intensiv darum, dieses Land zu verstehen, seine Menschen zu verstehen. Warum leben sie so, wie sie leben? Warum kümmert sich niemand um die Kranken, die Alten und die Toten auf den Straßen? Warum sieht sich nicht wenigstens der Staat in der Pflicht? Andererseits ist der Tod als Teil des Lebens auf diese Weise immer gegenwärtig. Bei uns wird er mehr oder weniger versteckt und verdrängt. Irgendwie weiß jeder, dass er irgendwann sterben wird, nur denken wir nicht gern daran. In Europa und weiten Teilen der Erde bekommt man alte und kranke Menschen kaum zu Gesicht. Sie sind in Alters- und Pflegeheimen oder Krankenhäusern untergebracht, wo man sich um sie kümmert. Doch in Indien ist es nicht möglich, den Tod zu verdrängen. Krankheit und Tod gehören hier einfach zum Straßenbild und zum Leben mit dazu. Man kann dem Tod nicht entkommen und wird ständig daran erinnert, dass das Leben endlich und der Tod ein Teil des Lebens ist. Dennoch ist es schwer für mich, das zu akzeptieren. Mir gefallen die Toten auf der Straße nicht. Erst recht nicht, wenn ich mir überlege, wie die Menschen dort wohl gestorben sind.

Später werde ich zufällig, während eines Spaziergangs am Gangesufer in der Stadt Agra, in der Nähe vom Taj Mahal, Zeuge einer Leichenverbrennung. Diese findet nicht im Verborgenen statt, sondern ist nach hinduistischem Ritual öffentlich. Zunächst sehe ich nur Rauch aufsteigen. Neugierig nähere ich mich der offenen Halle. Eigentlich ist es nicht mehr als ein großes Dach, das auf Säulen steht und von jeder Seite einsehbar ist. Einige Leichen liegen in weiße Tücher gehüllt auf kleinen Scheiterhaufen. Fünfmal müssen die Angehörigen im Uhrzeigersinn den Toten umrunden, als Symbol für die fünf Elemente – Feuer, Wasser, Luft, Erde und Raum –, aus denen alles besteht. Wenn möglich wird der Scheiterhaufen unter der Leiche dann vom ältesten Sohn angezündet. Bei Männern am Kopf, bei Frauen an den Füßen. Die dafür erforderliche Fackel wird zuvor an einem heiligen Feuer in einem Tempel entzündet. Anschließend wird der Schädel zerschlagen, damit der Atman den Körper verlassen kann. Der Atman entspricht in der hinduistischen Religion ungefähr unserer Vorstellung von der Seele, mit dem Unterschied, dass der Atman in einem anderen Körper wiedergeboren werden kann. Brennt der Scheiterhaufen, verlassen die Angehörigen den Ort und kehren am nächsten Tag zurück, um die Asche in den Ganges zu streuen.

Ich lasse mir die Zeremonie von einem Inder erklären. Das ist kein Problem, denn zu meiner Freude spricht fast jeder Inder Englisch. Es ist eine der Amtssprachen dieses Subkontinents, auf dem über 120 Sprachen gesprochen werden. Deren Verschiedenartigkeit macht eine Verständigung auf dieser Basis unmöglich. Eine der vielen Hinterlassenschaften der britischen Kolonialmacht ist die verbindende Sprache, dank der auch ich mich so frei bewegen und verständigen kann. Zugegeben, nicht immer ist das indische Englisch leicht zu verstehen. Aber ein echtes Problem ist es nicht. In dem Gespräch erkundige ich mich auch nach den Toten auf den Straßen. Sie haben sehr wahrscheinlich keine Familie, die sich um die Verbrennungszeremonie kümmern könnte. Und der Körper selbst hat in Indien eine sehr untergeordnete Bedeutung. Er ist wert- und bedeutungslos. Wichtig ist nur der Atman. Deshalb wird einer Leiche auf der Straße auch keine Bedeutung beigemessen. Es ist nur ein toter Körper. Weiter nichts.

Ein weiteres der vielen Dinge, an die ich mich gewöhnen muss, ist der permanente Stromausfall. Alle 10 bis 15 Minuten setzt für einen Moment die Stromversorgung aus. Firmen mit wichtigen elektrischen Geräten und Computern funktionieren nur dank eigener Energieversorgung oder Notstromaggregaten. Eine andere Sache ist die Privatsphäre. Diese gibt man als Tourist gleich an der Grenze ab. Es ist oft schon ein Problem, allein durch die Stadt zu gehen. Sobald man als westlicher Tourist erkannt wird, folgen einem Neugierige. Schnell sind es zehn, fünfzehn, zwanzig, Kinder und Erwachsene, meistens Männer. Sie wollen einfach nur wissen: Was macht dieser westliche Mensch hier? Noch schlimmer wird es, wenn man sein Handy aus der Tasche holt. Sofort gibt es ein Gedränge. Jeder versucht zu erkennen, was man da gerade tut, was auf dem Display zu sehen ist. Es ist völlig sinnlos zu versuchen, diesem Gedränge um die besten Plätze zu entkommen. Die einzige Möglichkeit ist, das Handy wieder wegzustecken.

Und dann dieses ewige Kopfwackeln. Ich steige in Mumbai in einen Bus ein und frage den Fahrer: »Fährt dieser Bus zum Gateway of India?« Der Fahrer sieht mich eher teilnahmslos an und wackelt mit dem Kopf. Ich wiederhole die Frage. Wieder wackelt er mit dem Kopf. Dritter Versuch: Ja oder nein? Es dauert drei Wochen, ehe ich die Körpersprache richtig deuten kann: Entscheidend ist die Geschwindigkeit, mit der mit dem Kopf gewackelt wird. Hinzu kommen die Augenbrauen. Zieht ein Inder die Augenbrauen hoch und wackelt schnell mit dem Kopf, dann will er damit zum einen Freude ausdrücken oder sagen: Möglich, sieht ganz gut aus. Aber es heißt nicht uneingeschränkt: Ja. Zieht er die Augenbrauen nach unten und wackelt langsam mit dem Kopf, dann heißt das: Eher nicht. Überall, wo man etwas fragt, wird auf diese Weise geantwortet. Ein verbindliches Ja oder Nein gibt es nicht.

Die ersten drei Wochen habe ich keinen Spaß in Indien. Das ganze Land nervt mich. Die Hitze, der Lärm, das Chaos, die vielen Menschen, der Gestank, die Neugier des Publikums, das Kopfwackeln, das scharfe Essen und tausend andere Dinge. Ich verbringe endlose Stunden auf dem Klo. Ich bin hoffnungslos überfordert. Arezou geht es nicht viel besser. Indien erschlägt uns. Wir sind erschöpft und schlafen sehr viel. Indien bringt mich an meine Grenzen. Ich bin stolz darauf, dass ich die ersten drei Wochen hier überlebe, ohne komplett auszurasten und jemandem etwas anzutun.

Meinen absoluten Tiefstpunkt habe ich in Ahmedabad. Ich habe es nicht für möglich gehalten, aber es scheint, als wäre diese Stadt noch dreckiger als alle davor. Menschen leben und schlafen in Indien auf der Straße, das ist mir inzwischen bekannt. In Ahmedabad aber hausen sie dabei noch zwischen Kühen und Ziegen in einem Gestank, den ich zuvor in dem Ausmaß noch nicht erlebt habe. Und das bei Temperaturen von derzeit um die 35 bis 45 Grad. Es gibt kaum Wasser oder Toiletten. Ich bin schockiert über die Zustände und frage mich, wie ein Mensch so leben und dies ertragen kann. Mir kommen die Tränen. Ich weiß nicht, was ich machen und wie es weitergehen soll. Wie kann ich, wie können wir hier vier Monate bleiben? Indien kommt mir vor wie die große Prüfung dieser Reise. In diesem Land werde ich getestet, muss ich zeigen, was ich bisher alles gelernt habe und ob ich es nun auch anwenden kann. Es ist eine Prüfung, an der ich fast zerbreche.

Arezou und ich schalten in eine Art Überlebensmodus. Um dem Lärm und den Umständen auf der Straße zu entkommen, stecken wir unsere Kopfhörer in die Ohren und hören laut Musik, während wir durch die Stadt gehen. Mit Musik im Ohr ist das alles erträglicher. Aber es ist keine Lösung. Augen und Ohren zu und durch?

Ich reise in ein Land, um seine Kultur und seine Menschen kennenzulernen und um Freude daran zu haben. Warum soll ich also in diesem Land bleiben, mit dem ich nicht klarkomme? Irgendwie weiß ich, dass ich diese Reise jederzeit abbrechen und nach Hause zurückkehren kann. Mich zwingt niemand dazu, weiterzugehen. Allerdings ist das Reisen zu meinem Alltag und zu meiner Komfortzone geworden. Ich habe mich so sehr daran gewöhnt, unterwegs zu sein, dass eine Rückkehr nach Hause eine noch größere Umstellung für mich bedeuten würde.

Diese Gedanken sind nicht völlig neu, sie kamen in den letzten drei Jahren immer mal wieder auf. Bislang konnte ich sie immer zurück auf mein Ziel lenken. Und auch dieses Mal finde ich eine Lösung: Ich beende den Versuch, dieses Land verstehen zu wollen. Ich höre auf, nach »westlichem Sinn« zu suchen. Es ist eine grundlegende Entscheidung. Ich nehme mir vor, das Land in seiner Art zu akzeptieren. Ohne ständige Vergleiche mit dem Westen, ohne meine fast reflexartige Kritik an allem. Mein neues Motto für Indien lautet: Es ist, wie es ist.

Plötzlich wird Indien schön, plötzlich stellt sich für uns der Spaß wieder ein, und das Land beginnt, uns zu gefallen. Plötzlich sehen wir, wie die Menschen hier, trotz des ganzen Chaos, auf ihre Weise friedlich miteinander leben. Der krasse Kontrast in Indien kann auch schön sein. Eine Kinokarte kostet ca. 70 Cent. Jeder kann sie sich leisten. Arme und Reiche sitzen nebeneinander und schauen

## AUF ZUM HIMALAYA

denselben Film, lachen und weinen über dieselben Dinge. Das hat mich sehr berührt.

Das Reisen an sich ist jedoch weiterhin nervenaufreibend. Zuversichtlich versuchen wir es mit Trampen. »Lass es uns ausprobieren und ein Stück per Anhalter fahren. Das wird eine Erfahrung!« Leider wird es eine von denen, die wir lieber nicht gemacht hätten. Der Plan ist, etwa 330 Kilometer von Ahmedabad nach Bhuj zu fahren. Noch in der Stadt finden wir immer wieder Menschen, die uns zwei oder drei Kilometer mitnehmen. Dann hält jemand an, der uns fünf Kilometer anbietet. Ein paar junge Leute sind sogar zu zehn Kilometern bereit. An einer Kreuzung zum Highway nehmen uns zwei Männer dann ganze 60 Kilometer mit. Weiter geht es mit einem Truck bis 40 Kilometer vor Dhrangadhra – und hier stranden wir. Nach mehreren Stunden ergebnislosen Wartens geben wir auf und fahren mit dem Bus ins Stadtzentrum. Für 130 Kilometer haben wir geschlagene neun Stunden gebraucht. Ich hätte nicht gedacht, dass es so schwierig ist, in Indien zu trampen.
Und dann erfahren wir, wie günstig man in diesem Land mit dem Zug fahren kann. Wozu also trampen? Am Bahnhof von Dhrangadhra kaufen wir uns Tickets für den Nachtzug nach Bhuj. Der fährt um 23:25 Uhr ab, die Fahrt dauert etwa sieben Stunden, Ankunft um 6:30 Uhr morgens. Die Zeit bis zur Abreise verbringen wir im Wartesaal der 1. Klasse. Dieser hat eine Klimaanlage, was sehr angenehm ist. Doch das ersetzt nicht die Dusche, die wir dringend nötig hätten. Als wir endlich einsteigen wollen, erfahren wir, dass wir kein »echtes« Ticket haben: Wir sind lediglich auf der Warteliste. Und: Der Zug ist bereits voll. »No room, no room«, heißt es von dem Fahrkartenkontrolleur, den wir auf dem Bahnsteig ansprechen. Und der Zug fährt ab. Ohne uns. Wir sind fassungslos. Wir haben doch 450 Indische Rupien (umgerechnet etwa fünf Euro) für das »Ticket« bezahlt. Was ist da los?

## AUF ZUM HIMALAYA

Wir gehen zurück ins Bahnhofsgebäude und fragen am Schalter. In der Tat ist das »Waiting List Ticket«, welches wir irrtümlicherweise gekauft haben, keine Garantie, dass wir einen Platz im Zug bekommen. Es bedeutet lediglich, dass wir auf der Warteliste stehen und vielleicht einen Sitzplatz bekommen, wenn jemand anderes sein Ticket storniert. Wir können das Ticket glücklicherweise zurückgeben und bekommen das Geld wieder. Dann kaufen wir ein »Waiting List Ticket« für den Zwei-Uhr-Zug, da dieser ebenfalls schon komplett ausgebucht ist. Die Wartezeit verbringen wir mit Fluchen und darauf hoffen, dass wir mit dem nächsten Zug mitkommen.

Als der Zug kurz vor zwei Uhr nachts im Bahnhof einrollt, wird es stressig. Der Zug ist sehr lang, und wir müssen fast den ganzen Bahnsteig bis nach vorn rennen. Doch wir haben irre viel Glück: Wir bekommen beide einen Sitzplatz. Dann der nächste Schock: Das 1.-Klasse-Ticket, das wir gekauft haben, bedeutet in Indien: Holzklasse. Mit internationalen Standards nicht zu vergleichen. Ich bin den Tränen nahe. Zum einen, weil ich den alten, dreckigen Zug ohne Fenster gesehen habe, mit dem wir fahren werden, zum anderen weil einfach alles zu viel ist. Überanstrengung, Hunger und Schlafmangel. Letzteren können wir auch im Zug nicht ausgleichen. Ich versuche, eine bequeme Position zu finden – vergeblich. Was das Schlafen zusätzlich erschwert, ist die Tatsache, dass wir direkt hinter der Lok sitzen. Und diese hupt alle paar Minuten für mindestens fünf bis acht Sekunden sehr laut. Immer dann, wenn wir einen der zahlreichen unbeschrankten Bahnübergänge passieren.

Der Zug fährt sehr langsam – lediglich 30 bis 40 km/h. Da ich eh nicht schlafen kann, zieht es mich am frühen Morgen raus zur Waggontür. Genau wie die Fenster sind alle Türen geöffnet oder teilweise gar nicht vorhanden. Ich setze mich mit den Füßen nach draußen in die Öffnung und sehe einen sehr schönen Sonnenaufgang, während die Landschaft langsam an mir vorbeizieht.

## AUF ZUM HIMALAYA

Nach zwei Dritteln der Strecke, gegen sieben Uhr morgens, steigen an einem Bahnhof viele Leute aus. Nun können wir uns etwas lang machen, und vor Erschöpfung nicke ich dann sogar trotz der lauten Hupe ein. Ich bin so fix und fertig. Eine Stunde Schlaf bekomme ich noch, bis wir endlich unseren Zielort Bhuj erreichen.

Arezou und ich reisen von Nord nach Süd einmal hoch und wieder runter durch Indien, und zwar am Westufer des Subkontinents entlang, von Kaschmir bis Kerala. Und das fast alles mit dem Zug, denn die Bahn ist trotz aller Widrigkeiten das günstigste Fortbewegungsmittel. Für wenige Dollar kann man mehrere tausend Kilometer fahren. Sofern man das richtige Ticket kauft und einen Platz bekommt. Und allein den Fahrschein zu kaufen, ist nicht immer so leicht. In Indien hat man nämlich das alte britische System aus der Kolonialzeit bewahrt. Es gibt zwei Schalter: An einem muss man, wie die indische Bürokratie es beim Fahrkartenkauf fordert, ein Formular penibel ausfüllen. Neben Name, Geburtsdatum, Nationalität, Reisepassnummer, Visanummer und Telefonnummer ist auch sonst fast alles, beinahe bis hin zur Schuhgröße der Großmutter, einzutragen. Dazu die gewünschte Zugverbindung mit Zugnummer, Abfahrtszeit und Reiseklasse. Mit dem ausgefüllten Antrag geht man zum zweiten Schalter. Wenn der Beamte dort mit dem ebenfalls penibel kontrollierten Formular zufrieden ist, bekommt man sein Ticket. Auch das ist Indien. Auf der einen Seite das Chaotische, das Zufällige, das Überraschende, auf der anderen Seite ein pingeliger Bürokratismus.

Die Züge selbst stammen ebenfalls von den Briten. Während diese ihre Bahn längst modernisiert haben, ist in Indien alles beim Alten geblieben, das Schienennetz, die Bahnhöfe, die Waggons. Jede Bahnfahrt ist eine Art Zeitreise in die Kolonialzeit. Unwillkürlich fängt das Auge an zu suchen, ob nicht irgendwo in einem Abteil Mahatma Gandhi sitzt. Was die Menge der Zugausfälle und

## AUF ZUM HIMALAYA

Verspätungen angeht, scheint die indische Bahn allerdings eher dem Vorbild der Deutschen Bahn zu folgen. Kann ein Zug wegen eines Defekts oder aufgrund von Bauarbeiten an den Gleisen nicht fahren, steht er auf irgendeinem Bahnhof rum – unter Umständen auch mehrere Tage lang –, während die Passagiere trotzdem zusteigen. Bald stehen sie auf den Waggondächern und hängen an Fenstern und Türen. Wer Glück hat, ergattert einen Platz innerhalb des Waggons – ein wirkliches Glück ist das aber nicht, denn dort ist es natürlich hoffnungslos überfüllt, eng und stickig. Die »Außenplätze« sind zwar unbequemer, aber angenehmer.

Die Menschen, die man im Zug trifft, sind, wie alle Inder, nämlich furchtbar freundlich. Da sie keine Privatsphäre in unserem westlichen Sinn kennen, kennen sie allerdings auch keine Distanz. Sie fassen dich an, ziehen an deinen Armen, verlangen Fotos mit dir. Immer wieder erleben wir dieses typisch indische Fotoshooting. Bleibt man erst einmal stehen und lässt sich darauf ein, hat man »verloren«: Kaum ist der eine fertig, kommt auch schon der nächste. Die Menschentraube wächst und lockt noch mehr Menschen an. Am Gateway of India, einem der Wahrzeichen des Landes, erwischt es mich besonders schlimm. Kaum tauche ich auf, fotografiert niemand mehr den riesigen Triumphbogen. Jeder will plötzlich ein Selfie mit mir machen. Meine Ablehnung, mein Nein wird nicht akzeptiert. Es hilft nur eines: weitergehen.

Unterkunft finden Arezou und ich in Indien nicht auf die Art wie zu Beginn meiner Reise. Wir fragen also nicht fremde Menschen auf der Straße, ob sie uns beherbergen können, sondern nutzen das Couchsurfing oder nehmen ein Zimmer in einem Hotel oder einer Pension. Da die Kosten sehr niedrig sind und wir genügend Geld dabei haben, ist das auch kein Problem. Sobald man an einem Bahnhof aus dem Zug steigt, kommen Werber auf einen zu und rufen: »Hotel! Hotel! Hotel!« Wir suchen uns immer jemanden aus, der sympathisch aussieht und nicht ganz so viel quatscht. Mit dem gehen wir dann zu dem Hotel. Der Werber ist dort nicht angestellt, sondern freischaffend. Er fordert eine Prämie vom Hotel, die er dann auch erhält. Oft werden wir erst einmal zur teuersten Unterkunft der Stadt geführt und müssen dem Werber klarmachen, dass die für uns nicht infrage kommt. Auch wollen wir nach einer langen Bahnfahrt nicht mehr allzu weit laufen. Die Hitze, die laute Geräuschkulisse, die schweren Rucksäcke und die vielen Menschen, die uns bedrängen, sind genug für den Tag. Wir wollen runter von der Straße und rein in ein Hotelzimmer. In einem davon hängt an der Wand ein Poster mit der Aufschrift: *Incredible India – Verrücktes Indien!* Und wie zum Beweis läuft in der Hotellobby »Last Christmas« von Wham – drei Jahre konnte ich diesem Song entfliehen, nur um ihn an einem 3. Mai bei 38 Grad in einem Hotel in Indien zu hören. Es ist jedes Mal ein Glücksgefühl, die Zimmertür zu schließen, Ruhe herzustellen und für sich zu sein.

Unser Essen finden wir auf der Straße, denn Garküchen und Streetfood gibt es überall. Ab und zu besuchen wir auch kleine Restaurants. Das Essen ist ausgesprochen günstig. Man braucht nicht einmal einen Dollar, um sich satt zu essen. Gesund ist es auch, meist vegetarisch, und weil es gekocht wird, fängt man sich auch keine bösen Keime ein. Nur ist es nach wie vor für mich zu scharf. Ich kann mich in den ganzen vier Monaten nicht daran gewöhnen. Natürlich sage ich immer wieder: »Tikha kam chahiye!« In gewohnter Manier wackelt der Kellner oder Koch mit dem Kopf. Und ich sehe, dass es ihm eigentlich völlig egal ist. Die Kelle landet im großen Kochtopf und dann auf meinem Teller. Ich habe keine Wahl. Entweder gehe ich hungrig nach Hause oder esse etwas mit viel Reis. Unmengen von Reis.

Besonders gut gefällt es uns im Süden, in Kerala. Hier sind die Menschen wohlhabender und entspannter als im restlichen Indien. Der Unterschied zwischen arm und reich ist nicht so ausgeprägt,

## AUF ZUM HIMALAYA

die ganz großen Slums gibt es hier nicht. Wir können sogar etwas Privatsphäre genießen, denn hier sind häufiger Touristen unterwegs, Menschen aus dem Westen nichts Ungewöhnliches.

Ungewöhnlich sind hingegen die Kerala Backwaters, ein System aus zahlreichen Seen, Flüssen und Kanälen, deren Gesamtlänge auf mehr als 1500 Kilometer geschätzt wird. Das Zentrum bildet der Vembanadsee, mit 83 Kilometern der längste See Indiens. Das Gebiet der Backwaters wird stark landwirtschaftlich genutzt. Überall werden Reis und Cashewbäume angepflanzt. Für Touristen stehen besondere Hausboote für Ausflüge oder zum Übernachten bereit. Die Inder benutzen hingegen andere Boote, die als Chundan vallam oder Kerala Snake Boats bekannt sind. Von ihrer Form und Farbe her ähneln sie venezianischen Gondeln, sind jedoch um einiges größer. Ihren Namen – Schlangenboot – verdanken sie ihrem Bug, der sich wie ein Schlangenkopf nach oben erhebt.

Schwer beeindruckt bin ich von den Fischern. Sie verbringen Tage, um ihre Netze zu flicken und vorzubereiten. Dann fahren sie aufs Wasser raus und kehren mit vielen Fischen an Bord zurück in ihr Dorf. Dort behalten sie ihren Fang nicht etwa für sich, sondern verteilen die Fische unter allen Bewohnern. Denn jeder hat dort seine Aufgabe, die auch den Fischern zugutekommt. Einer kümmert sich um die Boote, ein anderer um die Körbe für die Fische. Den Lohn – oder eben den Fang – erhält dann das ganze Dorf. Ein starker Zusammenhalt, wie man ihn bei uns so nicht mehr kennt.

Auch landschaftlich sind die Backwaters traumhaft, und jetzt, wo wir uns endlich ein wenig an die Kultur gewöhnt haben, würden wir gern noch länger bleiben. Doch die begrenzte Dauer von Arezous Visum treibt uns weiter.

Zum Glück reicht die Zeit noch, um hoch in den Norden zu fahren. Im Bundesstaat Himachal Pradesh in der Stadt Dharamsala leben einige tausend Exil-Tibeter. Sie sind zum Großteil Nachkommen jener Tibeter, die 1959 nach dem Aufstand in Tibet nach Indien geflohen sind. Dazu gehört auch Tendzin Gyatsho, der 14. Dalai Lama. Seit 2011 gibt es in Dharamsala eine tibetische Exilregierung, die um eine Einigung mit China bemüht ist. Der Ortsteil, in dem besonders viele Tibeter leben, McLeod Ganj, wird auch Little Lhasa genannt, in Anlehnung an die Hauptstadt Tibets. Als wir durch die Straßen bummeln, merken wir sofort, wie sehr die Tibeter darum bemüht sind, ihre Kultur am Leben zu erhalten. Und das gilt nicht nur für die Architektur. Sie verehren den Dalai Lama, spielen ihre Musik, tragen ihre traditionelle Kleidung. Hier wollte ich unbedingt hin, um mich mit der ursprünglichen Kultur Tibets vertraut zu machen. Und wir haben Glück: Tibetische Mönche laden uns in ihr Kloster ein und lassen uns an religiösen Zeremonien teilhaben. Zum Dank unterrichte ich in einem tibetischen Kinderdorf für ein paar Tage Englisch.

Schließlich sind die vier Monate um. Trotz aller Schwierigkeiten würde ich Indien sofort wieder bereisen. In diesem Land habe ich am meisten gelernt. Vor allem Dinge wie Akzeptieren und Annehmen. Es ist schon erstaunlich: Wir Europäer, mit all unserem Wissen, der Technologie und der Wissenschaft, sind quasi unfähig, hier zu überleben. Wir können das Wasser nicht trinken, ohne nach fünf Minuten aufs Klo zu rennen. Wir haben Kopfschmerzen von dem Lärm und dem Chaos, das hier aus unserer Sicht zu herrschen scheint. Wenn wir in Europa einmal fünf Tage ohne Strom auskommen müssen oder die Supermärkte geschlossen sind, drehen wir durch. Die Menschen in Indien wissen sich in dieser Situation mühelos zu helfen. Denn diese Menschen hier sind Meister im Überleben unter diesen Umständen. Sie haben sich daran gewöhnt. Das ist das Gesetz der Natur. Nicht die intelligenteste Zelle überlebt, sondern die, die sich am besten anpassen kann. Und noch etwas habe ich gelernt: In Indien kann jederzeit alles passieren. Alles ist möglich! Du weißt nie, was als Nächstes geschieht. Ich werde Indien nie verstehen. Und das habe ich akzeptiert.

## AUF ZUM HIMALAYA

# 26
# Kathmandu und Fast am Ziel

Von Mumbai fliegen wir nach Kathmandu – und landen wieder in einer anderen Welt, obwohl wir uns geografisch gar nicht so weit von Indien entfernen. Es fängt bereits mit dem Visum an, das wir direkt am Flughafen erhalten. Drei Monate dürfen wir im Land bleiben. Weniger Zeit als in Indien, aber dafür ist Nepal wesentlich kleiner. Auch sonst ist alles anders. Der Gestank fehlt, die Hektik fehlt. Nach den letzten vier Monaten erscheint mir Nepal wie ein Erholungsurlaub. Schon auf dem Flughafen fällt uns die Sauberkeit auf, die sich als typisch für Nepal erweist. Eigentlich haben wir erwartet, Spuren des schweren Erdbebens vom April vorzufinden. Die Schäden können bis zu unserer Ankunft im August wohl kaum beseitigt worden sein. Aber auf den ersten Blick sieht alles wie geleckt aus. Als wäre nichts passiert. Der Unterschied zu Indien könnte gar nicht größer sein. Selbst nach einer Naturkatastrophe ist hier sofort wieder alles herausgeputzt. Sind die indische und die nepalesische Kultur so unterschiedlich? Offensichtlich!

Hier und da sehen wir dann doch Schäden an alten Gebäuden, hier und da ist noch ein Riss im Mauerwerk, aber gleich daneben sind die alten Steine bereits vom Dreck und Mörtel befreit und fein säuberlich aufgestapelt. Professioneller würde so etwas auch in Deutschland nicht laufen. Kemal, der Sattelbauer aus Bursa, kommt mir unvermittelt in den Sinn. Für seine Familie barg das große Erdbeben ein Geschenk. Wenn ich durch Kathmandu wandere, denke ich: Das Erdbeben, die große Katastrophe, bei der fast neuntausend Menschen gestorben sind, hat vielleicht auch einen großen Wert für Nepal. Die Menschen haben die Chance, an der Krise zu wachsen, neue Wege zu gehen und vielleicht etwas unabhängiger vom Tourismus zu werden.

Ich bin ebenfalls dankbar für die aktuelle Krise bei Arezou und mir. In Nepal wird uns immer bewusster, wie sehr wir uns inzwischen auseinandergelebt haben. Die lange Reise hat uns beide verändert. Indien hat uns verändert. Immer häufiger kracht es zwischen uns. Das liegt natürlich auch an unseren unterschiedlichen Zielen. Ich will unbedingt nach Tibet und klappere tagelang die Reisebüros ab, sie will nach der hektischen Zeit in Indien endlich ein paar ruhige Tage mit mir verbringen. Ich google stundenlang, laufe durch die Stadt und denke sogar schon darüber nach, wie es nach Tibet weitergehen könnte. In Kathmandu kommen unsere unterschiedlichen Meinungen und Vorstellungen verstärkt zum Ausdruck. Auf viele kleine Auseinandersetzungen folgt ein großer Streit. Die Kluft ist nicht mehr zu kitten. Wir trennen uns, Arezou kauft sich ein Flugticket und fliegt zwei Tage später zurück nach Teheran.

Nepal ist mein zwölftes und somit vorletztes Land. Das ursprüngliche Ziel ist mehr oder weniger schon zum Greifen nahe, und ich will da jetzt zügig hin. Doch wie gelange ich nach Tibet? Ich höre mich um und erfahre, dass die einzige Straße, die dorthin führt, durch das Erdbeben schwer beschädigt und unpassierbar geworden ist. Eigentlich brauche ich nur in einen Bus zu steigen, aber eben dieser Bus kann die Strecke nicht mehr fahren. Wann dies wieder möglich sein wird, weiß niemand. In ein paar Wochen? Monaten? Wen auch immer ich frage, keiner kennt die Antwort.

Dafür erfahre ich, dass ich kein Zeitproblem habe. Es arbeiten viele europäische Experten in Nepal, die alle denselben Trick benutzen. Sind ihre 90 Tage abgelaufen, gehen sie über die Grenze nach Indien, verbringen dort eine Nacht, und kehren mit einem neuen Visum für 90 Tage zurück. Ein ganz alltäglicher Vorgang. Mir kann also nichts passieren. Andererseits will ich mich nicht monatelang in Nepal aufhalten und warten, bis der Bus wieder fahren kann. Ich überlege also, ob nicht ein anderer Weg besser ist. Zweimal habe ich nun schon auf das Flugzeug gesetzt und bin von Istanbul nach

## AUF ZUM HIMALAYA

Mumbai und von Mumbai nach Kathmandu geflogen. Warum also nicht auch von Kathmandu nach Tibet fliegen?

Das Problem liegt aber ganz woanders, es ist ein politisches. Man kann nicht einfach zur Grenze gehen und sich ein Visum für Tibet geben lassen. Tibet gehört zu China und ist eine sensible Region. Die chinesische Regierung behandelt alles, was mit Tibet zu tun hat, sehr strikt und kontrolliert jeden, der einreisen will. Man darf sich in der Region nicht individuell bewegen, sondern muss sich einer Reisegruppe anschließen und einen von China autorisierten Guide akzeptieren, der einen in Tibet begleitet. Ohne ihn geht gar nichts. In Kathmandu kann man entsprechende Touren in einem Reisebüro buchen, Hotel und Essen inklusive, alles vorreserviert. In den ersten Tagen in Kathmandu marschiere ich von Reisebüro zu Reisebüro, um das günstigste Angebot zu finden. Denn die Tour, so wird mir versichert, ist eigentlich immer dieselbe. Ich zahle schließlich rund 1000 Dollar für sieben Tage. Dafür kümmert sich das Reisebüro auch um das Visum. Ich gebe meinen Pass ab und bin zufrieden. Ende Oktober kann ich fliegen.

Auf meinem Weg durch die Stadt sprechen mich regelmäßig Nepalesen an. Zunächst denke ich, sie wollen mich nach dem Weg fragen. Aber warum sollten Nepalesen denken, dass ausgerechnet ein Ausländer sich auskennt? Und es geht auch um etwas ganz anderes: Die freundlichen Männer bieten mir Drogen an, in einer beachtlichen Auswahl. Manchmal sind sie ziemlich aufdringlich, ganz nach dem Motto: Du bist doch Ausländer und hast Geld, also willst du Drogen kaufen! Wozu bist du sonst hier? Kaum habe ich einen abgeschüttelt, kommt zehn Meter weiter der nächste auf mich zu. Was in Indien die Selfies waren, sind hier die Drogen. Aber mir hat schon der Alkohol in Georgien und Armenien gereicht.

Jetzt bin ich also nach langer Zeit wieder allein unterwegs und kehre zu meinen Wurzeln zurück. Da ich erst Ende Oktober fliege, kann

## AUF ZUM HIMALAYA

ich mir in Ruhe Nepal ansehen, und zwar zu Fuß. Ich teile mein Gepäck auf. In Dinge, die ich in den nächsten drei Monaten in Nepal brauche, und in Dinge, die ich hier in Kathmandu lassen kann. Mein Rucksack wird also herrlich leicht, und auch ich fühle mich leicht und innerlich stark. Schnell stellt sich das alte Reisegefühl ein. Ich bin wieder unterwegs! Ich gehe wieder von Dorf zu Dorf! Auch die Höhe macht mir nichts aus. Vielleicht, weil es nicht so heiß ist wie in Indien. Fast die Hälfte Nepals liegt über 3000 Meter über dem Meeresspiegel. Aber davon spüre ich nichts, im Gegenteil, ich merke, wie gern ich laufe.

Am zweiten Tag mache ich eine Pause in einem Dorf, setze mich in ein Straßencafé, trinke Tee und freue mich meines Lebens. Eigentlich will ich mich nur eine halbe Stunde ausruhen und dann weiterziehen, doch ich bleibe nicht lange allein. Ein Mann setzt sich zu mir. Er hat keine Drogen im Angebot, sondern will sich einfach mit mir unterhalten. Sein Englisch ist ausgezeichnet. Schnell verlieren wir uns in einem guten Gespräch. »Hast du denn gar keine innere Unruhe?«, fragt er mich nach gut zwei Stunden. »Nein«, antwortete ich. »Ich hab ein Zelt dabei, und wenn ich nichts zum Übernachten finden sollte, schlafe ich eben darin.« Ich frage ihn, woher er ein so gutes Englisch spricht. Es stellt sich heraus, dass er Englischlehrer ist. »Das trifft sich gut«, sage ich, »dann haben wir den gleichen Beruf.« Der »Kollege« freut sich und fragt umgehend: »Soll ich dir mal meine Schule zeigen?« »Gern«, antworte ich, »doch ich habe nicht allzu viel Zeit, denn es ist zwei Uhr, und eigentlich will noch ein paar Kilometer laufen.« Der Mann sieht mich lächelnd an und sagt: »Morgen ist auch noch ein Tag. Wenn du noch keinen Schlafplatz hast, kannst du gern bei meiner Familie übernachten.«

Statt zur Schule zu gehen, springe ich also auf den Rücksitz seines Motorrads, und wir fahren erst einmal die paar Meter zu Ramis nach Hause. Ich stelle meinen Rucksack ab, ziehe mich um und lerne seine Frau, seine Mutter und seinen Vater kennen. Er führt

## AUF ZUM HIMALAYA

mich auf die Dachterrasse, von wo aus wir einen tollen Blick über das ganze Dorf haben. Ramis erklärt mir, wer wo wohnt, und um es kurz zu machen: Eigentlich ist jeder in diesem Dorf irgendwie mit jedem verwandt. Nebenbei erklärt mir Ramis, dass es zurzeit im ganzen Dorf kein Fleisch zu essen gibt, da vor Kurzem jemand gestorben ist. Und die Tradition besagt, dass man nach dem Tod eines Verwandten 13 Tage lang kein Fleisch essen darf.

Leider ändert die Fleischlosigkeit nichts daran, dass das Essen in Nepal nur minimal weniger scharf ist als in Indien. Meine Probleme damit bleiben mir also erhalten. Beim Essen fällt mir auf, dass Ramis' Frau, die kein Englisch spricht, nicht besonders glücklich wirkt. Mein Gastgeber sieht, dass ich mich wundere, und erzählt mir, dass seine Familie seine Frau für ihn ausgesucht hat, als sie beide noch Kinder waren. Jetzt wundere ich mich noch mehr und frage ihn: »Und wie kommst du damit zurecht?« Eine sehr direkte Frage, der er zunächst auszuweichen versucht. Dann aber antwortet er: »Ich glaube, dass meine Eltern nur das Beste für mich wollen.« Damit ist für ihn alles erklärt. Die Tradition wird einfach nicht infrage gestellt. Verheiratet zu werden ist das Normalste der Welt. So wie bei uns ein Einkauf im Supermarkt.

Später führt Ramis mich durch das Dorf und stellt mich einigen seiner Freunde vor. Er zeigt mir auch viele zerstörte Häuser. Bei dem Erdbeben im April sind allein hier in seinem kleinen Dorf neun Menschen gestorben. Die Erinnerungen sitzen noch tief. Wie sehr, merke ich am Abend, als wir ins Bett gehen. Im ganzen Haus bleibt das Licht an, auch in den Schlafzimmern. Eine reine Vorsichtsmaßnahme für den Fall, dass es zu einem weiteren Erdbeben kommt. Dann braucht man nur aufzustehen und ins Freie zu laufen. Ohne Licht zu machen. Diese Zeit kann über Leben und Tod entscheiden. Die Angst steckt jedem noch in den Knochen. Ramis berichtet mir davon, wie er das Erdbeben erlebt hat. Er lag im Bett, als es anfing, aber er konnte nicht aufstehen und rausrennen. Jedes

Mal, wenn er es versuchte, fiel er sofort wieder hin, da die Erde so kräftig wackelte. Es war furchtbar für ihn. Die größte Angst hatte er um seinen 13-jährigen Sohn.

Drei Tage bleibe ich bei Ramis. Den Schulbesuch holen wir gleich am nächsten Tag nach. Der Unterricht findet nicht im Schulgebäude statt – das seit dem Erdbeben einsturzgefährdet ist –, sondern in notdürftig errichteten Baracken aus Holz und Plastikfolie. Den Kindern scheint das nichts auszumachen. Natürlich werden gleich Erinnerungen in mir wach, als ich vor der Klasse stehe. Und als mir Ramis anbietet, einen kleinen Vortrag über meine Reise zu halten, bin ich glücklich. Es geht von einer Klasse in die nächste. Die Kinder sind gar nicht schüchtern und stellen viele Fragen, Fragen, die ich schon kenne, nach meiner Art zu reisen, nach meinen Erfahrungen, nach Deutschland. Anschließend spielen wir auf dem Schulhof Volleyball. Die Kinder sind ganz offensichtlich froh darüber, lernen zu dürfen, und sehr motiviert. In Nepal ist es nicht selbstverständlich, dass Eltern ihre Kinder zur Schule schicken. Denn das kostet Geld. Andererseits ist die Beherrschung einer Fremdsprache wie Englisch der Schlüssel zum wirtschaftlichen Erfolg. Ein Land wie Nepal lebt sehr stark vom Tourismus. Wer gut Englisch spricht, kann in diesem Bereich die verschiedensten Jobs übernehmen. Gute Perspektiven also.

In diesem Jahr aber sind wegen des Erdbebens wenige Touristen ins Land gekommen. Die Medien haben gern Bilder von eingestürzten Häusern und Straßen gezeigt, die den Eindruck vermitteln, es sähe im ganzen Land so aus. Was aber nicht stimmt. Natürlich sind die Folgen hier und da spürbar, die Infrastruktur ist jedoch weitgehend intakt oder wiederhergestellt. Das merke ich bei meinem Weg durch das Land. Beim Wandern in Nepal macht Google Maps eigentlich meist einen ganz guten Job. Was Google aber nicht weiß: Vor drei Monaten gab es nach einem Nachbeben eine große Flut. Auch die

Pegel der Flüsse stiegen enorm an, und die Wassermassen spülten auch Brücken weg. Die Brücke, über die ich gehen will, gibt es leider nicht mehr. Somit gehe ich etwa einen Kilometer zurück und nehme einen anderen Weg – über eine neu gebaute Brücke.

Beim Wandern durch den Chitwan Nationalpark bin ich der Natur wieder sehr nahe. In dem Ort Sauraha finde ich die Pensionen und Hotels mehr oder weniger leer vor. Dann steht plötzlich ein Mann neben mir und bietet mir an, mich zu einem Hotel mitzunehmen. Der Mann sieht nett aus, ich habe sofort ein gutes Gefühl und stimme zu. Wir laufen eine ganze Weile. Als wir am Ortsende angekommen sind, bleibt er jedoch nicht stehen, sondern geht einfach weiter, auf sehr sehr schmalen und zugewachsenen Trampelpfaden durch den Dschungel. Mir wird etwas mulmig, denn ich habe keine Ahnung, wo er hin will. Doch ich vertraue ihm und frage auch nicht weiter nach, als neben uns der erste Elefant auftaucht. Ich lächle und denke: Mir gefällt's hier. Etwa 30 Minuten später kommen wir an einem Fluss an, dem Rapti. Bhupendra, so heißt der Mann, besitzt hier direkt am Wasser ein Hotel. Er erzählt mir, dass bei der großen Flut drei seiner Häuser, die zum Hotel gehören, weggespült wurden. Knapp 100.000 Dollar sind wortwörtlich den Bach hinunter. Auch das Haupthaus des Hotels stand bis zur Hälfte unter Wasser. Zurzeit ist er dabei, es zu renovieren. Zwei Zimmer sind bereits wiederhergestellt.

Bhupendra will mir kein Zimmer vermieten, sondern lädt mich ein, kostenfrei im Hotel zu wohnen. Es steht ja ohnehin leer, und so hat er wenigstens einen Gast. Im Gegenzug gebe ich ihm Englischunterricht, damit er besser auf die nächste Saison vorbereitet ist, wenn wieder mehr Touristen eintreffen. Auch nutze ich meinen Facebook-Account, um etwas Werbung für sein Hotel zu machen. Diese Werbung fällt mir nicht schwer, denn das Haus hat eine fantastische Lage am Ufer des Rapti. Abends sitzen wir zusammen auf der hölzernen Terrasse, trinken Tee und sehen uns den Sonnenuntergang an. Wäre er nicht echt, dann wäre er kitschig. Aber es ist nicht nur der Sonnenuntergang an sich, der so unglaublich schön ist. Es ist das alles hier zusammen: der Ort, die frische Luft, der Fluss, die Ruhe, der Steg auf dem Wasser, der bequeme Stuhl, auf dem ich sitze, und der Tee in meiner Hand. Es ist perfekt!

Nur ein paar Tierlaute hallen aus dem Naturpark zu uns rüber. Bhupendra zeigt mir ein Krokodil im Fluss und erzählt, dass nachts immer ein Nashorn vorbeikommt. Wir sitzen lange auf der Veranda seines Hotels und unterhalten uns. Bhupendra war früher Polizist in Kathmandu. Vor drei Jahren wurde er pensioniert und beschloss, an diesem Ort, den er schon immer gern besucht hatte, ein Hotel zu bauen. Und nun bleibt er hier. Nach Kathmandu will er nicht zurück. Schon nach den wenigen Stunden, die ich hier verbringen durfte, kann ich sehr gut verstehen, warum.

Dann hören wir etwas im hohen Gras herumlaufen, unweit des Hauses. Bhupendra sagt: »Steh auf! Da ist ein Rhino!« Ich bin aufgeregt. Und tatsächlich. Ein für mich riesiges Nashorn bewegt sich direkt auf das Haus zu. Langsam, aber beständig. Es ist unglaublich! Leider ist es um 21 Uhr natürlich stockfinster. Und das Rhinozeros scheut Licht. Daher kommt es nicht nah genug an uns heran, als dass ich ein gutes Foto machen könnte. Doch ich kann es mit meinen eigenen Augen gut sehen. Unbeschreiblich schön, dieses Tier! Als ich später in meinem gemütlichen Hotelzimmer im Bett liege, denke ich noch: Wo könnte ich die Hektik Mumbais besser vergessen als hier?

Am nächsten Morgen wache ich absolut entspannt auf, denke aber sofort: »Elefanten!!! Ich hoffe, ich habe sie nicht verpasst!« Bhupendra hat gestern Abend noch erzählt, dass sie jeden Morgen im Fluss vor seinem Hotel ein Bad nehmen. Ich springe aus dem Bett, werfe mir etwas Wasser ins Gesicht, ziehe mich an und gehe nach draußen auf die Veranda. Und da sehe ich sie auch schon! Wow!!! Ich muss träumen! Mit großer Vorfreude, aber auch ehrfürchtig, gehe ich runter zum Fluss. Diesmal ist es nicht still, denn eine kleine Elefantenherde hat sich eingefunden. Und plötzlich taucht ein weiteres Tier auf. Und noch eins. Es ist unglaublich. Eine Elefantenkuh mit ihrem Kalb ist darunter, die natürlich gleich ins Wasser gehen. Es spritzt nach allen Seiten, und für mich sieht es aus, als hätten sie den Spaß ihres Lebens. Ich sitze in der Morgensonne am Wasser, sehe den Elefanten beim Baden zu und freue mich wie schon lange nicht mehr. Echte Elefanten! Keine Zirkuselefanten, keine Zooelefanten, keine Arbeitselefanten. Einfach wilde Elefanten, die in einem Fluss ein erfrischendes Bad genießen. Von mir nehmen sie keinerlei Notiz. Also gehe ich noch ein paar Schritte näher. Offensichtlich haben sie vor Menschen keine Angst. Ich hingegen fühle mich wie im Paradies. Noch dazu bin ich nicht von Menschenmengen umgeben, sondern allein. Fast. Bhupendra kommt hinzu und lockt die Elefanten mit etwas Gras. Sie nähern sich langsam. Als sie wenige Meter vor uns stehen bleiben, strecke ich vorsichtig meine Hand aus und berühre einen von ihnen. Die Haut fühlt sich sehr, sehr weich und zerbrechlich an. Wie Papier. So stelle ich mir die Haut einer hundert Jahre alten Person vor. Dann gehe ich wieder zurück zum Hotel und setze mich auf die Außenterrasse. Von dort kann ich das Treiben sehr gut beobachten und das gerade Geschehene verarbeiten und begreifen. Am liebsten würde ich die Elefanten zum Frühstück ins Hotel einladen. Aber das will ich dem Manager dann doch nicht zumuten. Ich gehe also allein zum Essen.

# 27
## Mein zweiter Geburtstag

So paradiesisch meine Lage in Nepal ist, sie wird hier und da von ernsten Gedanken getrübt. Ich bin nun kurz vor dem Ziel. Tibet. Darauf habe ich mich fast vier Jahre konzentriert und mich immer wieder gegen die eigenen Zweifel behauptet, gegen den Drang, aufzugeben oder abzubrechen. Ich habe mich jedes Mal für die Fortsetzung der Reise entschieden. Ich habe durchgehalten. Ich habe es geschafft. Ein kurzer Flug noch, und ich bin in Tibet. Ich spüre bereits die Aufregung, die mit dem Erreichen des Ziels einhergeht. Wird Tibet überhaupt die Erwartungen erfüllen, die ich an das Land gesetzt habe? Wird Tibet die fast vier Jahre wert sein? Oder werde ich mich vielleicht so getäuscht haben wie mit Indien?

Eine Stimme in mir ist froh, dass das Ende der Reise bevorsteht. Eine andere Stimme äußert Angst, und zwar aus demselben Grund. Angst vor dem Ende der Reise. Es wird auf jeden Fall abrupt sein, denn in Tibet habe ich nur sieben Tage. So wenig Zeit wie in keinem anderen Land, das ich besucht habe. Sieben Tage, dann ist Schluss. In der Türkei war ich eineinhalb Jahre. Wie soll ich denn in sieben Tagen und mit Guide ein Land kennenlernen?

Letzten Endes aber läuft alles auf eine andere Frage hinaus: Was kommt nach Tibet?

Und dann ist da auch noch die Rückreise. Wie soll die vonstattengehen? Auf keinen Fall will ich fliegen. Ich reise nicht vier Jahre von München nach Tibet, um dann in zwölf Stunden zurückzufliegen. Das wäre viel zu schnell. Wieder zu Fuß zu gehen, kommt allerdings auch nicht infrage, das würde wieder auf mehrere Jahre hinauslaufen. Es könnte sein, dass ich dann insgesamt sechs Jahre unterwegs bin. Definitiv zu lang. Außerdem heißt mein Ziel Tibet, und das habe ich dann ja erreicht. Ich könnte es mit dem Fahrrad versuchen. Fahrradreisende habe ich unterwegs einige getroffen. Aber Fahrradfahren liegt mir nicht.

Trotzdem probiere ich es einmal aus, und zwar in Pokhara, der zweitgrößten Stadt Nepals. Pokhara liegt nur gut 900 Meter hoch und weist im Herbst eine angenehme Temperatur auf. Ich leihe mir bei einem Fahrradverleih ein Fahrrad und radle zu einigen

Sehenswürdigkeiten in der Umgebung. Dazu gehört auch die berühmte World Peace Pagoda, die auf dem Anadu Hill in 1100 Metern Höhe errichtet wurde. Von dort aus, wird mir erzählt, hat man einen tollen Blick auf die Stadt, den Phewa-See und die umliegenden Berge. Das kann ja nicht so schwer sein.

Hochmotiviert trete ich in die Pedale. In der Stadt ist noch alles im grünen Bereich. Aber dann nimmt die Steigung zu, und es wird heißer, als ich gedacht habe. Immer häufiger steige ich vom Rad und schiebe. Ich fange an, den Anadu Hill zu verfluchen. Und den Typen, der mir diesen Tipp gegeben hat. Die irre Steigung und den beschwerlichen Weg hat er mit keinem Wort erwähnt. Meine Fahrradtour ist die reine Schiebung. Gefühlte fünf Stunden dauert der Aufstieg. Oben angekommen, bewahrheitet sich allerdings das mit dem Blick, er ist wirklich atemberaubend. Auch die Pagode ist ein sehenswertes Gebäude, teilweise mit Gold belegt. Innen lächelt mich ein Buddha an. Nach wenigen Augenblicken bin ich für die Quälerei entschädigt. Jetzt lächle ich – denn außerdem habe ich mich die ganze Zeit, während ich das Fahrrad hier hochgeschoben habe, auf die Abfahrt gefreut.

Diese lässt jetzt nicht mehr lange auf sich warten. Nun geht es nur noch bergab, die Strapazen können sich nicht wiederholen. Also rauf aufs Rad. Mit einem breiten Grinsen schaltete ich in den 28., den höchsten Gang, und gebe endlich Vollgas! Mit einem Affenzahn, bestimmt um die 40 bis 50 km/h, geht es nach unten ins Tal. Wow! Was für ein Spaß! Links, rechts, links, rausche ich um die Kurven. Doch meine Euphorie währt nur kurz. Die Bremsen meines Fahrrads stellen sich als untauglich heraus, die Räder reagieren kaum. Und dann kommt mir, in einer engen Linkskurve, die ich nicht ganz einsehen kann, ein Auto entgegen. Ich bin viel zu schnell, und der Unfall ist nicht mehr zu vermeiden. Es gibt nur zwei Möglichkeiten: rechts gegen die Felswand oder links in den Abgrund. Eine tolle Auswahl. Ich schaffe es, dem Auto auszuweichen, und lasse mich nach rechts raustragen. Dort warten die Felswand und der 50 Zen-

## AUF ZUM HIMALAYA

timeter tiefe Betongraben auf mich. Ich rase krachend gegen die Wand. Es ist das Letzte, woran ich mich erinnere.

Wie lange ich bewusstlos neben der Straße liege, weiß ich nicht. Erst nach und nach realisiere ich, wo ich gelandet bin. Im Abwassergraben. Dieser wird in regelmäßigen Abständen von einer Betonstrebe überbrückt. Mein Kopf liegt genau unter einer dieser Streben. Meine Gedanken drehen sich. Was wäre, wenn ich nur wenige Zentimeter später in den Graben gefahren wäre, was wäre wenn ich die Brücke mit meinem Gesicht getroffen hätte? Aber ich hatte Glück im Unglück und bin vor dieser Strebe gelandet und dann mit dem Kopf darunter gerutscht. Ich kann mich zwar kaum bewegen, doch für mich ist es ein Wunder, dass mein Gesicht unversehrt geblieben ist. Ich finde mich in einer Haltung wieder, in der beide Hände nach vorn gestreckt sind und mein Gesicht vom Boden abschirmen. Mein T-Shirt, meine Hose, alles ist zerfetzt. Überall habe ich blutende Schürfwunden an den Armen und Beinen. Die Schmerzen sind unerträglich.

Irgendwann höre ich Stimmen und spüre Hände, die mich an meinen Beinen unter der Betonstrebe hervorziehen wollen. Zunächst bekomme ich Angst und schreie. Sie sollen mich nicht anfassen und auf keinen Fall an meinen Beinen ziehen. Ich habe einmal gehört, dass man Menschen nach einem schweren Unfall möglichst nicht bewegen soll – wegen der Gefahr einer Querschnittslähmung. Ich habe große Schmerzen und flehe, sie mögen mich nicht anfassen. »Don't touch me! Don't touch me!«, rufe ich mehrmals. Selbst kann ich mich aufgrund der unvorstellbaren Schmerzen aber auch nicht bewegen.

Erst nach und nach scheint der Schock nachzulassen, und immer mehr Gefühl kommt in meinen Körper zurück. Das bedeutet, dass ich mich allmählich wieder bewegen kann, doch die Schmerzen werden dadurch auch immer größer. Sehr langsam befreie ich mich schließlich selbst aus dem engen Loch unter der kleinen Brücke. Ich setze mich an den Rand des Grabens. Mein Atem ist flach und rasend. Ich versuche tief und langsam zu atmen, aber erst nach einer gewissen Zeit beruhige ich mich. Ich werde auf eine Decke gelegt, und jemand gibt mir Wasser. Ich schaue in die Luft, wo ein paar Vögel fliegen. Ich bin gerettet und trotz aller Schmerzen unendlich dankbar, am Leben zu sein. Am 11.10.2015 feiere ich meinen zweiten Geburtstag. Und nicht nur das. Ich habe den Unfall sogar ohne größere Verletzungen überlebt.

Die helfenden Hände gehören einer nepalesischen Familie, die mich zufällig entdeckt hat. Sie lädt mich in ihr Auto und nimmt mich mit. In ihrem Haus flößen sie mir Tee ein und helfen mir zurück in die Realität. Und die sieht besser aus, als befürchtet. Kein Knochen ist gebrochen, alle Zähne sind an ihrem Platz. Dafür ist mein ganzer Körper von Wunden und blauen Flecken übersät. Ich sehe aus wie durch den Wolf gedreht, auch nach der Säuberung der vielen Wunden. Drei Stunden bin ich bei der Familie, der ich für meine Rettung sehr dankbar bin. Aber bleiben will ich nicht, sondern zurück in mein Hotelzimmer. Trotz der Schmerzen steige ich wieder auf das lädierte, aber fahrtüchtige Rad und lasse mich langsam nach Pokhara rollen. Sehr langsam. Denn jetzt weiß ich ja, dass die Bremsen nicht besonders zuverlässig sind. Kurz vor Ladenschluss erreiche ich den Fahrradverleih und gebe mir größte Mühe, nicht zu humpeln, aufrecht zu gehen und halbwegs entspannt zu wirken. Mit den Armen verdecke ich mein zerfetztes T-Shirt. Ohne Reaktion nimmt der Mann das leicht lädierte Rad zurück.

Im Hotel gehe ich erst einmal unter die Dusche. Erst hier wird das ganze Ausmaß sichtbar. Vor allem meinen Rücken hat es erwischt. Im Spiegel ist er kaum wiederzuerkennen. Bevor ich auf dem Bauch im Graben gelandet bin, muss ich mich mehrmals überschlagen haben. Alle Knochen tun mir weh. Ohne näher darüber nachzudenken, steht eines fest: Das Fahrrad scheidet als Rückreisemöglichkeit definitiv aus.

Für die nächsten Tage bleibe ich mehr oder weniger im Zimmer. Schon allein wegen der Schmerzen, aber auch, weil die Wunden noch lange nässen und eitern. Immer wieder muss ich sie reinigen. Nach drei Tagen bleiben sie endlich trocken, und ich bin überrascht, wie schnell sich mein Körper erholt. Ich fühle mich lediglich innerlich noch etwas antriebslos. Ich war eindeutig zu schnell unterwegs. Nicht nur den Berg hinunter, sondern vielleicht auch während der ganzen letzten Monate. Mein Körper hat mir nun ganz klar signalisiert, dass er eine Pause dringend benötigt. Ich brauche Zeit zum Ausruhen und Kräftesammeln, damit ich weiterreisen kann. Zum Arzt gehe ich nicht. Dafür zum Meditieren. Was kann man Besseres tun, wenn man nichts tun kann? Also besuche ich einen 10-Tages-Kurs Vipassana-Schweigemeditation.

Ich habe mir vorgestellt: zehn Tage rumsitzen, das schaffe ich schon. Aber es ist hart! Zehn Stunden am Tag zu meditieren, ist anstrengend! So einfach es aussehen mag, wenn da einer so entspannt auf dem Boden sitzt, es ist dennoch richtige Arbeit. Das Ziel ist es, eine Stunde lang zu meditieren, ohne sich dabei zu bewegen. Eine Aufgabe, die ich zum ersten Mal am fünften Tag schaffe. Es ist wirklich schwer. Die Schmerzen sind unbeschreiblich! Ich weine, als ich es zum ersten Mal schaffe. Irgendwie kann man eine Stunde Meditation durchaus mit einem Marathonlauf vergleichen. Ehrlich! Die körperliche Anstrengung ist enorm.

Hinzu kommt eine weitere Anstrengung. Ich muss es mir nämlich immer wieder verkneifen, laut zu lachen. Das würde ich nämlich zu gern. Entweder, weil ich innerlich so glücklich bin, am Leben zu sein, oder weil es tatsächlich sehr lustig ist, in einem Raum mit 40 anderen Menschen zu sitzen und »nichts« zu tun. Wahrscheinlich aber ist es eine Kombination aus beidem. Am Ende bekomme ich wesentlich mehr vom Kurs, als ich erwartet habe. Mein Körper und mein Geist sind zufrieden. Ich bin wieder fit, die Wunden verheilen bestens, die Schmerzen sind weg. Per Anhalter fahre ich zurück nach Kathmandu und bleibe dort noch ein paar Tage im Hotel. Ich hole meinen Pass vom Reisebüro ab und freue mich auf Tibet.

# 7 TAGE TIBET

*Ich finde endlich,
was ich nicht gesucht habe,
betreutes Reisen inklusive.*

## 7 TAGE TIBET

Ich werde in China verhungern, soviel ist sicher, denke ich. Mit großen Augen halte ich das verpackte Essen in den Händen, das mir die Stewardess in die Hand gedrückt hat. Ich weiß noch nicht einmal, ob ich es richtig herum halte. Kein einziges englisches Wort auf der Verpackung, und ich habe keine Ahnung, was drin ist.

Der Flug von Kathmandu nach Lhasa dauert 45 Minuten. Ein stinknormaler Kurzstreckenflug, der sich von anderen nicht unterscheidet. Für mich aber ist der Flug spektakulär, da er mich an den Ort bringt, den ich am 3. November 2011 in München offiziell als mein Ziel verkündet habe. Jetzt, im Oktober 2015, löse ich das mir selbst, meinen Freunden und meiner Familie gegebene Versprechen tatsächlich ein. Schon die Landung auf dem Flughafen Lhasa-Gonggar reicht dafür aus. Ich bin in Tibet. Ganz egal, was jetzt noch passiert, ich habe Wort gehalten. Kein schlechtes Gefühl.

Der erste Eindruck von Lhasa gefällt mir allerdings zunächst einmal gar nicht. Die chinesischen Polizisten schauen ziemlich grimmig. Doch das ändert sich schon bei der Passkontrolle. Die uniformierte Frau ist sehr nett, und es geht super fix. »Willkommen in Tibet!«, heißt es. Oder warte, nein, doch noch nicht: Nachdem ich meinen Rucksack vom Gepäckband geholt habe, wird er direkt durchleuchtet. Die Zöllner schauen genau auf den Bildschirm und nehmen meinen Rucksack unter die Lupe. Skeptische Blicke. Ob ich ein Messer in meinem Rucksack habe, fragt man mich. Ich bejahe. Es passiert, was folgen muss. »Bitte öffnen Sie Ihren Rucksack und zeigen Sie mir das Messer!«. Also: Auspacken und erklären. »Wofür ist das?«, fragt ein Polizist. »Zum Trekking.« Es ist ein großes und auch sehr scharfes Messer, das als Camping-Werkzeug gedacht ist. Benutzt habe ich es allerdings noch nie. Seit vier Jahren ist es nur Ballast. »Messer dürfen nicht nach Tibet eingeführt werden«, erklärt einer der Uniformierten und fragt: »Was haben

# 7 TAGE TIBET

Sie damit vor?« Ich erkläre es ihm. Höflich. »Ich habe ein Zelt dabei und brauche es zum Campen. Unter anderem zum Durchscheiden von Ästen, wenn ich ein Feuer machen will.« Die Männer sehen mich misstrauisch an. Ich wiederhole das Gesagte: »Zum Camping.« Sie beraten sich. Lange Stille. Ich werde unruhig und denke genervt: Ich habe dieses Messer nicht vier Jahre lang durch zwölf Länder mit mir rumgeschleppt, um es jetzt am Zoll in Lhasa abzugeben! Das überraschende Ergebnis der Besprechung: »In Ordnung. Sie dürfen es behalten. Aber das nächste Mal bringen sie bitte kein Messer mit in die Volksrepublik China!« Alles klar, werde ich mir merken, denke ich.

Allein darf ich das das Flughafengebäude nicht verlassen. Das geht nur mit dem bestellten Guide. Der aber ist nicht da. Irgendwie hat er sich verspätet. Also muss ich unter Polizeiaufsicht auf ihn warten. Immerhin sprechen alle sehr gut Englisch, wir können uns also unterhalten. Schnell finde ich mich in der vertrauten Rolle des Erzählers und Alleinunterhalters wieder. Die Chinesen sind neugierig und lachen über jede halbwegs witzige Anekdote von mir. Das ist nicht schlecht, denn so gewinne ich etwas Sympathie. Und die kann nicht schaden. Ich weiß ja nicht, was noch alles auf mich zukommt. Sogar die mir angebotene Zigarette stecke ich mir in den Mund, obwohl ich Nichtraucher bin. Aber mein leichtes Husten bringt sie wieder zum Lachen. Dann erscheint endlich mein staatlich verordneter Reiseführer, der sich als Reiseführerin entpuppt. Damit habe ich nicht gerechnet. Offenbar habe ich immer noch Vorurteile. Es folgt die »Übergabe«, bei der ich mich wie ein Objekt fühle. Papiere werden hervorgeholt, Formulare ausgefüllt und unterschrieben. Der Reisende Stephan Meurisch, Passnummer soundso, wird ordnungsgemäß an die Reiseführerin übergeben. Vorgang abgeschlossen, ich kann den Flughafen verlassen. Unter Aufsicht natürlich.

## 7 TAGE TIBET

Da der Flughafen von Lhasa etwas außerhalb der Stadt liegt, fährt mich meine Reiseführerin etwa 45 Minuten mit dem Auto in die Stadt. Ich bin überrascht, alles ist sehr sauber hier. Die Straßen erinnern mich an die besten Autobahnen in Deutschland. So gute Fahrbahnen habe ich lange nicht mehr gesehen. Tibet, respektive China, scheint reich zu sein. Unsere erste Station ist ein Hotel, in dem mir der Reisepass abgenommen wird. Erneut geht es darum, schon allein die Idee an unbeaufsichtigte Ausflüge von vornherein zu unterbinden. Wie umfassend die Beschränkungen sind, merke ich sofort. Im Hotel ist WLAN zwar vorhanden, doch Google, Facebook, Youtube und Instagram sind gesperrt. Ich sitze lange in meinem Zimmer und versuche, irgendwie ein VPN-Programm zum Laufen zu bringen, um diese Sperre zu umgehen. Klappt jedoch nicht. Ich habe das Gefühl, dass die Zensur hier noch hartnäckiger ist als im Iran.

Die strenge Überwachung gilt auch beim Besuch touristischer Ziele. Ganz egal, ob es sich um ein Kloster oder ein historisches Gebäude handelt – ohne meine Reiseführerin habe ich keinen Zugang. Nur in der Innenstadt von Lhasa ist die Kontrolle nicht ganz so streng. Für jemanden, der es gewohnt ist, sich sehr frei zu bewegen und viele spontane Entscheidungen zu treffen, ist dieses betreute Reisen äußerst lästig. Und mein freundliches Kindermädchen nimmt ihren Job sehr ernst. Sie registriert jedes Interesse von mir, jedes Foto, das ich mache, und beobachtet jede Begegnung. Gespräche finden allerdings schon allein aus dem Grunde nicht statt, weil kein Tibeter und kein normaler Chinese Englisch spricht. Es gibt auch keine Sprachschulen in Tibet, so wie in den anderen Ländern, in denen ich gewesen bin.

Am ersten Tag passiert nicht viel, es ist ja bereits später Nachmittag, als wir im Hotel eintreffen. Nach dem Einchecken gehen wir in ein Restaurant. Das wird auch Zeit, denn ich habe Hunger.

# 7 TAGE TIBET

Natürlich werde ich bestaunt, westliche Touristen sind hier selten. Ich staune auch, denn die Speisekarte ist, oh Wunder, auf Chinesisch. Ich kann sie drehen und wenden, wie ich will, ich verstehe nichts. Kein englisches Wort, keine Abbildung, kein Foto. Nur chinesische Schriftzeichen. Meine Reiseführerin lächelt und übersetzt, wohin ich auch mit dem Finger zeige. Keine Frage, ich bin vollkommen von ihr abhängig. Und das gefällt mir gar nicht. Ebenso wenig gefällt mir, dass es nur Stäbchen gibt. Selbst für die Suppe. So geschickt ich in anderen Dingen bin, bei Essstäbchen versagt meine Feinmotorik. Wenn ich Reis mit Stäbchen esse, dauert das Stunden, da bin ich vorher verhungert. Immerhin bringt mir jemand einen großen Keramiklöffel, mit dem es etwas besser geht. Allerdings nicht ohne Zeugen, denn ich bin längst die Attraktion im Restaurant. Die anderen Gäste staunen und lachen. Ihre Kommentare kann ich nur erahnen: »Seht euch diese Langnase an, die isst den Reis mit einem Löffel!« Wenigstens versteht man in China Ja und Nein. Ich kann also mühelos etwas bestellen, das nicht scharf ist.

Am nächsten Morgen geht die von mir gebuchte Tour los, mit dem Auto meiner Reiseleiterin, die mir erneut nicht von der Seite weicht. Sie fährt mich zu einem Kloster, in dem die Mönche schon artig warten. Schnell wird klar, dass es sich um eine Art Inszenierung für Touristen handelt. Ein gepflegtes Gebäude, gut gelaunte Menschen. Ihren tatsächlichen Alltag sehe ich aber nicht, sondern nur Kulissen. Disneyland fällt mir ein, das trifft es auf den Punkt. Tibet kommt mir vor wie ein großer Freizeitpark. Du zahlst Eintritt, darfst sieben Tage bleiben, wirst von Attraktion zu Attraktion geführt und fährst pünktlich wieder ab. Das ist so gar nicht das, was ich mir vorgestellt hatte. Und mit den Mönchen kann ich ebenso wenig sprechen wie mit anderen Menschen in Tibet. Doch genau darauf kommt es mir ja an. Ich will etwas über die Menschen erfahren, will wissen, wie sie wirklich leben, was sie denken, wovon sie träumen. Auf dieser Touristentour ist das nicht möglich. In keinem anderen Land auf dieser Reise habe ich mich so einsam gefühlt wie hier.

Nach und nach wird mir bewusst, wie wichtig es war, in Indien die Exil-Tibeter besucht zu haben. Die Gespräche dort und die Einblicke in die tibetische Kultur kann ich jetzt ein bisschen auf das tatsächliche Tibet übertragen. Aus beiden Erfahrungen und Eindrücken kann ich mir ein Tibet zurechtbasteln, wie es heute ohne die chinesische Okkupation aussehen könnte. Ohne meinen Besuch in Dharamsala wäre das nicht möglich gewesen. Eigentlich hätte der Besuch dort sogar völlig ausgereicht, um die tibetische Kultur kennenzulernen.

Die paar Tage in Tibet erweisen sich mehr und mehr als obligater Schlusspunkt meiner Reise. Ich habe mein Ziel erreicht – nur ist es kein Ziel in dem Sinn, dass man es unbedingt gesehen haben müsste. Um hierher zu gelangen, haben sich die 13.000 Kilometer in vier Jahren nicht gelohnt. Die 13.000 Kilometer an sich haben sie sich jedoch umso mehr gelohnt. Am Ende steht fest: Die Reise war das Ziel, nicht Tibet. Unterwegs zu sein war wichtig. Das Ankommen war es schon lange nicht mehr.

Daher falle ich jetzt auch nicht in ein Loch. Natürlich bin ich von Tibet enttäuscht, diese Enttäuschung hält sich aber in Grenzen. Ich habe ja bekommen, wonach ich mich gesehnt habe. Wäre ich meinem ursprünglichen Plan gefolgt, hätte ich krampfhaft daran festgehalten, in zwei Jahren auf direktem Weg nach Tibet zu wandern – ich glaube, dann wäre ich von Tibet – und damit der ganzen Reise – sehr viel stärker enttäuscht gewesen. Denn das, worauf es mir ankam, ist in Tibet gar nicht möglich. Tibet hat mir als Ziel eine schöne Reise beschert und damit seine Bestimmung erfüllt. Ohne Tibet wäre ich überhaupt nicht aufgebrochen und losgegangen.

# 7 TAGE TIBET

Jetzt aber hat es mir nichts mehr zu geben. Das größte Geschenk, das ich bekommen habe: Ich habe mich verändert. Ich bin ein anderer geworden. Aber eben nicht durch Tibet, sondern durch die Reise. Insofern hätte ich sogar auf Tibet verzichten können.

Wir fahren durch Lhasa, das aussieht wie eine chinesische Großstadt. Es ist sehr laut, sehr viel Verkehr, es wird gebaut. Wären nicht hier und da historische Gebäude, würde man gar nicht erkennen, wo man eigentlich ist. Nicht zu übersehen ist der Potala-Palast, bis 1959 die offizielle Residenz und der Regierungssitz der Dalai Lamas. Er wurde auf einem 130 Meter hohen Hügel erbaut und ist von der ganzen Stadt aus sichtbar. Seit 1994 ist der Palast als Weltkulturdenkmal von der UNESCO anerkannt. Im Reiseführer ist er als Museum ausgewiesen, hat aber offenbar wenig Museales. Das Gebäude ist intakt, man kann sogar aufs Dach steigen, aber die Räume sind leer. Während der Kulturrevolution soll das Interieur entfernt worden sein. Ich beschließe, den Palast nur von außen zu betrachten, verspüre keinerlei Veranlassung, durch leere Zimmer zu wandeln. Obwohl statisch und architektonisch in Ordnung, ist dieses Haus kulturell eine Ruine. Der Palast ist tot.

Und dann stehe ich auf dem großen Platz vor dem berühmten Palast. Ich habe noch nie einen so großen Platz betreten. Jedoch sind keine Menschen hier, um mir zuzujubeln oder mir zu gratulieren. Niemand, der mir die Hände schüttelt oder mir Anerkennung zollt. Es ist still, und ich bin allein hier. Bis auf die Polizisten, die den Platz rund um die Uhr bewachen, aus Angst vor Protesten gegen die chinesische Politik und die Unterdrückung Tibets. Auf meinem langen Weg habe ich mir hundertmal vorgestellt, wie meine Ankunft auf diesem Platz wohl sein wird. Sie ist deutlich unspektakulärer, als ich gedacht habe.

## 7 TAGE TIBET

Auf dem Platz reflektiere ich nicht zum ersten Mal meine Reise. Ich habe verschiedenartigste Kulturen kennengelernt und einen riesigen Schatz an Erfahrungen gesammelt. Ich habe Menschen getroffen, denen ich vertrauen konnte und die mir ihr Vertrauen geschenkt haben. Ich bin Weltenbummlern begegnet und habe sie wieder aus den Augen verloren. Ich habe die unterschiedlichsten Jobs gemacht, um Geld zu verdienen, damit ich weiter reisen konnte. Ich habe Dinge gesehen und erlebt, an die ich mich für den Rest meines Lebens erinnern werde. All das nur, weil ich einmal den Mut hatte, zu dieser Reise aufzubrechen. Ich schaue auf eine Reise zurück, die mehr als eine Reise war. Das Ganze ist mehr als die Summe seiner Teile, sagt Aristoteles. Meine Reise ist ein Lebensabschnitt.

Es kommt dann doch noch zu einer Begegnung. Ich entdecke einen jungen Chinesen mit großem Rucksack und gehe auf ihn zu. Gleichgesinnte erkennen einander. Er spricht nur sehr bruchstückhaft Englisch, fast gar nicht eigentlich, aber immerhin. Der 21-Jährige entpuppt sich als Fußgänger, der 4000 Kilometer zurückgelegt hat, um Tibet zu erreichen. Die 4000 malt er mit dem Finger in die Luft. Mir gegenüber hat er zwei entscheidende Vorteile: Er kann sich frei bewegen, und er spricht fließend Mandarin. Mit ihm hätte ich mich gern richtig und lange unterhalten, hätte ihm gern viele Fragen über seine Reise gestellt, aber das ist schon allein sprachlich nicht möglich. Nicht einmal auf den Google-Übersetzer können wir zurückgreifen, da auch diese Webseite gesperrt ist. So bleibt es ein flüchtiges Aufeinandertreffen zweier Langstrecken-Fußgänger, die sich zufällig vor dem Potala-Palast über den Weg gelaufen sind. Traurig und frustriert verabschiede ich mich von ihm. Nach dieser Begegnung kann ich nicht mehr nachvollziehen, dass viele Menschen, besonders in Städten, so mit ihren Handys und der digitalen Massenkommunikation beschäftigt sind. Die Möglichkeit, sich mit einem anderen Menschen von

## 7 TAGE TIBET

Angesicht zu Angesicht nach Belieben unterhalten zu können, wird als selbstverständlich erachtet. Ich habe einmal mehr gelernt, dass diese Möglichkeit ein großes Geschenk ist und definitiv keine Selbstverständlichkeit.

Meine Tour geht weiter, von einer touristischen Attraktion zur nächsten, von einem tollen Fotomotiv zum anderen. Vom Shigatse Kloster über 5.000 Meter hohe Pässe hinüber zu irre blauen Seen wie dem Yamdrok Lake. Auf dem Weg dorthin passieren wir viele Checkpoints. An jedem werden Uhrzeit und Kennzeichen notiert. Der Grund: Man muss sich in dem Sektor, den man gerade betritt, eine gewisse Mindestzeit aufhalten – damit will man den Verkehr entschleunigen. Es gab sehr viele Verkehrsunfälle in dieser Gegend. Wenn man sich jedoch mindestens eineinhalb Stunden in einem gewissen Sektor aufhalten muss, bevor man ihn wieder verlassen kann, obwohl man höchstens eine Stunde benötigen würde – so die Idee –, muss man entweder langsamer fahren oder zwischendurch eine Pause einlegen. Beides kann zu einer Reduzierung der Unfälle beitragen.

Aber auf die Route, geschweige denn die Fahrgeschwindigkeit, habe ich ohnehin keinen Einfluss. Meine Reiseleiterin absolviert ihre Tour nach klaren Vorgaben und mit großer Routine. Ich habe dabei meine eigenen Herausforderungen und Erfolge. Am vierten Tag sagt meine Reiseführerin im Restaurant einfach nur: Chopsticks or Chopsticks. At least you've got a choice. Zu meiner Überraschung schaffe ich es, meine Chow Mein Nudeln in einer Dreiviertelstunde komplett mit Stäbchen zu essen. Wir haben ja ausreichend Zeit, bis wir den Sektor wieder verlassen dürfen.

Zurück in Lhasa geht es Schlag auf Schlag weiter mit dem Jokhang-Tempel und dem Ramoche-Tempel mit Jowo Rinpoche, einer 1,5 Meter hohen vergoldeten Bronzestatue, die Buddha darstellt.

Auch der Bahnhof von Lhasa ist eine Attraktion, denn er wurde im Stil des Potala-Palastes erbaut. Und so weiter. Auf zum nächsten Highlight. Ich bin gespannt. Oder auch nicht.

Am siebten und letzten Tag bringt die Reiseleiterin mich zum Flughafen und übergibt mich der Polizei, die wieder alles kontrolliert und dafür sorgt, dass ich in das richtige Flugzeug einsteige. Ich werde behandelt wie ein kleines Kind. Und das alles nur, damit ich nichts anstelle, was der offiziellen Wahrheit widerspricht. Von Lhasa aus fliege ich zurück nach Kathmandu, wie es die von mir gebuchte Tibet-Reise vorsieht.

# DAS NEUE ZIEL

Mit 6.000 Kilogramm Haselnüssen
in einer Zeitmaschine zurück
in eine andere Welt – oder
die Sache mit dem Lichtschalter.

DAS NEUE ZIEL

# 28
# Driving Home For Christmas

Ich bleibe ein paar Tage in Kathmandu, nicht zuletzt, um die Frage der Rückreise für mich zu klären. Ein Zwölf-Stunden-Rückflug nach München scheidet ja ebenso aus wie eine Rückreise per Fahrrad. Am liebsten würde ich per Anhalter fahren, müsste dann aber durch Indien. Und so schön ich dieses Land am Ende doch gefunden habe, per Anhalter möchte ich es nicht noch einmal erleben. Von welchem Ort aus soll ich dann starten? Arezou hilft mir weiter, mit der ich nach wie vor in Kontakt bin. Sie hat einen Bekannten, der bei einer Airline arbeitet und mir ein sehr günstiges Flugticket besorgen kann – ein Mitarbeiter-Ticket, das er an mich weitergeben würde. Für nur 75 Dollar komme ich so nach Teheran.

Als das Flugzeug in Kathmandu abhebt, bin ich also endgültig auf dem Rückweg. Einerseits empfinde ich schon ein wenig Trauer dabei, andererseits regt sich auch Vorfreude auf München. Dort, überlege ich, würde ich gern bis Weihnachten sein. Ja, Weihnachten zu Hause bei meiner Mutter. Das wäre doch ein neues Ziel. In zwei Monaten müsste das per Anhalter zu schaffen sein.

In Teheran gelandet, habe ich Angst, dass meine polizeiliche Vorgeschichte in meinen Akten dokumentiert ist und sie mich nicht mehr einreisen lassen. Doch ich bekomme das Visum am Flughafen ohne Mühe. Nach 30 Minuten Ungewissheit habe ich den Aufkleber im Pass und darf wieder 30 Tage bleiben.

Kurz darauf sehe ich Arezou wieder. Die Wogen haben sich inzwischen geglättet, wir sind zwar kein Paar mehr, verstehen uns aber nach wie vor gut. Da sie den Iran verlassen will, beschließen wir, gemeinsam zu reisen. Zwei, drei Tage bereiten wir uns vor, dann brechen wir auf, zunächst Richtung Armenien. Alle Fahrzeuge sind uns recht, ganz egal, ob PKW oder LKW. Oft geht es auf Ladeflächen von kleinen Transportern vorwärts. Nach drei Tagen erreichen wir die armenische Grenze. Die Kontrolle in Nordooz dauert ungewöhnlich lang. So kommt es mir jedenfalls vor. Zuerst muss Arezou wieder etliche Fragen zu meiner Person beantworten: Wo wir uns getroffen haben, in welcher Beziehung wir zueinander stehen und so weiter. Dann checkt der Grenzposten meinen Reisepass sehr genau, sogar mit Lupe und Schwarzlicht-Scanner. Sehr ungewöhnlich. Arezou füllt in der Zwischenzeit ihr Formular für das Visum aus, das sie für Armenien benötigt und dann auch hier an der Grenze erhält. Nach endlosen 40 Minuten werden wir endlich durchgelassen.

In Meghri werden wir bei der gleichen Familie aufgenommen, bei der ich vor über einem Jahr meine letzte Nacht in Armenien verbracht habe. Zu Hause ist, wo das WLAN sich automatisch verbindet, weil es das Kennwort schon kennt, denke ich mit einem Lächeln. Und es ist ein irre schönes Gefühl, etwas Gewohntes wiederzusehen und an einen Ort zurückzukehren, an dem man mich kennt. Die Mama des Hauses freut sich unbändig, als sie mich wiedersieht. Sie erinnert sich sofort an mich, und wir fangen gleich an zu quatschen. Ich erzähle ihr, wo ich überall war, seit ich von hier aufgebrochen bin. Beim Abendessen denke ich, wie herrlich merkwürdig es ist, nach einem Jahr wieder hier an diesem Ort in Armenien – und gleichzeitig auf dem Heimweg zu sein. So richtig realisiert habe ich es noch nicht wirklich.

Nach drei weiteren Tagen erreichen wir Jerewan. Von dort aus wollen wir nach Georgien. Aber Arezou darf nicht nach Georgien einreisen. All unsere Versuche scheitern. Obwohl sie ein gültiges Visum hat, lassen die Grenzpolizisten uns zwei Stunden warten und weisen Arezou dann, ohne einen speziellen Grund zu nennen,

## DAS NEUE ZIEL

ab. Sie muss wieder nach Jerewan zurück. Ich verfluche die Politik! Diese Ungerechtigkeit macht mich wütend und traurig. Für mich ist es einfach unfassbar, dass nicht alle Menschen die gleiche Freiheit haben.

Arezou bleibt in Armenien, ich will nach Hause zurück. Wir beschließen, getrennte Wege zu gehen, und verabschieden uns voneinander.

Ich trampe also allein nach Georgien und folge im Großen und Ganzen der Route meines Hinwegs. Nur geht es diesmal viel schneller. In der Türkei kürze ich natürlich ab und fahre am Schwarzen Meer entlang Richtung Istanbul. Doch bis ich dort ankomme, vergeht noch eine ganze Weile. Yusuf, mein »Chauffeur« auf dieser Strecke, lässt sich Zeit. Er fährt zwei bis dreimal die Woche von Istanbul nach Samsun und zurück. Dabei verbraucht er lediglich ökonomische 20 bis 30 Liter Diesel. Jedes Mal, wenn es bergauf geht, schaltet er in den kleinsten Gang und kriecht mit 30 km/h den Berg hinauf. Bergab geht es zum Glück wesentlich flotter. Wie Yusuf mir sagt, fährt er heute meinetwegen extra etwas schneller ...

Ich nutze die Zeit, um wieder einmal meine Reise zu reflektieren. Bilder gehen mir durch den Kopf, Gefühle werden wach. Weit komme ich dabei nicht, denn die Fahrt ist plötzlich schnell zu Ende. Dreizehn Stunden können sehr kurz sein.

Yusuf lässt mich in Istanbul an einer Metrostation auf der asiatischen Seite raus. Nachdem ich mich von ihm verabschiedet habe, mache ich große Augen: Es ist exakt die Station, an der ich nach der Durchquerung des Marmaray-Tunnels Ende November 2012 wieder ans Tageslicht gelangt bin. Unglaublich, das ist drei Jahre her. Ich habe die Strecke, für die ich auf meiner Hinreise drei Jahre benötigt habe, in nur 20 Tagen bewältigt. Mittlerweile fahren längst Züge durch den Tunnel.

## DAS NEUE ZIEL

Die Quartiere sind noch weniger ein Problem als bei der Hinreise. Ich frage einfach bei den Familien nach, die mich schon einmal beherbergt haben. Per E-Mail oder SMS, manchmal gehe ich auch einfach unangemeldet vorbei. Alle freuen sich und laden mich gern ein zweites Mal ein. Ich freue mich umgekehrt, diese Menschen nach so langer Zeit wiederzusehen. Und dieses Wiedersehen ist mitunter sehr emotional. Für viele bin ich ein Freund, für einige sogar eine Art Familienmitglied geworden. Für mich fühlt es sich jedes Mal wie ein »Nachhausekommen« an. So finden in Istanbul wieder zahlreiche Umarmungen statt – umsonst!

Eine zentrale Frage muss ich immer wieder beantworten: »Hast du es geschafft? Warst du tatsächlich in Tibet?« Dann muss ich erzählen. Ich habe meinen Plan, Tibet in zwei Jahren zu erreichen, nicht geschafft. Und ich bin auch nicht alles zu Fuß gegangen. Aber ich habe jeden Tag ein paar Schritte gemacht. Denn ich wusste: Egal, wie langsam ich gehe – solange ich einen Schritt vor den anderen setze, werde ich irgendwann zwangsläufig in Tibet ankommen. Ich habe mich verändert, den Weg genossen und kann nun erzählen, wie schön diese Reise war. Für mich sind die Gespräche eine weitere Gelegenheit, diese Zeit zu reflektieren. Aber schon am nächsten Tag heißt es, Abschied nehmen, denn ich will nach Hause. Dieser Gedanke beherrscht mich immer mehr. Die Reise ist zu Ende, also ab nach München. Driving Home for Christmas.

Unmittelbar hinter der türkisch-bulgarischen Grenze werde ich auf einem Truckerparkplatz abgesetzt. Mein Tagesziel ist Sofia. Das kommt ganz gut hin, denn per Anhalter schaffe ich etwa 400 bis 500 Kilometer am Tag. Viele der LKW haben türkische Kennzeichen. Da mein Türkisch relativ gut ist, fällt es mir leicht, die Fahrer anzusprechen. Doch ich habe kein Glück, niemand fährt bis nach Sofia. Ich bin kurz davor aufzugeben und mich an die Straße zu stellen, da sieht jemand, wie ich meinen Rucksack aufschnalle, und

## DAS NEUE ZIEL

spricht mich an. Ich sage, dass ich nach Sofia will. Der Mann will kurz meinen Ausweis sehen und versichert: »Heute Abend sind wir dort.«

Kaum sitzen wir in der Kabine, beginnt die Unterhaltung. Kadir wundert sich über mein schweres Gepäck, und ich fasse für ihn kurz meine letzten vier Jahre zusammen. Er staunt, vor allem aber freut er sich, einen Gesprächspartner an Bord zu haben, und fängt an, von sich zu erzählen. Er ist 32 Jahre alt, verheiratet und Vater eines einen Monat alten Kindes. Seine Tochter heißt Melissa. Leider wird er seine Frau und seine Tochter erst in drei bis vier Wochen wiedersehen. So lange wird er in Europa unterwegs sein. Seine Frau hat ihm ein Video geschickt, auf dem sie und Melissa zu sehen sind. Immer, wenn Kadir Stress hat, schaut er es sich an. Es beruhigt ihn. Die lange Trennung fällt ihm sichtlich schwer. Hinzu kommt, dass er mit seiner Familie in Mardin lebt. Während er darüber spricht, sehe ich den Schmerz in seinem Gesicht. Mardin liegt dicht an der Grenze zu Syrien und ist derzeit Krisengebiet. Kadir macht sich oft große Sorgen um seine Heimat und seine Lieben, kann jedoch nicht bei ihnen sein, da er Geld verdienen muss.

Die Zeit vergeht, und wir nähern uns Sofia. »Was hast du eigentlich geladen?«, frage ich ihn irgendwann. »Knapp 6.000 Kilo Haselnüsse. Die bringe ich zu einer Schokoladenfabrik«, antwortet er. »Und wo liegt die?«, will ich wissen. »Mein Zielort ist Maastricht in den Niederlanden.«. Mir verschlägt es den Atem. »Durch welche Länder fährst du, um nach Maastricht zu kommen?«, frage ich weiter. Die Antwort ist ebenso kurz wie klar: »Rumänien, Ungarn, Österreich und Deutschland.« Ich kriege mich kaum noch ein und frage direkt, ob er mich auch noch weiter mitnehmen kann als nur bis Sofia. »Gern«, antwortet er, »wo willst du denn hin?« »Nach München.« Kadir nickt: »Da sind wir in vier Tagen.« Ich bin überglücklich.

# DAS NEUE ZIEL

Wir fahren also zusammen – was für beide von Vorteil ist. Kadir spricht nämlich keine Fremdsprachen. Für mich ist es ein Leichtes, ihm an jeder Grenze zu helfen, die Frachtpapiere auszufüllen, und mit den Beamten zu reden. Und auch über einen Beifahrer, mit dem er sich unterhalten kann, freut Kadir sich jeden Tag. Er ist sonst wochenlang allein unterwegs, und ich bin eine sehr willkommene Abwechslung. Wir bilden schnell eine kleine Gemeinschaft, kochen zusammen, teilen uns die Fahrerkabine, in der sich zwei Betten befinden. Am Morgen geht es früh raus. Kaffeekochen. Frühstücken. Weiterfahren.

Am späten Abend des ersten Tages erreichen wir die bulgarische Grenze und setzen mit der Fähre nach Rumänien über. In Rumänien machen wir uns einen großen Spaß daraus, uns über die von Pferden gezogenen Wagen lustig zu machen. Bei jedem Exemplar, das wir sehen, sagen wir eine beliebige Automarke: Oh, ein Audi. Wenn zwei Pferde vorgespannt sind, ist es die Turbo-Version: ein Ferrari. Wenn jemand mit Handy am Ohr auf dem Pferd sitzt, handelt es sich um eine Business-Deluxe-Ausgabe.

In den nächsten Tagen erfahre ich immer mehr von Kadir. Er hat mit 15 angefangen, in Mardin einen Transporter zu fahren und Waren im Ort auszuliefern. Seitdem fährt er. Sein Vater, sein Onkel und alle seine Brüder sind ebenfalls Trucker. Als es am dritten Morgen zu regnen beginnt, freut sich Kadir. Er liebt den Regen. Er hat seine Frau im Regen kennengelernt, und immer wenn es regnet, denkt er mit Freude daran, wie sie sich begegnet sind.

Ich genieße es, vier Tage hinter dieser großen Windschutzscheibe zu sitzen und die Welt so sorgenfrei aus dieser Perspektive an mir vorbeiziehen zu lassen. Schon als kleiner Junge habe ich mir immer gewünscht, einmal längere Zeit mit einem Truck mitzufahren. So ein fahrendes Zuhause ist toll! Unterwegs zu sein und trotzdem ein Zuhause zu haben, ist ein unglaubliches Gefühl.

## DAS NEUE ZIEL

In Craiova, einer Stadt in Rumänien, stockt uns mehrmals der Atem. Das Navigationssystem funktioniert nicht, und wir kommen vom Weg ab. Zuerst fahren wir durch einen Tunnel, der nicht hoch genug ist. Gleich zweimal kratzen wir an der Decke entlang. Und dann fahren wir noch falsch herum in eine Einbahnstraße. Langweilig wird es mit Kadir jedenfalls nicht. Ich hoffe nur, er bringt sich und die Haselnüsse heil nach Maastricht. Das gute Weihnachtsgebäck steht auf dem Spiel. Und: »Ich liebe Nussschokolade, da versteh ich keinen Spaß!«, sage ich zu ihm mit einem breiten Grinsen.

In Ungarn fahren wir durch viele schöne Orte. Und ich merke nun, was mir die letzten vier Jahre gefehlt hat. Während ich unterwegs war, habe ich es nicht vermisst. Ich war mit dem spannenden Film abgelenkt, in dem ich mitgespielt, den ich gelebt habe. Aber: Ich habe tatsächlich Weihnachten vermisst! Es ist so schön zu sehen, wie die Häuser und Straßen festlich dekoriert sind. Ja, ich habe tatsächlich vier Jahre kein Weihnachtsfest mehr gefeiert und freue mich sehr, genau zu dieser Zeit wieder in Europa zu sein.

Kadir darf jeden Tag nur neun Stunden fahren und muss dann mindestens elf Stunden pausieren. Doch mein Ziel, bis Weihnachten zu Hause zu sein, habe ich faktisch schon erreicht. Statt der veranschlagten zwei Monate werde ich lediglich dreieinhalb Wochen benötigen. Was für ein Abschluss meiner Reise! Alles klappt perfekt, kein Stress, keine Pannen, keine Probleme. Wir erreichen Budapest, am nächsten Tag überqueren wir die Grenze, lassen Ungarn hinter uns und sind in Österreich.

Auf einem Rastplatz renne ich zur Tankstelle, weil meine Blase zu explodieren droht. Bis zu den Toiletten ist es schnell geschafft, doch plötzlich stehe ich vor einem unbekannten Hindernis: einer Schranke. Die Schranke öffnet sich erst, nachdem man 50 Cent in den Schlitz gesteckt hat. Aber ich habe keine 50 Cent. Nur eine prallvolle Blase. Es kostet mich einiges an Überwindung, den Mann an der Kasse zu fragen, ob er mal bitte eben die Schranke öffnen kann, da ich mein Geld im Auto gelassen habe. Und: Es ist dringend! Ja, er öffnet. Sogar mit einem Lächeln. Ich bedanke mich herzlich und wünsche ihm fröhliche Weihnachten. Er lächelt zurück und wünscht auch mir ein frohes Fest. Freundlicher kann man in Österreich nicht empfangen werden.

Wenig später endet meine Fahrt in Deggendorf, Kadir setzt mich ab und fährt weiter nach Maastricht. Wahnsinn, denke ich. Mit Kadirs Zeitmaschine bin ich in vier Tagen von Bulgarien nach Bayern gekommen. Ich bin zurück in Deutschland. Nach vier Jahren, 13 Ländern und 13.000 Kilometern.

# 27

## Wiedersehen

Nun bin ich also zu früh dran und habe Zeit. Zunächst fahre ich nach München und besuche Freunde, bei denen ich auch übernachte. Meine Mutter weiß noch nicht, dass ich wieder in Deutschland bin. Ich berichte zwar regelmäßig auf Facebook, damit sie meine Reise verfolgen kann, doch ich bin wie so häufig mal wieder im Rückstand, um etwa die drei Wochen, die ich für die Rückreise benötigt habe. Meine Mutter ist also auf dem Stand, dass ich immer noch in Tibet beziehungsweise Kathmandu bin. Vier Jahre habe ich sie nicht gesehen, eine lange Zeit.

Ich komme auf die Idee, sie zu überraschen, und rufe meine Schwester an. Die freut sich natürlich riesig, hält aber dicht. Wir verabreden uns in Dessau, meiner Heimatstadt.

Ich habe mir das gut überlegt. Es wäre einfach gewesen, meiner Mutter meine Ankunft mitzuteilen. Schon aus Kathmandu hätte ich per Facebook sagen können: Ich bin jetzt auf dem Rückweg und bis Weihnachten zu Hause. Wochenlang hätte sie sich gefreut und wäre aufgeregt gewesen, hätte nächtelang nicht schlafen können, immer mit dem Gedanken: Mein Sohn kommt wieder, mein Sohn kommt wieder. Um dann – ohne überrascht zu sein – die Tür zu öffnen. Sie hätte sich wochenlang auf diesen Moment vorbereitet. Wahrscheinlich hätte sie mich mit den Worten begrüßt: »Komm rein. Mittagessen ist fertig.« Das wollte ich auf keinen Fall. Ich wollte eine echte Überraschung.

Nach einer kurzen Autofahrt stehen wir bei ihr vor der Tür. Ich gebe meiner Schwester die Kamera und bitte sie, das Ereignis zu filmen. Meine Mutter öffnet, macht aber zunächst keine großen Augen. Sie hält mich, weil wir eine ähnliche Statur und eine ähnliche Frisur haben, für den Freund meiner Schwester. Es dauert, bis der Groschen bei ihr fällt. Dann erkennt sie mich und schreit los. Sie schreit sehr laut, tanzt vor Freude und fängt an, mich zu begutachten. Ist noch alles dran? Ist der Junge unversehrt? Ist er gesund? Mir fallen die vielen Narben ein, die von meinem Fahrradunfall stammen. Davon erzähle ich ihr lieber nichts. Ich selbst bringe erst mal keinen Ton heraus. Meine größte Freude ist es, meine Mama gesund zu sehen. Und dass sie sich so freut, mich zu sehen. Irgendwann kommt ihr erster vollständiger Satz: »Du hast aber ganz schön abgenommen.«

Nach vielen Umarmungen gehen wir ins Haus, wo sie mir als Erstes ihre gesammelten Blog- und Facebook-Ausdrucke zeigt. Sie ist stolz auf die dicken Ordner, die sich in den vier Jahren angesammelt haben. Und auf mich natürlich. Sie war mein wichtigster Follower. Für sie hatte ich die Facebook-Seite ursprünglich angelegt, damit sie ein bisschen auf meiner Reise dabei sein konnte. Ab und zu haben wir auch geskypt. Mich freut es, ihren Stolz zu sehen. Jedem Bekannten, den wir treffen, erzählt sie: »Das ist Stephan. Mein

## DAS NEUE ZIEL

Sohn. Er ist zu Fuß nach Tibet gelaufen. Vor vier Jahren ist er in München gestartet. Und er hat es geschafft!«

Vier Jahre habe ich meine Mutter nicht gesehen. Vier Jahre hat sie mich vermisst. Dafür erklärt sie mir nun, wie zu Hause alles so läuft. Sie zeigt mir, wo der Lichtschalter ist, wie die Klospülung funktioniert. Ich werde von ihr auf die Zivilisation vorbereitet, als hätte ich vier Jahre in einer Höhle gelebt. Es hat sich nichts verändert. Alles, was sich verändert hat, bin ich. Meiner Mutter hingegen fehlen die Auslandserfahrungen, da sie Deutschland selten verlassen hat. Hinzu kommen die Medien, die ihre Vorstellung von der Welt als schlimmen und bösen Ort geprägt haben. Vor allem die Boulevardpresse, die sie liest, zeichnet ein geradezu katastrophales Bild insbesondere jener Länder, die ich bereist habe. Dort, so hat sie gelesen, leben nur Unmenschen und Kriminelle.

Von alledem wusste ich nichts. Ich habe auf meiner Reise kaum ferngesehen oder Zeitung gelesen. Ich habe am 31.10.2015 nach 1.329 Tagen auf Reise die Stadt Lhasa erreicht. Davon wiederum wusste die Welt nichts. Doch diese Reise hat für mich die Welt, wie ich sie bisher gesehen habe, verändert.

Ich erzähle meiner Mutter, wie ich große Angst davor hatte, Rumänien zu betreten, da mich viele davor gewarnt und mir berichtet hatten, wie gefährlich es doch dort sei. Und dass es genauso weiterging. In jedem Land haben die Menschen mich vor dem nächsten gewarnt. Die Ungarn vor Rumänien, die Rumänen vor Bulgarien, die Bulgaren vor der Türkei, die Türken vor Georgien, die Georgier vor Armenien, die Armenier vor Aserbaidschan und dem Iran, die Iraner vor Indien. Nur die Inder haben mich vor nichts gewarnt. Schlimmer als Indien wird's also nicht ...

Und dann traf ich in jedem Land auf wunderbare Menschen. Was ich daraus gelernt habe? Dass es wichtig ist, sich seine eigene

## DAS NEUE ZIEL

Meinung über ein Land zu bilden und nicht alles zu glauben, was in den Medien berichtet wird. Das ist sehr einseitig und meist negativ.

Und ich habe gelernt, dass wir alle – und damit meine ich uns als Völker und Kulturen –, so gern wir die Unterschiede auch hervorheben, vor allem die Gemeinsamkeiten betonen sollten. Wenn wir nicht über Religion und Politik sprechen, wenn wir Menschen nicht in Schubladen stecken und sagen: Das sind die Rumänen, die Bulgaren, die Türken, oder die Christen, die Moslems, die Buddhisten … Wenn wir das alles weglassen: Was bleibt, ist immer der Mensch. Und egal, wo wir auf der Welt sind – wir alle teilen dieselben Ängste und Sorgen. Jeder will in Frieden leben und bestmöglich für sich, seine Familie und seine Umwelt sorgen. Jetzt sitze ich bei meiner Mutter auf der Couch, war bei all diesen gefährlichen Menschen und bin unversehrt zurückgekehrt. Mehr noch, ich berichte, wie freundlich und hilfsbereit die Menschen mir gegenüber waren. Mit diesem Zerrbild der Medien hat sie noch länger zu kämpfen.

Ich wiederum habe mit mir zu kämpfen. Nach vier Jahren Reise fällt es mir schwer, in mein altes Leben zurückzufinden. Ich falle nun doch noch in ein großes Loch. Beide Ziele, Tibet und die Rückkehr nach Hause, sind erreicht. Was jetzt? Das Loch tut sich schon in München auf, als ich meine alten Freunde wiedersehe. Gute Freunde. Vor der Reise hatten wir viele Gemeinsamkeiten. Wir waren zusammen im Biergarten, waren Volleyball spielen oder wandern und haben uns bestens verstanden. Nach meiner Rückkehr merke ich oft, dass wir uns auseinandergelebt haben. Meine Art zu leben und zu denken, können sie nur schwer nachvollziehen. Was sie mir erzählen, interessiert mich nicht wirklich, und was ich ihnen erzähle, interessiert sie nur zum Teil. Sie bewundern zwar meine Reise, können aber nicht viel mit ihr anfangen: »Du bist zurück? Na ja, warst ja auch lange unterwegs. Was machst du jetzt? Wie lange bleibst du?

## DAS NEUE ZIEL

Wo bleibst du?« Für sie hat sich die Welt kaum verändert, für mich schon, und zwar grundlegend.

Und natürlich habe auch ich selbst mich verändert, vor allem in meiner Gewichtung von Problemen. Einer meiner Freunde erzählt aufgeregt, dass ihm sein Telefonanbieter in der Woche zuvor 1,20 € zu viel abgebucht hat. Der Freund ist stinksauer: »Da rufe ich morgen an! Denen mache ich die Hölle heiß! Was fällt denen ein?!« Vor meiner Reise hätte ich wahrscheinlich genauso reagiert. Nun komme ich aus Tibet, Nepal, Indien und dem Iran und kann ihm nur schwer folgen. In der Münchner Innenstadt sehe ich in einem Luxusladen eine Handtasche für mehrere tausend Euro. Von dem Geld kann eine indische Familie zehn Jahre lang leben. Meine Wahrnehmung unseres unermesslichen Wohlstands ist eine deutlich andere geworden.

In Dessau, wo ich nun erst einmal drei Monate bei meiner Mutter wohne, fällt mir immer wieder die schroffe Unfreundlichkeit auf. Allein der missmutige Ton, mit dem in einem Geschäft die zu zahlende Summe eingefordert wird. Einen derartigen Ton habe ich in den letzten Jahren selten gehört. Dabei sind die Menschen hier viel wohlhabender als in den Ländern, die ich besucht habe. Diese große Unzufriedenheit kann ich nicht nachvollziehen. Okay, bei der Wende ist einiges schiefgelaufen, keine Frage. Aber was ich vermisse, sind Lösungsansätze. Stattdessen sehe und höre ich nur Schuldzuweisungen und Forderungen, dass andere etwas ändern sollen. Aber kaum einen Willen, selbst etwas zu ändern. Ich komme nicht mehr klar mit dieser permanenten Unzufriedenheit und will zurück nach Bayern. Außerdem muss ich ja von irgendetwas leben. Also schreibe ich mit gemischten Gefühlen Bewerbungen. Gemischt, weil ich es mir so kurz nach meiner Rückkehr nicht wirklich vorstellen kann, wieder ins Berufsleben einzusteigen, dort weiterzumachen, wo ich vor vier Jahren aufgehört hatte.

## DAS NEUE ZIEL

Weihnachten wird auch nicht so, wie ich es mir vorgestellt habe. Ich wollte ja unbedingt zum Fest zu Hause sein und mit meiner Mutter zusammen feiern. Sie aber hat, ohne zu wissen, dass ich komme, mit ihrem Freund einen Skikurs in der Slowakei gebucht. Als ich am 1. Advent eintreffe, ist es schon zu spät, den Kurs abzusagen. Meine Schwester hat woanders zugesagt, sodass ich Weihnachten allein in Dessau verbringe. Um das in letzter Minute zu verhindern, melde ich mich bei einer Dating-Plattform an und habe auch Glück. Ich lerne Madeleine kennen. Wir mögen uns sehr, doch über Weinachten ist auch sie nicht da, sondern mit ihrem Bruder in Schweden.

Mir fällt mehr und mehr die Decke auf den Kopf, die Wände rücken näher, die Wohnung meiner Mutter wird kleiner und enger. Daran kann auch Madeleine wenig ändern. Ich muss raus. Aber wie und wohin? Da fällt mir plötzlich der Jakobsweg wieder ein. Wie wäre es, ihn nun noch einmal zu gehen? Mit der Erfahrung, über die ich jetzt verfüge? 2009 kam mir auf dem Jakobsweg zum ersten Mal die Idee, eine längere Reise zu unternehmen. Eine Idee, die mein Leben veränderte. Ich würde dorthin zurückkehren, wo alles begann. Und vielleicht kommt mir auf dem Jakobsweg wieder eine Idee. Eine Idee, wie es in meinem Leben weitergehen könnte.

Als ich Madeleine von diesem mehr oder weniger spontanen Plan erzähle, sagt sie ebenso spontan: »Okay, da komme ich mit.« Schöner Gedanke. Aber Madeleine fehlt jegliche Erfahrung. Sie ist noch nie mit einem Rucksack gewandert. Und die erste Etappe des Jakobswegs – über die Pyrenäen – ist sehr anstrengend. Wie lösen wir das Trainingsproblem? »Wie wär's, wenn wir hier in Dessau starten? Das sind knapp 2000 Kilometer bis St. Jean Pied de Port. Dann bist du fit und kannst den Jakobsweg bis nach Santiago de Compostela auch noch gehen«, schlage ich vor.

Der Plan geht auf. Mitte April 2016 starten wir. Madeleine gewöhnt sich langsam an das Tragen des Rucksacks und genießt es bald,

## DAS NEUE ZIEL

Deutschland aus einer ungewohnten Perspektive kennenzulernen. In Frankreich läuft sie schon perfekt, sodass der Jakobsweg keine Herausforderung mehr darstellt. Insgesamt sind wir acht Monate unterwegs.

Während ich auf meiner Tibet-Reise so oft meine Privatsphäre vermisst habe, läuft es sich auf dem Jakobsweg anders. Nur wenige sprechen uns an, weil wir große Rucksäcke mit uns tragen. Wir haben viel Zeit für uns, ich habe viel Zeit für mich. Und finde die Muße, mit Abstand über meine Reise nachzudenken – und sie abzuschließen. Das geschieht nicht in München oder Dessau, sondern auf dem Weg nach Spanien. Erst dort wird mir bewusst, dass auch das Reisen, das Unterwegssein eine Art Komfortzone für mich ist. Ich habe in München eine Komfortzone mit Job, Wohnung und Freundin verlassen, um etwas ganz Neues, Anderes und Aufregendes zu beginnen. Das ist mir auch gelungen, nur dass dann das eine Art Komfortzone geworden ist. Indem ich das Reisen für mich perfektioniert habe. Ich wusste irgendwann, wie ich Menschen ansprechen muss, wie ich ein Quartier finde, wie ich unterwegs Geld verdienen kann und wie ich mich Uniformierten gegenüber zu verhalten habe. Deshalb bin ich noch einmal nach Santiago de Compostela gelaufen: um nicht zu Hause anzukommen. Um meine neu aufgebaute Komfortzone »Reisen« nicht verlassen zu müssen. Um nicht bei null anfangen zu müssen.

Genau das wird mir auf dem Jakobsweg bewusst: Ihn zu gehen, ist letztendlich Mutlosigkeit, Feigheit. Ich habe Angst davor, in Deutschland wieder Fuß zu fassen, habe Angst, mich in Bewerbungsgesprächen unangenehmen Fragen stellen zu müssen. »Da ist eine große Lücke in ihrem Lebenslauf! Was haben sie denn die letzten vier, fünf Jahre lang gemacht?«

Der Jakobsweg bringt also wieder einige Erkenntnisse für mich. Nach unserer Rückkehr aus Spanien habe ich den Mut für einen Neustart. Erst jetzt bin ich wirklich wieder zurück, erst jetzt ist das

## DAS NEUE ZIEL

Reisen wirklich beendet. Ich bin innerlich ruhig und gelassen und nun bereit, mich neuen Herausforderungen zu stellen.

Ich schmiede Pläne. Ich will zurück nach Bayern, wo ich schon sechs Jahre gelebt habe. Ich frage ein paar Freunde, ob ich mit Isomatte und Schlafsack für ein, zwei Wochen bei ihnen unterkommen kann. Ich will mich in Ruhe umsehen und einen Job finden. Eine eigene Wohnung kommt ja erst infrage, wenn ich wieder Geld verdiene. Mein Freund Nicky hat einen Vorschlag: Sein Schwiegervater ist verstorben. Die Schwiegermutter wohnt jetzt allein in dem großen Haus. Dort wäre es bestimmt möglich, für zwei Wochen zu wohnen. Am 15. Januar 2017 treffe ich in dem kleinen Ort, der Nähe von Freising ein. Maria und ich verstehen uns auf Anhieb. Aus den zwei Wochen sind längst über zwei Jahre geworden, ich fühle mich bei ihr sehr wohl. Wenig später habe ich auch wieder einen Job.

# EPILOG

## Zurück im Café

Freitag, 7. April 2017.

Das Starbucks am Max-Joseph-Platz.

Mein Lieblingscafé in München.

Vor mehr als fünf Jahren habe ich hier zum letzten Mal gesessen. Und dabei wird es auch bleiben, denn das Café gibt es nicht mehr. Alles verändert sich mit der Zeit. Auch meine Sicht auf die Dinge, denn auf Starbucks habe ich sowieso keine Lust mehr. Ein paar Straßen weiter finde ich ein anderes Café, das auch sehr gemütlich ist. Ich suche mir einen geeigneten Platz und bestelle einen Kaffee. Ich fühle mich, als wäre ich gerade eben mal für zehn Minuten weggewesen. Die fünf Jahre fühlen sich im Nachhinein nicht wie fünf Jahre an, eher wie ein Augenblick. Ich stelle die Tasse wieder ab und wische mir den Milchschaum aus dem Bart. Doch diese zwei Reisen in den fünf Jahren haben mehr in mir verändert, als es äußerlich zu erahnen ist. Viele haben mich natürlich gefragt: »Wie war's?«. Eine typische, eine verständliche Frage, die sich aber nur schwer mit wenigen Worten beantworten lässt. Oft fällt mir nur ein Wort als Antwort ein: Unglaublich!

Hier im Café stelle ich mir die Frage nun selbst. Da ich auch für mich selbst keine längere Antwort finde, formuliere ich die Frage um: Hat es sich gelohnt? War es das wert? Auch hier reicht mir ein Wort: Ja! Hatte ich Angst? Oh ja – und was·für eine. Wovor? Ich glaube, das herauszufinden, war meine Aufgabe für diese Reise.

Ich stelle mir vor, der Stephan von vor fünf Jahren käme jetzt in das Café und würde mir seine Zweifel und seine Zerrissenheit eingestehen. Dann würde ich sagen: »Geh einfach los! Es lohnt sich viel mehr, als du ahnst. Sehr viel mehr. Deine Zweifel sind okay

### EPILOG

und nachvollziehbar – aber völlig grundlos. Ich weiß, viele raten dir, die Reise nicht zu wagen. Deine Familie, deine Freunde, deine Freundin. Sie alle irren sich. Ich weiß es. Denn ich habe diese Reise bereits unternommen. Du wirst nicht nach zwei Wochen wieder zurück sein. Ja, du wirst auf dem Weg oft zweifeln und vielen Herausforderungen begegnen. Und auch wenn du das jetzt noch nicht verstehen kannst, vertraue darauf, dass diese Probleme einen Sinn haben und sie dir nur in dem Ausmaß begegnen, dass du sie auch bewältigen kannst. Geh mit Neugier voran und frage immer wieder nach, wenn du etwas nicht weißt. Du musst keine Angst haben. Du wirst nicht untergehen, du wirst nicht scheitern. Im Gegenteil, statt nach zwei Jahren wirst du erst nach vier Jahren und vielen wunderbaren Momenten zurückkehren. Also, mach dich auf den Weg. Jetzt!«

Ja, es war richtig, diese Reise zu unternehmen. Es war das Beste, was ich in meinem jungen Leben getan habe.

Wenn das so ist: Was ist mit weiteren Reisen?

Diese Antwort fällt mir leicht: Selbstverständlich werde ich wieder losziehen. Der Rucksack ist schnell gepackt. Bald ist es wieder an der Zeit, ins Unbekannte aufzubrechen. Ziele gibt es genug.

Deutsche Originalausgabe
Copyright © 2019 von dem Knesebeck GmbH & Co. Verlag KG, München
Ein Unternehmen der La Martinière Groupe

Konzeptentwicklung *knesebeck stories:* Caroline Kaum, Knesebeck Verlag
Projektleitung: Dr. Thomas Hagen, Knesebeck Verlag
Lektorat: Nina Schiefelbein, Holzminden
Fotos und Coverfoto: Stephan Meurisch, Haag an der Amper
Grafikelemente: Aquarellberg: Shutterstock_540043339/Tina Bits; Fahnen: Shutterstock_1108619363/Julia August; Büffel: Shutterstock_437669353/Sasha_Ivv; Wanderutensilien: Shutterstock_1018964410/iri.art
Labelentwicklung, Coverdesign & Layout: FAVORITBUERO, München
Satz und Herstellung: Arnold & Domnick, Leipzig
Druck und Einband: Livonia Print, Riga
Printed in Latvia

ISBN 978-3-95728-346-7

Alle Rechte vorbehalten, auch auszugsweise.

www.knesebeck-verlag.de